WHY
NATIONS
FIGHT

Past and
Future Motives
for War

Richard Ned Lebow

[美] 理查德·内德·勒博 著

陈定定 段啸林 赵洋 译

国家为何而战？

过去与未来的战争动机

上海人民出版社

中文版前言

　　我很高兴自己的著作和中国的读者见面。我的数据集和分析很大程度上是基于欧洲的历史，因为直到 19 世纪末才产生了国际体系，但是我的观点对于历史上和现在的中国也同样适用。

　　简单地说，我在我上一本著作《国际关系的文化理论》的基础上，延伸出关于战争起源的六个假设，我建立了一个涵盖所有崛起国和大国的战争的数据库来检验这些假设。我的理论建立在柏拉图和亚里士多德的思想基础上，把欲望、激情和恐惧看作外交政策的主要动机。这三个动机中的两个在国际关系理论中被广泛讨论：自由主义和马克思主义思想根植于欲望，而现实主义强调了恐惧。"thumos"翻译成英文是"spirit"，但这个翻译是个糟糕的翻译。激情产生了自尊，这是一种普遍欲望，它的实现需要赢得其他重要团体的认可。通过这些认可，我们才能自我感觉良好。实现自尊价值的驱动力十分强大，人和国家一样，往往会牺牲财富或者安全来追求实现自尊。荷马的《伊利亚特》是一个对以武士为基础的荣誉社会的有见地的描述，据此，我构建了一个建立在激情基础上的政治范式。它会导致国家间冲突，因为荣誉和地位的金字塔等级森严。不像财富，荣誉和地位是相关性的。正如托马斯·霍布斯所观察到的，如果所有人都得到荣誉，那就意味着没有任何一个人得到了荣誉。

　　这三个动机对于个人和个人所属的社会团体而言是十分重要的。国家不像个人，它没有感情，但是国家和国家的领导人代表他们的政治精英或公民而行动。人民有感情和需要，人民需要他们的领导人为他们提供安全,为他们增加财富创造条件。他们频繁地把实现自尊的需要提到国家层面,国家的成功让人民高兴,失败让人民感到耻辱。这在国家对荣誉和地位的追求中得以充分体现,国家总是渴望被认可为地区或者世界大国,成为除了经济和军事实力之外而被人仰慕的政治单位。荣誉是一种认可,这种认可通过国际体系内成员所普遍尊重的规则体系所确立,与广泛的国家间竞争所获取的地位密切相关。当规则体系被打破,荣誉让位于地位,国家和地区体系会变得更加暴力化。中国读者对于国家的自尊与对外政策的关系会产生共鸣。

我的六个假设建立在对现存的国际关系理论对战争的解释的批判基础上:现实主义、权力转移理论、马克思主义、理性主义和定量分析。我的假设和这些理论或者路径的多数假设和预测相左。我认为,几个世纪以来,激情是战争爆发的主要原因。地位、荣誉或者复仇的欲望(复仇也是激情的一种体现)合在一起,可以解释我的数据集中68%的战争。相反,恐惧(安全)和欲望(财富)分别解释了18%和8%的战争。这当然并不意味着安全在国际事务中不重要,如果你是被攻击的国家,安全就是最重要的。

我的研究充分证明了这个假设:主导大国和崛起大国之间并不会相互攻击对方,这和权力转移理论的假设完全相反。这是非常重要的发现,因为美国的强硬派一直以权力转移理论作为基本框架来分析中国崛起对于大国权力格局的启示。他们认为,所有的崛起国家都会理所当然地追求重新塑造有利于自身的国际体系,为了实现这一点他们不惜发动战争,因此他们认为中美之间爆发冲突十分有可能,甚至不可避免。这一论断缺乏历史证据的支持。我的数据集表明,崛起大国和主导大国都倾向于攻击弱小的第三国和正在衰落中的大国。这对于试图获取霸权的主导大国和寻求大国地位的崛起国家而言,是一个理性的策略。

理性主义者和现实主义均势主义者认为,战争在很大程度上基本上是由于权力失衡,或者国家受到不完整信息的影响而错误地估计权力均势而引发的,尤其是那些大国被牵涉其中的战争。我的数据和以前发表的一系列案例分析挑战了这些观点。误判有很多,但并不是由于缺乏信息所引起的。更多情况下,这是因为领导人在诉诸武力之前不能够认真进行战争成本的权衡。一个引人注目的事实是：自 1648 年以来，大国和崛起国家输掉了一半以上它们所发动的战争。我建立了一个涵盖 1945 年以来所有战争的数据集，包括一些次要的战争（指没有大国参与的战争），数据表明，三分之二的战争发动者输掉了它们所发动的战争。如果战争发动者进行了任何理性的战争成本估量，并且只在它们认为自己能够赢得战争的时候才发动战争，它们赢得自己发动战争的比率要远远超过 50%。1945 年以来的战争发动者只赢得了少于三分之一的战争，为了解释这一事实，我们必须考虑心理学上的解释，这正是我在本书里面所做的。

最后，有很多战争爆发的起源是复仇，以重新夺取在前面战争中丧失的领土。这些战争的发动者基本都是衰落的大国和弱小国家，并且它们基本上都输掉了这些战争。复仇是个很重要但非理性的动机。

数个世纪以来的战争动机的分布并不稳定，这表明，战争和动机在每一个案例中都存在着不吻合。第一个历史性的变化和欲望有关。在大国和崛起国家发动的所有战争中，经济收益是 18 世纪战争的一个重要动机。从亚当·斯密开始，经济学开始逐渐否定财富有限的观点，主张财富可以通过劳动分工、工业化、规模经济和国际贸易与合作来增加。随着时间的推移，这使各国逐渐意识到：和平有助于增加财富，战争则会损害经济发展。

第二个历史性的变化是西方对于安全的重新诠释。集体安全要比"自助行为"能够更好地实现安全利益。实现集体安全的努力始于维也纳会议和凡尔赛会议，这并没有成功，但是第二次世界大战后的集体安全的努力硕果累累。正如卡尔·多伊奇所希望的那样，多数发达国家已经形成了一个多元安全共同体，共同体内成员之间的战争变得不可能。

导致这种现象的另一个原因是第三波学习的浪潮，我的这本书正试图定义和推广这一学习过程。这一过程主要关注了激情以及地位在国际体系中的逐渐变化。国际关系发端于欧洲，大国间关系说明了贵族式的武士社会的价值观，在这样的社会中，地位只有通过战争的胜利来获得。近代以来，每一个崛起国家都要赢得一系列战争才会被大国俱乐部承认为"大国"。

以地位为基础的战争首先被大革命之后的法国和美国,以及随后的苏联所挑战。这三个强国通过它们的军事成就获得大国地位。今天,欧盟、斯堪的那维亚国家、加拿大、巴西、日本和中国等大国之间存在一个范围更广的,更加成功的竞争,它们看重荣誉胜过地位,并且希望通过其他方式获得荣誉。这种竞争最为常见的基础是民主政府、公平地对待少数群体和财富。在财富这一点上,国家倾向于在使本国国民受益的同时,也能够给欠发达国家带来利益。通过参加类似维和的国际活动来服务于整个国际社会也成为国家获得荣誉的重要方式。相反,使用武力逐渐变得会损害国家的荣誉和地位,除非获得了联合国或者适当的地区组织的授权。这一点在美国的阿富汗和伊拉克战争中得以体现,民意调查显示,国际社会对美国的尊重在伊拉克叛乱之前就直线下降。二十年后再回首,我们会发现阿富汗和伊拉克战争是国际关系的重要拐点。

中国读者应该会从这些发现中受到鼓舞。国家间的战争在减少,因为诱发战争的主要动机已经失去了原来的含义,并且通过其他非战争的活动表现出来。中国已经通过和平方式成功获得了荣誉和地位。中国被认可为一个大国表明,没必要通过发动并赢得战争来获得这种地位。在未来,中国可以通过遵守、促进和改革,而非挑战现有的国际规范获得更多。

并非所有人都认同我这个"未来战争会减少"的预测。但是我认为,对我的批判需要读者基于清晰的理论假设和正确使用现有数据来做出判断。毕竟,类似的争论和相互学习的过程才是国际关系理论的真正目的。

前言和致谢

战争是 20 世纪的主要特色。20 世纪的绝大多数人是战争的参与者或受害者,以一种或者其他方式被牵涉到内战或者国家间战争的无尽的链条中,而这些战争塑造了这个时代。这些战争及其后果伴随着前所未有的种族清洗和屠杀。我对二战记忆犹新,战争深深地影响了我的职业、学科和研究方向的选择。我研究了导致战争发生的情报失误和糟糕的危机管理。最近,在《国际关系的文化理论》中,我借助古代和现代战争的起源和经过,详细说明并评估了一系列关于体系中合作、冲突和风险偏好的倾向和特征的变化的观点。在本书中,我转而关注战争本身,以分析过去战争发生的原因为目标,以及未来导致这些战争的动机消亡的可能性。

在 2009 年,当我写作《国家为何而战》时,我是达特茅斯学院政府系的詹姆斯·弗里德曼讲座教授和伦敦政治经济学院的国际关系世纪教授。我要感谢这两所学校中我的同事,我同他们讨论了这本书的假设和观点,从他们那里我获得了对书稿非常有益的反馈。他们包括斯蒂芬·布鲁克斯(Stephen Brooks)、克里斯托弗·库克(Christopher Coker)、迈克尔·考克斯(Michael Cox)、达里尔·普雷斯(Daryl Press)、本杰明·瓦伦蒂诺(Benjamin Valentino)、奥德·阿恩·维斯塔(Odd Arne Westad)和威廉·沃尔弗斯(William Wohlforth)。本杰明·瓦伦蒂诺帮助我整理了 1945 年以来的战争,并且在我们合写的一篇批判权力转移的文章中,测量了 1945 年以来崛起国家和大国的权力。[1]

戴维·勒博(David Lebow)、拉扬·梅农(Rajan Menon)和另外两个

剑桥大学出版社匿名编审阅读了书稿，并给出了建设性的批评和建议。和我以前的两部书一样，达特茅斯学院的约翰·斯隆·迪凯中心举办了专门讲座讨论各个章节。我的同事，两位达特茅斯高级学者雷亚德·阿里(Reyad Allie)和乔希·罗塞尔曼(Josh Rosselman)，尽心尽力地对书进行了事实的核对和校正。肯·布思(Ken Booth)和他在威尔士大学(阿伯里斯特威斯)的同事邀请我作为2009—2010年爱德华·卡尔讲座系列的一员，介绍了我的书的主要观点。出于同样的原因，我也要感谢里克·赫曼(Rick Hermann)和梅尔尚研究中心，费利克斯·拜仁斯寇特(Felix Berenskoetter)和伦敦大学亚非学院，布伦丹·西姆斯(Brendan Sims)和剑桥大学国际研究中心。再一次，我要感谢约翰·哈斯拉姆(John Haslam)，他是我三本书的编辑和合作者。最后并且最为重要的是，我要谢谢卡洛尔·博默(Carol Bohmer)的默默奉献，因为我总是对她说："我们以后再做这些行吗，我正在写我的书。"

注　释

1. Richard Ned Lebow and Benjamin Valentino, "Lost in Transition: A Critique of Power Transition Theories," *International Relations*, 23, no.3 (September 2009), pp.389—410.

目　录

第一部分

导　论

第一章
导　论

战争是一把可怜的凿子,用来雕刻出我们的未来。

——马丁·路德·金(Martin Luther King)[1]

至少从新石器时代开始,有组织的暴力行为就是人类的灾难。[2]20世纪,人类遭受了两次具有大规模毁灭性质的世界大战,它们中的每一次都使得我们将战后的主要目标放在防止这种战争再次发生上面。第二次世界大战的胜利者们在使欧洲成为一个和平的地区方面获得了巨大的成功,但是他们却没有避免在过去60年当中世界上其他地区发生的50多起国家间的战争。这种"小型"的战争不仅造成了人员的伤亡,更浪费了本来可以投资到教育、福利和发展上面的资源。美英对伊拉克的干涉已经造成60万至100万伊拉克人的牺牲,并且如果将退伍军人的福利和健康开支算在一起的话,美国的花费将多达3万亿美元。[3]

学者中有一种共识,认为国家间的战争——与国内暴力的使用形成对比——正在衰退。图1.1反映了自从1945年以来的几十年中所发生的国家间战争、殖民地战争和内战。殖民地争取独立的战争在20世纪80年代就全部结束了,内战的数量自从冷战结束后也明显下降。然而,几场严重的国内冲突,包括随着南斯拉夫的解体而来的暴力行为,因冷战的结束、苏联的解体和其他社会主义国家的崩溃而激化。国家间的战争,相对而言在数量上比较少,也呈现出略微下降的态势。

如果我们从一个更长的历史视角来看,战争的频率自从世界进入现代以来就在持续下降。[4]就国家间战争的数量和它们所造成的人均伤亡而言,1046 年以来的几十年是有史以来最为和平的时期。[5]与这个令人鼓舞的发现相反的是一个悲剧性的事实,那就是 20 世纪以来的战争通常远比之前的战争代价更加高昂。第一次和第二次世界大战是历史上代价最为高昂的战争,它们分别导致了 1 040 万人和 5 000 万人的伤亡。[6]第一次世界大战期间,对德国及其盟友的经济封锁严重削弱了其国内普通民众对紧随其后的大流感的抵抗力,而这据估计又导致了额外的 110 万欧洲人的死亡。[7]印度支那战争(the Indochina War,1964—1978 年)造成了大概 120 万越南人和 58 000 美国人的死亡。[8]两伊战争(1980—1988 年)造成了多达 110 万人的死亡。[9]我们判断病菌的致死性不是通过它多么频繁地使人染病,而是通过它所造成的人员死亡的百分比。就这种判断方式而言,战争在 20 世纪变得更加致命了,尽管它不再那么频繁地发生。如果将内战、国内整肃,以及政治或民族清洗算在一起,政治暴力的发生频率和致命性都显著地上升了。罗伯特·麦克纳马拉(Robert McNamara)估计,20 世纪有 1.6 亿人死于暴力。[10]看似能够安慰人心的经验事实,其实一点也不能使人感到释然。

图 1.1　每年的战争数量,1946—2007 年

注:数据是导致每年 1 000 人以上死亡的战争数量,包括军人和平民。感谢 Kristian Skrede Gleditsch 编制此图。

依据这种悲观情绪,我们可以做一个强有力的反事实推断:可能死于超级大国的核战争的人数。在20世纪50年代冷战处于最高峰的时期，美国的核武器瞄准了苏联和中国的城市。由战略空军司令部（The Strategic Air Command）制定的第一个统一作战计划（Single Integrated Operational Plan，SIOP）预计在战争的第一周之内能够给苏联阵营造成3.6亿人至5.25亿人的伤亡。[11] 由于有了越来越精确的运载系统，超级大国能够使用较弱的核弹头来摧毁目标，并且可以将关注焦点从普通民众转移到军事设备和经济设施上来。这并不是说在实践中会有很大的区别。在20世纪70年代后期，美国的目标平台包括苏联200个最大的城市，以及80%的人口在25 000人以上的城市，因为它们既是军事目标又是工业目标。一次全力反制攻击据估计可造成5千万至1亿苏联人死亡，这一数字还不包括对东欧国家的攻击所造成的伤亡。[12] 在20世纪80年代中期，超级大国的核武器数量最多时约有7万件。一个全面的核武器相互攻击将更具毁灭性。[13] 一些科学家，特别是卡尔·萨根（Carl Sagan），担心这种战争会导致核冬天的到来，从而威胁整个人类的生存。[14] 从这个角度来看，20世纪下半叶能够避免战争的爆发，这确实是一个了不起的成就。

战争或许正在衰退，但毁灭性的战争仍然在发生。当我开始写这本书的时候，以色列正在加沙采取军事行动。印度和巴基斯坦也正在它们的边境加强力量，因为孟买刚刚遭受了一次可怕的恐怖主义袭击。这些冲突所涉及的四个主角当中，有三个都拥有核武器，这使得它们所参与的任何战争都有一个更加可怕的前景。因此，出于人道主义和知识上的考虑，对国家间战争进行研究仍然是非常必要的。我们对战争的原因了解得越多，我们就能够越好地设计战略和制度来减少战争爆发的可能性。

国际关系学者已经提出了很多不同的，但总体上是相互促进的理由来解释短期和长期的战争衰退。这些理由包括：经济发展，战争毁灭性的增加，民主的扩散，发达国家间不断增长的贸易和相互依赖，国际制度和规范的发展，以及广泛的对于战争实践的厌恶感。[15] 这些解释最终涉及观念性和物质性条件，以及这些条件给行为体带来的约束和机遇。实际上，所有这些解释都同时依赖于这两方面，尽管人们很难承认这一点，并且这两者之间的互动关系也仍然有待进一步研究。更加混乱的是，大部分关于战争衰退的解释看起来都是相互增强的,这使得它们很难被拆分开,因而增加了这样一种可能性,那就是其中一些原因是对另外的原因的再表述,或者是对根本性的共同原因的表述。

让我用一个被广泛提供的关于战争衰退的解释——公共厌恶——来说明这个因果复杂性。把公众对战争的态度与战争实践之间的关系做最强有力说明的是约翰·穆勒(John Muller)。[16]他将战争与奴隶制度、决斗进行比较,指出当公众态度开始反对后两者的时候,它们就消失了。他认为战争即将过时。这种听起来令人欣慰的理论是很有吸引力的,但是却缺乏说服力。人们一直都在反对战争,反对战争的文学作品有悠久的历史。《圣经》要求人们铸剑为犁。同样,在阿里斯托芬(Aristophanes)的《吕西斯忒拉忒》(Lysistrata)中,雅典和斯巴达的女性一致同意如果她们的男人们不回到和平当中,她们就将收回她们的性恩惠。伊拉斯谟(Erasmus)在《愚人颂》(Praise of Folly)中谴责战争是愚蠢的行为,就像伏尔泰(Voltaire)在《老实人》(Candide)中所描绘的那样。在经历了英国内战的伤痛之后,英格兰的公谊会教徒开始敬畏人的生命,因为他们传达了上帝的声音。他们是最先为和平而奔走的宗教群体。反战的观点和书籍在19世纪下半叶变得更加广为流传也更加广受欢迎,在每一次世界大战结束之后也是如此。对战争的厌恶在1914年达到了顶点,许多国家的政府也担心大国之间的战争将是长期的,对于胜利者和失败者而言都是代价高昂和毁灭性的。[17]在1939年,欧洲的公众舆论更加厌战,甚至在德国这个第二次世界大战的主要策源国内部也是如此。[18]对战争的厌恶之情足够明显,这使得包括希特勒和墨索里尼在内的战争狂人也要坚称自己拥有和平的意图。日本也通过表明其意在恢复和平或重建秩序来证明其对中国的入侵是正当的。[19]在本书即将付印之际,美国作为另一个从抽象上而言其国内公共舆论反对战争的国家,已经在阿富汗进行了10年、在伊拉克进行了7年的军事行动。

穆勒认为西方公众对战争不再抱有幻想,他的这一看法并不为错,但他将战争与奴隶制度、决斗进行类比确是错误的。一旦国内舆论开始反对后两者,其剩下的日子也就可数了,尽管也会受到其捍卫者的反对。一旦被宣布为非法,它们就消失了,并且绝不会卷土重来,尽管奴隶制度仍然零星地存在于世界上遥远的区域，以及一些最为繁华的城市当中。[20] 战争就不同了。美国公共舆论一直是坚定地反对战争的，尽管如此，大部分美国人支持在朝鲜半岛、阿富汗和伊拉克的干涉行为。这些干涉的许多支持者都将自己描绘为坚定的反战人士，但是仍然认为战争就维护国家安全而言是必要的。起初，"聚集在国旗周围"的效应（"rally around the flag" effect）——这是约翰·穆勒首先描绘的一种现象——对大多数美国人而言胜过了反战情感。[21] 由此导致的一个不可避免的结果就是公众对战争的厌恶并没有防止战争的爆发，无论过去还是现在都是如此。在民主国家，领导人通常能够推动对军费预算和战争的支持，其方式是激起强大的恐惧和荣誉感。

让我们以伊拉克战争为例。在 2001 年 2 月，盖洛普（Gallup）一项民意调查显示，52% 的美国人支持入侵伊拉克，另有 42% 的人反对。到 2003 年 1 月，一项由《纽约时报》（New York Times）和哥伦比亚广播公司（CBS）发起的民意调查显示，这一支持度已经下跌到了 31%，这在很大程度上是由于法国和德国对此表示反对。国务卿科林·鲍威尔（Colin Powell）于 2 月 5 日在联合国发表了讲话，声称已经掌握了关于萨达姆在不久之后就会拥有大规模杀伤性武器（weapons of mass destruction, WMD）的不容置疑的证据，美国有线电视新闻网（CNN）和国家广播公司（NBC）的民意测验显示，人们对战争的支持率上升了 6 个百分点，37% 的人支持入侵伊拉克。更为值得注意的是，那些反对战争的人的比例从上一个月的 66% 下跌到 27%。在 2003 年 3 月，就在入侵伊拉克的前几天，由《今日美国》（USA Today）、美国有线电视新闻网和盖洛普发起的一项民意调查显示，如果政府从联合国安理会那里得到授权的话，60% 的美国人已经做好准备来支持一场战争。如果联合国安理会拒绝投票支持美国的行动，那么支持战争的人数会下降到 54%；如果政府拒绝向联合国安理会寻求支持，那么支持战争的人数则会下降到 47%。在 2003 年 4 月即入侵伊拉克一个月之后，72% 的美国人支持战争。根据盖洛普的数据，公众对战争的支持率上升到引人注目的 79%。在入侵伊拉克之前的一个月支持战争的人数的增加，反映出政府竭力将萨达姆和"9·11"事件联系起来，并且力图使公众相信他已经拥有或者即将拥有大规模杀伤性武器的公关活动已见成效。[22] 由于公众强有力地支持总统，副总统又严厉斥责那些质疑他的政策的记者和报刊，国会和媒体不愿表述有分歧的意见。在这种情况下，也不会有真正的辩论。[23]

然而，大规模杀伤性武器没有被发现，占领军也面临着严峻的叛乱局面，公共民意调查显示，支持伊拉克战争的人数出现了稳定的下降。[24] 到2004年8月，《华盛顿时报》(Washington Times)的一项民意调查显示，67%的公众感觉自己被出卖了，他们现在相信战争是基于错误的假设。[25] 到2006年9月，《纽约时报》的一项民意测验显示，51%的美国人相信美国绝对不应当入侵伊拉克，另有44%的人相信政府的做法是正确的。[26] 在2007年5月，根据有线电视新闻网的民意调查，只有34%的美国人仍然认为伊拉克战争是必要的，而65%的人对这场战争持反对态度。[27]

英国首相玛格丽特·撒切尔(Magaret Thatcher)在马尔维纳斯/福克兰群岛战争中，也从"聚集在国旗周围"的效应中获益；相比之下，托尼·布莱尔(Tony Blair)在美英联合入侵伊拉克的军事行动中就没有那么幸运了。[28] 作为一个历史学家，修昔底德(Thucydides)在关于伯罗奔尼撒战争的描述中，第一次描述了这种动力。伯利克里(Pericles)娴熟的演讲扭转了雅典的公共舆论，而这种舆论之前曾经抵制科西拉(Corcyra)提出的建立一个防御性联盟的请求。[29] 在灾难性的西西里远征之前的辩论中，修昔底德描绘了第三种动机——物质利益——的强大力量。在这次辩论中，亚希比德(Alcibiades)和尼基亚斯(Nicias)的辩论成功地说服议会对战争投了赞成票。[30] 2 500年以来什么都没有改变吗？现实主义者会回答："是的，什么都没有改变。"他们坚持认为，人的本性和国际体系的无政府状态使得战争成为一个经常性现象。国际体系的无政府状态鼓励强国去做"他们想做的事情"，就像雅典人对米洛斯人所做的那样。同样，弱者也需要忍受"他们必须忍受的事情"。[31] 我认为，这种悲观的论调是没有根据的。修昔底德和我一样也不会同意这种论点，事实上现实主义者们一直在误读他。[32] 历史提供的证据让我们能够审慎地乐观。不同于雅典和斯巴达、罗马和迦太基，超级大国避免了战争，并且和平地结束了冷战。这个结果与发达国家之间不断扩展的和平区域一起，否定了现实主义者的论断。冷战和平结束以及战争作为一种制度正在衰退的原因仍然是不明确的。

战 争 是 什 么？

任何对战争的研究首先应当告诉我们战争是什么。[33]浅显地说，这一点似乎是不言而喻的：军队交锋，有人死亡。但是，在国内冲突和国内战争中也有交锋和死亡。在研究中，我排除了这两种冲突，原因是它们在不同的环境中发生，并且为不同的力量所驱动。当然，国家间战争和国内战争之间有许多重要的联系，例如参与者经常受到相同动机的驱使，国内冲突有时也会引发国家间冲突，反之亦然。[34]国际法在两者之间进行了区分：国内战争是在同一国家内不同的两方之间进行的，而国家间战争则是两个独立国家之间的公开宣战的冲突，它们是由各自的本国政府支持的。这个定义尽管合理，但并不是完全合适的，因为它排除了没有官方正式宣战的冲突（例如，苏联和日本1939年在蒙古的冲突，朝鲜战争，美国在印度支那的干涉和苏联在匈牙利、捷克斯洛伐克和阿富汗的干涉），也忽略了没有被其他国家或其对手正式认定为国家的政治单位之间的军事冲突（例如布尔战争和朝鲜战争）。我认为这两种都是事实上的战争。

一个集团发起反对另一个集团的暴力是一种永恒的实践。战争因其拥有政治目标以及其参与者对其专门特性的理解而与暴力有所区别。[35]战争在很大程度上是由古代帝国发起的，经过了这么多个世纪之后，它逐渐从属于特定的规则。在古代世界，以规则为基础的战争在古希腊最为活跃，在那里它是一种可接受的解决关于荣誉、地位和领土问题的争论的方式。交战的城邦事先就在哪里作战达成共识，还要一致同意何时休战以处置各自的伤员和阵亡人员。胜利者——即控制了战场的一方——有权利建造一个胜利纪念碑。[36]阿兹台克人的战争（Aztec warfare）同样是高度风格化的，被用来服务于政治和宗教目标。阿兹台克人的政治军事传统限制了他们驱赶西班牙侵略者的能力，相比之下，这可能是比西班牙人的马匹和火枪更为重要的导致他们失败的原因。[37]

这种类型的以规则为基础的战争需要大量的主体间性的理解。[38]到

19世纪,在理解和规则之间相互增强的反馈已经导致了高度分化的欧洲区域体系,在这个体系中,国家为追求地位而战,而被承认为大国的国家有责任维护这个体系。在接下来的100年里,这一体系得以扩展而包括了非西方、非基督教的政治单位,并且把它变成了一个全球体系。对战争的定义和支配它的规则,起初仅仅是欧洲的,现在已经成为全球性的。现代战争变成了一项越来越复杂的社会实践。它以国家概念为基础:一个在其领土内近乎垄断对武力的使用的主权政治单位。它要求一个在其中政治单位不仅能够正常工作,而且明白对它的维护符合自己利益的政治体系。这个体系通过其他行为体的集体承认使行为体合法化——承认它们的主权,并通过法律界定和有关实践将战争与和平区分开来。[39]战争与主权相联系,因为它被定义为侵犯主权(包括入侵、经济封锁等)。这种侵犯也为针对其他国家的战争提供了正当的依据。这样来理解的话,战争成为一种了政治目标而进行的军事争斗,就像克劳塞维茨(Clausewitz)所做的著名论断那样。根据他的观察,暴力被用来挫败敌人的意志,但是它的目标和使用模式大体上被规则和规范所限制。[40]这一概念是非常现代的,因为在17世纪,我们还不能在真正的意义上谈论国家,也不能有效地在国内暴力与国际暴力之间做出区分。基于这个原因,赫德利·布尔(Hedley Bull)认为战争"是一个政治单元用来反对另一个政治单元的有组织的暴力"[41]。我要再附加上一条,即至少参战的一方要遭受1 000人以上的伤亡,这也是很多对战争的定量研究的共同做法。当然,这种衡量是武断的,但是在这一项研究中已经成为了一条惯例。[42]

在过去的几个世纪当中,战争的目标一直在进化。对于史前"战争",我们知之甚少;但是我们有足够的理由假定它是产生于争夺女性、水资源、狩猎地区以及出于宗教或经济的原因而具有重要价值的领土。在早期,战争成为一个年轻人以及他们的社会追求荣耀、声望和地位的主要方式。荷马(Homer)在《伊利亚特》(Iliad)中精彩地描述了高贵的青铜时代的社会,在其中战争是复仇的手段和赢得荣耀的途径。对希腊人和特洛伊人而言,在国王和国家以及私人争斗和公共争斗之间没有什么区别。随着城邦以及后来的国家的发展,这样的区分出现了。伴随着民族主义和军事征兵的发展,另外一个重要的变化发生了。根据克劳塞维茨的观

10

察,法国大革命和拿破仑战争已经成为各民族而不仅仅是他们的统治者关注的焦点。当战争的目标变成"国家的"并且更为远大的时候,战争的成本也相应地更高了。[43]

这些发展让学者们可以将现代战争和之前发生的每件事区分开来。利维(Levy)、沃克(Walker)和爱德华兹(Edwards)断言道:"在中世纪以个人荣耀、复仇以及君主和贵族追求更大财富为特点的战争,逐渐被因实现政治目标而将使用武力作为政策工具所替代。"[44]这一论断无意间反映了19世纪德国民族主义历史学家[如黑伦(Heeren)、兰克(Ranke)和特赖奇克(Treitschke)等]在培育一种关于主权的话语以便使中央政府对权力的运用以及国家的建立合法化方面的成就。对于这一话语——同样也是对于当代的现实主义者和理性主义者而言——最核心的一点是,将外交政策描述为战略理性,并且其目的是增加国家的权力。既然国王、贵族和君主现在已经成为了历史,他们应当对1918年之前的外交政策和战争决策负责,同时他们也更经常地为了与现实政治无关的理由而拔剑相向。纵观整个19世纪,并且到现在也是如此,荣耀、怨恨、复仇以及极度敌对过去是——并且现在仍然是国际事务中强有力的原因。国家经常出于和安全几乎没有关系的——或者即便有也是关系很少的——原因来进行战争。[45]

战 争 的 原 因

从希罗多德(Herodotus)以来,历史学家就一直在描述战争。许多研究都深嵌于对帝国和国家的兴起和衰落的宏大叙述中。提图·李维(Titus Livius,公元前59—公元17年)和爱德华·吉本(Edward Gibbon,1737—1794年)塑造了不朽的和影响深远的罗马历史,战争是其中的一个显著特征。修昔底德是将战争起源本身作为主题而加以研究的第一人,尽管他的分析更多地是基于对伯罗奔尼撒战争的叙述。据我所知,最初专门研究战争普遍起源的著作是在第一次世界大战之后问世的。各方之间对于这次冲突的起因既有很大的争论,同时又认为这些争论在政治上是十分重要的,因为各方都认为他们在进行一场防御性战争。在认定德国为战争的主要责任方的基础上,《凡尔赛和约》(The Treaty of Versailles)要求德国赔款是正当的,但它也激起了德国人情绪上的反应。所有主要大国都通过它们的档案文件来声明他们对于战争的爆发是没有责任的,同时涌现了大量分析第一次世界大战根本的和直接的原因的文献。[46]

自从修昔底德以来,战争的起源就根据它们的根本原因和直接原因来划分。它们大体上与必要的和增强性的条件相联系。国际关系基本都在关注根本原因,并试图发展出战争的一般理论。一些学者争论说,他们发现的原因已经足够了,那些原因本身就可以解释战争。另外一些人则声称他们只是发现了使战争更可能发生的条件和动力,但这些条件和动力还不能说明战争是不可避免的。这两种研究都是始终不变地以超级大国间的战争为基础,而且至多也只是关注其中的少数几场战争。均势理论、权力转移理论、联盟、经济帝国主义、军国主义、进攻性支配、军事教条、无意性战争以及错误知觉等理论都主要以第一次世界大战作为它们的证据。以单个案例为基础的概括只能是假设。对战争的统计研究依赖于大量的数据。但这种方法也遇到了难以克服的问题,其中包括难以(如果不是不可能)满足数据集的两个关键条件:案例的可比性和独立性。由于诱发战争的因素是复杂的,各因素间存在着非线性交汇,以及诱发战争的因素具有一定的独立性,所以统计研究不能很好地说明问题,或者根本不能说明问题。[47]

对于这些问题,我没有答案;并且基于这些以及其他的原因,我无法论断战争何时更有可能发生。我用不同的方法来探究战争。我调查战争发动者的动机,以探究是什么因素使他们诉诸武力。我对他们的短期目标(例如消除军事威胁、征服领土以及求得贸易让步等)没有什么兴趣,我感兴趣的是他们为什么追求这些目标。卡尔·霍尔斯蒂(Kal Holsti)、约翰·瓦斯克斯(John Vasquez)和保罗·赛内斯(Paul Senese)都将领土争端作为战争的主要原因,并且都将对领土的控制权作为战争参与方的主要目标。[48]这一发现虽然有价值,却没有告诉我们为什么国家如此争夺领土。国家可出于安全、经济利益或地位的缘故来寻求领土控制。它们对于领土扩张的动机可以随着时间而改变,就像瓦斯克斯所认识到的那样。

此外,领土只是一般动机的一种表达方式而已。我对更深层次的动机感兴趣,并且依照我在《国际关系的文化理论》(*A Cultural Theory of International Relations*)一书中的论点,我认为大部分外交政策制定者——如果不是全部的话——可以都归为具有三种根本性的动机:恐惧、利益和荣誉。我相信我们可以通过理解国家领导人参与战争的深层原因来了解一些关于战争原因的重要的东西。就像我所做的那样,这种观点假定大部分战争的产生是因为领导人有意识地决定使用武力,或者至少是为了追求那些他们认为对于促使战争升级具有潜力的目标。

要理解战争的起因,我们需要首先考虑动机问题以及它们所导致的外交政策目标。战争提供了一个观察领导人和决策精英们的思想的窗口,因为关于战争的决策相比于其他的外交决策更多地由官方正式记载。对战争背后隐藏的意图的分析,能够使我们深入了解对外政策的总体目标以及它们是如何随着时间而改变的。它能够告诉我们战争是怎样的、战争被怎样看待能够推动或妨碍这些目标的实现,以及为什么是这样的。追溯动机的演化过程以及它们与战争的联系或许能帮助我们就未来战争的可能性做出有根据的假设。这样一种研究途径能够帮助我们解决许多与探究战争起因的定性和定量研究相联系的问题。

我的分析以我收集得到的一个数据集为基础。但是,像我在第四章将要说明的那样,我并不使用它们来寻找相互联系。我的数据集最好被理解为一项基于间接观察的历史检测。它描述了与战争相联系的动机,而并没有说明战争何时会发生。我假设在没有战争发生时,这些动机也同样起作用,因此它们不能告诉我们战争的直接原因。它们确实使我们能够对战争的频率做一些推测,而这是本书的中心问题。我的研究路径采取了一种宏观视角和微观视角相对比的方法。我寻求理解历史上战争的爆发频率和特征,而不是单个战争爆发的原因。我假定在动机和风险承担之间有一种与战争的现实主义、权力转移学说和理性主义理论不同的关系。我试图通过案例研究,而不是相互联系来建立这种关系。以对战争和其背景的定性分析为基础,我认为包含超级大国在内的总体战争在很大程度上起源于被错误计算的冲突升级。与传统的研究不同,我认为这些战争很少是有意的。

与证据保持一致是对一个理论——或像本书中的一系列相关命题——拥有暂时的信心的必要而非充分条件。作为一个总体规则，理论和命题必须同其他的理论和命题相比较，以确定相对而言它们怎样更好地解释可观察到的变化。由于我没有做出此类因果论断，我也不做这种类型的测试。我对单个理论的关注不像对竞争性的范式关注那样多。它们根植于不同的动机，而我试图观察这些动机牵涉到战争爆发的历史事件中的程度。我让我的假设经受相同的测试，发现了激情因素直到今天仍然是欧洲体系中战争的主要动机的强有力论据。

我对现有的关于战争文献的不满意，以及我对国际关系理论的不满意是我写《国际关系的文化理论》一书的动力。它发展了一种建立在以人类动机为基础的简约模型基础之上的理论。和柏拉图、亚里士多德一样，我假设激情、欲望和理性是根本的动机，而它们中的每一个都追求不同的目标。它们中的每一个也都产生不同的合作、冲突和风险承担的逻辑。这些动机更进一步地产生了以不同的正义原则为基础的独特的等级形式。在个人、国家、地区和国际层次上的秩序通过这些等级形式得以维持。当行为和它们所依赖的正义之间的矛盾变得明显和不能容忍的时候，这种秩序就被削弱或者瓦解了。[49]在任何一个层次上的秩序和无序都是与临近层次上的秩序和无序相关的。

第四种动机——恐惧——在理性无法遏制欲望和激情的时候就出现了，它不是一个内在的动力，而是一种强有力的情绪。一些行为体对欲望和激情的不加限制的追求剥夺了其他行为体满足自身需求的能力，而且从更根本上说，引发了他们对自身物体安全的关注。我描述的四个世界全部都是理想类型。现实中的世界是一个混合的世界，因为这四种动机在一定程度上会同时出现。现实世界也是粗糙的，因为这些动机的混合体随行为体以及他们形成的组群的不同而不同。多重动机逐渐混合而不是融合，导致了一系列表现出不协调甚至是相互矛盾的行为。

当前的国际关系理论以欲望（例如自由主义或马克思主义）或恐惧（例如现实主义）为基础。在现代，激情（thumos）在很大程度上被哲学和社会科学所忽略了。我认为它是无处不在的，并且导致了对自尊的普遍追求，而这种自尊通常是通过追逐荣耀和地位来表达的。通过在那些被与我们同等的组群或社会所看重的活动中的突出表现,我们赢得了那些关键人物的赞许,对自己的感觉也更好了。制度和国家既没有心灵,也没有情感。那些作为一个整体行动或认同这些整体的人们才有心灵和情感。他们经常将他们的心理需求投射到政治单位当中,而当这些单位赢得胜利或者表现出众的时候,他们的自我感觉就更好。在古希腊,城邦是政治生活的中心,而一个公民的地位通常是他所在的那个城邦的地位的反映。得自间接联系的移情和尊重在国家成为相互联系的单位的民族主义时代仍然是明显的。

在《国际关系的文化理论》一书中,我使用荷马的《伊利亚特》作为原型来发展出一种以激情为基础的政治和国际关系范式。我通过从古希腊到两次世界大战和美英入侵伊拉克的案例研究,论证了它在国内政治以及重大外交决策中的重要性。随后,我提出了其他动机,并且设计出了一系列文化标志物来分析它们在所讨论的行为体之间的相对分布。随后,我预测了这种混合应该产生的外交政策行为的类型,这些预测是基于那些整体有效的并且专属我自己的案例研究。在本书中,我将勾画我的理论对于战争的含义,并且使用我收集的数据集来评估从这一理解中得到的假设。这个数据集根据国家的权力[主导大国(leading great powers)、大国(great powers)、衰落大国(declining great powers)、崛起国家(rising powers)、弱国(weaker states)等]对它们进行分类,识别战争的发起者、它们的动机[安全(security)、物质福利(material well-being)、地位(standing)、报复(revenge)和其他的动机(others)]以及结果(获胜、失败或平局)。数据对六个假设都提供了强有力的支持,并且指明了自从现代国家体系产生以来,地位在何种程度上一直是战争的主要动机。

各 章 概 述

本书分为三部分。第一部分回顾和评析有关战争及其起源的文献。第二章描述了解释战争的现实主义、权力转移、马克思主义和理性主义范式。其中的每一个范式都丰富了我们对战争的理解，但是每一个又都遇到了严重的问题。第二部分对我提出的国际关系理论做了一个简要的阐述，并从中得出了六个与可能发动战争的国家类型和可能遭受攻击的国家类型相关的假设。第三章提出了这些概述和假设。第四章描述了这个数据集，这些数据集也收录在附录中。第三部分探索了未来战争的可能性。第五章研究了恐惧、利益和战争之间正在变化的关系。第六章对地位和报复问题做了同样的工作。我认为这些动机和战争之间将会有越来越多的不一致，并且预测了战争频率的大致衰退。这并不意味着——尤其是在未来的二三十年中——将完全没有战争。

关于战争的理论也必定是关于和平的理论。它应该告诉我们一些有关冲突可以被和平解决，或至少可避免升级为战争的条件。保罗·施罗德（Paul Schroeder）正确地指出："通常很难发觉到和平的起源和增长，甚至更加难以解释它们。"[50] 和平通常被认为是与战争相对的，尽管在第四章，我将指出相对于将战争与和平当作一对对应物，将它们看作是一个连续统一体中相对应的两个极点更加精确。自由主义范式中的理论——最明显的是民主和平论的研究——提出了和平的问题；它们通过假设战争不会发生的条件，将关于战争的理论颠倒过来。我不会深入研究民主和平论引发的争论，但是在第三部分，我解释了为什么在不同的政体类型中战争都在减少。

本书的新颖之处在哪里？

我的研究路径和发现挑战了关于战争及其起源的传统理论中的重要组成部分。我根据动机和国家的相对权力分析战争的发起。据我所知，这是首次做此类尝试。与现实主义者的预期相反，我发现安全因素只是我研究的 94 场战争中的 19 场的原因。这些战争中很大一部分都是一个大国反对另一个大国，但是它们中没有一个与权力转移有关。这并不意味着安全在国际事务中不重要：它是所有被攻击的国家的首要关注点。

物质利益也是引发战争的一个较弱的动机,仅仅能够解释 8 场战争,而且大部分都在 18 世纪。更进一步来说,安全和物质利益有时相互呼应,而且更经常地是同其他动机相呼应。在一些战争中,它们同其他动机相比,是处于第二位的。相比之下,地位是 62 场战争的首要或次要原因。报复,同样是一种激情的表露,可以解释另外 11 场战争。对于激情在几个世纪以来一直是战争的主要原因,以及激情及其后果在国际关系文献中几乎完全被忽略这一点,应该是没有什么争议的。

动机的显著性视文化差异而有所不同,而不是国际环境或国家治理的任何理所应当的客观特征。国内、地区和国际社会的特点以及它们的坚固性也决定了我所分析的这些动机与战争相关联的程度。一旦重商主义让位于对财富更加深刻的理解,利益的重要性就出现了明显的下降。安全驱动的战争没有表现出相似的下降,但都与大国或支配性大国对霸权的追求相联系。我坚持认为,物质条件和社会条件是这些动机导致战争的渠道,它们与特定的历史时期相联系。与安全相关的战争最近一次的集中出现事关 20 世纪的两次世界大战及其前奏。世界大战本身则是一种错位导致的,即在大国主要用暴力手段参与竞争、追求霸权的时代进行现代化的错位。既然这个时期在欧洲已经成为过去、在环太平洋的大部分地区也正在退去,既然通过武力取得霸权已经不再被认为是合法的,那么安全需求和大国的恐惧应该有所减少。

自从 18 世纪以来,出于报复而进行的战争显著减少,我将此归因于此类战争同领土征服有紧密联系。在我的数据集中,全部报复性战争都是为了重新夺回在先前的战争中丢失掉的领土。既然对领土的征服已经被视为非法的,变得更加困难,同时出于各种原因也没有什么回报,很可能报复性战争将会更加罕见。在这种乐观的预测之下,我们还必须认识到报复性战争可以由其他的原因引发,就像在美国对阿富汗的入侵所显示的那样。

至于为了地位而进行的战争,我们也可以期待它们会减少。在战后时期,甚至是从战争一结束,战争和地位变得越来越不相容,因为成功地发动战争不再提升地位。如果没有得到联合国授权而发动战争,很可能会损害国家的地位。美英联合入侵伊拉克——这是一场并不为领土征服而进行的战争——就是一个例了。变化的价值和规范鼓励理性的领导人去寻求其他和平的途径来维护地位。如果出现这种情况,无论是崛起国家或大国参与的战争都可以显著地减少。

从历史的角度看战争的动机,我们的注意力应当集中在思维上的三个重大的转变。第一,就像上面提到的,涉及财富的本质以及它对国家间关系的影响。在亚当·斯密(Adam Smith)和现代经济学之前,世界的总财富被认为是有限的,这使得国家间关系看起来像一个零和博弈,在其中人们确信一个国家财富的增加是以牺牲其他国家为代价的。一旦政治精英明白总财富可以通过劳动分工、机械能源的使用和规模化经济来增加,国际合作就变得更加可行了,并且最终能够被认为是增加财富的另一种方式。贸易和投资,连同它们所导致的经济相互依赖,并不能像19世纪和20世纪早期的许多自由主义者所希望的那样阻止战争,但它或多或少阻止了为增加物质财富而进行的战争。

思维上的第二个转变产生于19世纪,在20世纪加速发展。它是有关集体相对于个体的安全追求。联盟——无论正式的还是非正式的——都是外交政策的实践和组成部分,但是它们在维也纳会议上表现出了新的含义。拿破仑战争的胜利者们寻求集体一致的行动来维护战后现状,并以此阻止革命和国家间战争再度爆发。这是一个短命的而且最终也不成功的实验,在很大程度上是由于奥地利、普鲁士和俄国不切实际的目标。它们不仅想要限制法国,而且希望阻止民主化,并企图不顾英国的不满来强行推行它们的设计。[51] 19世纪晚些时候的定期会议在很大程度上是有效的,通过协议和说服的方式减少了大国之间的和地区的紧张。紧随第一次世界大战,国际联盟提出了通过集体安全的方式来阻止战争的更加雄心勃勃的计划。[52] 由于很多原因,这一计划不幸失败,但是集体安全的原则持续下来,并且事实上在英语国家之间加强了。成立于1945年的联合国将集体安全作为安理会的主要使命。这一制度的记录是混杂的,同样在冷战期间产生的许多地区联盟的有效性也是喜忧参半。北大西洋公约组织(The North Atlantic Treaty Organization,NATO)是迄今为止最成功的一个,尽管没有证据显示它能够阻止苏联入侵西欧。北约和其他国际组织在冷战时期扮演了一个杰出的、同时也是十分成功的维护和平或协助终止战争的角色。集体安全已经成为地区和国际稳定的规范和重要来源。

第三个同时也是最近的思维变化涉及国际事务中地位的本质。自从现代国际体系出现以来,大国一直在寻求维护其地位,控制地位的决定方式,决定哪些国家可以竞争地位。在这个时期,军事力量以及对它的成功使用是赢得大国地位和认可的主要方式。国家内部取得地位的方法有许多;在国际层次上,地区和国际秩序越稳固,就会出现越多层次的等级体系。国家更加自信地用多种方式寻求地位并为此投入资源,否则那些资源就会被用来追求安全。这样的行为可能会得到回报。2007 年年初英国广播公司(BBC)全球报道的一项民意调查显示,与国际体系的可替代前景相连的国家在地位方面有显著的增长。当被问到哪个国家会对世界产生积极的影响时,加拿大和日本的得票最多,达到 54%,紧随其后的是法国(50%)、英国(45%)、中国(42%)和印度(37%)。[53]

国内外的积极回应产生了正反馈,其中来自第三方的表扬和尊重塑造了国家的自尊,它们在政治上起到了很好的作用,并且增强了这些政策与国家身份的联系。这一过程在德国和加拿大已经持续一段时间了,在日本也以较轻的程度持续了一段时间。[54]如果日本依然保持国际导向,中国在亚洲扮演一个负责任的角色,印度和巴基斯坦能够避免彼此的军事冲突,中东虽然麻烦不断但它的问题不会影响其他地区,欧盟发展和增强它与俄罗斯和中国的经济联系,那么恐惧作为外交政策的一个动机就会弱化,而欲望和激情的动机会相应地增强。国家将有更强的动力去追求建立在与这些动机相联系的标准之上的地位,而将更少的资源用于维持强大的军事力量。以军事权力为基础去谋求地位,将不再有说服力。既然地位包含着影响,国家将会有另外的动机调整它们的外交政策,以使它们与主导性的激励结构保持一致。在这样一个世界里,国家在没有充分的国际支持或至少没有联合国安理会授权的条件下,对待武力使用的态度应该将更加消极。从长远来看,我们可以说,在 2030 年,我们也许会将伊拉克战争作为 21 世纪的国际关系中的定义性举动,因为它使单边使用武力成为非法的,并且凸显和鼓励了替代性的、和平的赢得地位的方式。

这三个转变有两个共同点。每一个转变都发展缓慢、间歇演进。信想上的变化要花很长一段时间才能传播得足够广泛以至于可以影响行动,而行动在一开始都是充满障碍的,并且并不成功。然而,随着时间的推移,行为模式改变了,所考虑的动机也越来越与战争无关。这些转变确实是在同时发生的,而且并没有短期的实际效果。关于财富的思想革命开始于18世纪晚期,但是直到19世纪晚期才成为习惯性的思维,而且直到至少半个世纪以后才成为阻止战争的一个因素。集体安全作为19世纪早期的产物,差不多经过了150年才显示出它深远的政治影响。关于地位的思想变化是在20世纪发生的,直到冷战时期才开始影响政治实践。随着规范和实践在过去的五十年当中变化得更加迅速,我们有理由相信,对以军事征服取得地位的去合法化过程将会更加坚定,由此也鼓励了替代性的追求地位的方式的兴起。

思想上的三个转变在某种程度上是相互联系的。经济思想的变迁在很大程度上独立于任何假定的国际关系问题。它的出现是对国内政治经济研究作出的回应,但是很快人们发现它与外交政策有着重要的关联。贸易和投资是国际经济合作的形式,它们也被期望发生在政治领域。代价高昂的战争无疑为集体安全的实践提供了另外一个诱因。关于地位的观念变化,就像关于集体安全的一样,在很大程度上是对代价高昂的战争的反应,但是它们也被经济相互依赖和集体安全所促进。它们在官方和非官方层次上和其他国家建立起更紧密、更具合作性的关系,使得用武力对抗他国日益代价高昂且不合时宜。如果这种合作性的组群能够赋予国家以一定地位,或者在这点上是重要的,相关的国家就必须找到非暴力、甚至是非冲突的方法来获取地位。同样重要的是,合作关系给它们一种预期,即包含在这种关系之中的国家可以增加。在这种环境中武力的使用将破坏这一进程,或被认为是对现存共同体的安全的破坏。武力的使用将被抵制,也将破坏战争发起者的声望。这两种动力目前都在国际体系中起作用。

地位概念的转变仍然在它的雏形阶段,本书作者只能期待在书中论证传统的地位概念对战争的影响程度,以及怎样才能促进这一改变,与此同时寻找并接受替代性的追求和取得地位的方式。

注 释

1. Black，*Quotations in Black*，p.260.

2. Keeley，*War Before Civilization*.

3. 对伤亡数字的各种估算，可见 http://en.wikipedia.org/wiki/Iraq_casual-ties/。Stiglitz and Bilmes，*Three Trillion Dollar War*.

4. Wright，*A Study of War*，vol.1，pp.121，237，242，248，638；Levy，*War in the Modern Great Power System*，p.139；Holsti，*Peace and War*；Hamil-ton，"The European Wars：1815—1914."

5. Holsti，"The Decline of Interstate War."

6. Tucker，*Encyclopedia of World War Ⅰ*，pp.272—273；Tucker and Roberts，*Encyclopedia of World War Ⅱ*，pp.300—301.

7. Phillips and Killingray，*Spanish Influenza Pandemic of 1918—1919*，p.7.

8. Cook and Walker，*Facts on File World Political Almanac*，p.325；McNa-mara，*Argument Without End*，p.1，认为越南人死亡 380 万人。

9. Cook and Walker，*Facts on File World Political Almanac*，p.325；Chu-bin and Tripp，*Iran and Iraq at War*，p.1，估计有 150 万人死亡。

10. McNamara，*Fog of War*，p.233.

11. 关于 20 世纪 50 年代早期，可见 Brown，*DROPSHOT*。关于 SIOP，可见 Richelson，"Population Targeting and US Strategic Doctrine"。

12. United States Arms Control and Disarmament Agency，*The Effects of Nuclear War*；United States Congress，Office of Technology Assessment，*The Effects of Nuclear War*；Richelson，"Population Targeting and US Strategic Doctrine."

13. Natural Resources Defense Council，Archive of Nuclear Data，www.nrdc.org/nuclear/nudb/datainx.asp.

14. Sagan and Turco，*Where No Man Thought*.

15. Mueller，*Remnants of War*，pp.162—171；Väyrynen，"Introduction"提供了一个概述。

16. Mueller，*Retreat from Doomsday*.

17. 关于德国方面的，参见 Mombauer，*Helmuth von Moltke*，pp.210—213，引用了毛奇（Moltke）和法金汉（Falkenhayn）之间的信函。

18. Kershaw，*The "Hitler Myth,"* pp.139—147；Frei，"People's Communi-ty and War."

19. Luard，*War in International Society*，pp.330—331，366—367.

20. Sage and Kasten，*Enslaved*；Bales，*Disposable People and Understanding Global Slavery Today*.

21. Mueller，*War*，Presidents，and Public Opinion and Mueller，*Public*

Opinion and the Gulf War；Oneal and Bryan，"Rally 'Round the Flag Effect in US Foreign Policy Crises."

22. Lebow，*Cultural Theory of International Relations*，pp. 461—462，469—472.

23. Mermin，*Debating War and Peace*；Schechter，"Selling the Iraq War."

24. Polls reported at Wikipedia，"Popular Opinion in the US on the War in Iraq，"http：//en. wikipedia. org/wiki/Popular_opinion_in_the_US_on_the_inva- sion_of_Iraq/.

25. www. washingtontimes. com/upi-breaking/20040820-115103-7559r. htm.

26. Wikipedia，"Popular Opinion in the US on the War in Iraq."

27. Ibid.

28. Lai and Reiter，"Rally 'Round the Union Jack?"；Lewis，"Television，Public Opinion and the War in Iraq"；Kettell，Dirty Politics?

29. 关于大会上的发言和决策，可见 Thucydides，*History of the Peloponne- sian War*，I.32—44。

30. Ibid. ，6.9—24.

31. Ibid. ，5.85—113.

32. Lebow，*Tragic Vision of Politics*，ch. 3.

33. 对这一问题的优秀论述，可见 Vasquez，*War Puzzle*，pp. 21—28，for a good discussion of this problem.

34. Petersen，*Understanding Ethnic Violence*，p.52，他做了一个同我类似的论断，认为国内暴力经常是群体使用的手段，以期望使自己群体在等级制度中的地位向上移动。

35. Huntingford，"Animals Fight，But Do Not Make War."

36. Van Wees，*Greek Warfare*；Lebow，*Cultural Theory of International Relations*，ch. 4.

37. Hassig，*Aztec Warfare*.

38. Winch，*Idea of a Social Science*，p.52，这是关于主体间理解和规则之间的关系的著作。

39. 关于这一点，可见 Wright，*Study of War*，p.698。

40. Clausewitz，*On War*，Book 1.

41. Bull，*Anarchical Society*，p.184.

42. Singer and Small，*Wages of War，1816—1965*，pp.37，39，这是该条标准的起源。

43. Clausewitz，*On War*，Book 6.

44. Levy，Walker and Edwards，"Continuity and Change in the Evolution of Warfare"；Luard，*War and International Society*；Holsti，*Peace and War*.这是关于在过去的几个世纪当中战争的目标一直在变化的变种。

45. 作为证据，参见 Suganami，"Explaining War"；Lebow，*Cultural Theory of International Relations*。

46. Herwig，"Clio Deceived"；Lebow，*Cultural Theory of International Relations*，pp. 376—381.

47. Levy，"Causes of War"；Vasquez，*War Puzzle*，pp. 9，48—50；Lebow，*Forbidden Fruit*，chs. 1，3，9.

48. Holsti，*Peace and War*，pp. 46—63；Vasquez，*War Puzzle*；Senese and Vasquez，*Steps to War*. 参见 Hensel，"Territory"一文中的文献综述。

49. Ray，"Democracy，"这是一个近期的、有见解的评价。

50. Schroeder，"Life and Death of a Long Peace."

51. Nicholson，*Congress of Vienna*；Gulick，*Europe's Classical Balance of Power*；Kissinger，*World Restored*.

52. Northedge，*League of Nations*；Walters，*History of the League of Nations*.

53. *The Age*（Melbourne），March 6，2007，p. 7.

54. 关于日本的争论，参见 Rozman，"Japan's Quest for Great Power Identity"；Hughes，"Japan's Re-emergence as a 'Normal' Military Power"；Samuels，*Securing Japan*。

第二章
关于战争的理论

　　国际关系领域有关战争及其起因的作品正在大量涌现。历史学、社会学、心理学和经济学方面的重要著作也对此做了补充。大部分对战争进行研究的国际关系学者都是通过一种现实主义的视角来接近问题的核心。他们假定安全是国家的主要关注点，而缺乏安全则是战争的主要原因。现实主义者们梳理了导致严重争端的条件（例如安全困境、极化、权力转移等）以及它们在何时会导致战争的机制（军事准备、联盟、均势等）。自由主义的学者对和平比对战争的兴趣更大，并且使这些深层条件理论化。民主和平论（the Democratic Peace）是自由主义理论在这个课题上的主要研究阵地，它指出民主国家不会相互打仗，尽管持此观点的学者对国家为什么会如此存在着分歧。这是一个很狭义的论断，因为民主和平论的理论家们承认民主并不比其他制度更厌恶战争。列宁（V. I. Lenin）提出了关于战争的马克思主义理论。它假定经济利益是外交政策的主要驱动力，并且将第一次世界大战的爆发归结为对市场和原材料的争夺。在刚刚过去的十年当中，理性主义战争理论占据了主要位置。它们大部分秉持现实主义原则，并且认为国家领导人从根本上是具有工具理性的。

　　国际关系学者从不同的方法论视角来研究战争。其中有一些著作是纯粹理论性的，没有用什么经验型研究来支持它们的假设。采取经验主义研究方法的学者们通过对数据的定性和定量研究来发展和评估一系列的理论和假设。学者们在他们的理论将提出什么样的主张方面有所不同。一些人试图从总体上解释战争，而另一些人集中研究大国之间的战争或是其中的体系变革战争。一些人断言，他们的理论充分地解释了他们提出的战争类型；另外一些人则声称他们仅仅是发现了使战争更加可能发生，但并不是完全不可避免的条件，他们承认需要考虑其他相关的因素。

在这一章中，我检验了这些关于战争的最重要的论断和研究方法。我忽略了一些不太重要的理论（例如战争的转移理论*、弗洛伊德理论以及熊彼特的以阶层为基础对第一次世界大战的解释等），或者只是在后面的章节中顺便提一下。民主和平论——强调对于和平而不是战争的动机——我将在提出未来的和平前景时有所涉及。我的评估在很大程度上是概念上的，尽管我质疑了一些作为某些理论根基的历史性诠释。在第四章中，我使用我的数据集来评估他们的关键主张。

现 实 主 义

现实主义曾经是国际关系理论中的支配范式，现在也仍然是一个主要的范式。[1]将近50年以前，阿诺德·沃尔弗斯（Arnold Wolfers）将现实主义分为两类：一类将战争归结为根植于人性的邪恶，另一类将战争看作是由不可避免的体系因素导致的"悲剧"。在第一类当中，沃尔弗斯列举了修昔底德、马基雅维利（Machiavelli）、汉斯·摩根索（Hans Morgenthau）以及亨利·基辛格（Henry Kissinger）。[2]对于摩根索这些第二次世界大战后初期的主要理论家而言，所有的政治都是冲突性的，因为它是权力欲的一种显示。那些将人类动机描绘为普遍和永恒的理论家不能解释经历了时代和文化转变之后的战争与和平的变迁，如果他们不引入额外的解释途径的话。他们也不能解释为什么一些国家希望挑战现状，而另外一些国家却热衷于维护现状，以及为什么国家偏好会发生变化，就像德国

---

* 转移理论（theory of diversionary war），指国家领导人为了转移国内人民对内部矛盾的注意力而发动的对外战争。——译者注

像 20 世纪戏剧性地所做的那样。

摩根索引入了两个干预变量来解释这种变化：社会的稳健性，以及行为体的动机。他坚持认为，国内政治和国际政治的区别在于"程度的区别而不是本质的区别"[3]。引用吉本（Gibbon）的话，他将 18 世纪的欧洲描述为一个拥有"共同的礼仪和文明标准，以及共同的艺术、法律和行为举止体系"的伟大的共和国。"恐惧和廉耻心"以及"共同的荣誉和正义感"促使领导人克制他们的野心。[4]共同体的感觉被法国大革命所撕裂，而后只是在表面上得到了一定程度的恢复。在 20 世纪，它彻底瓦解了，在那时主要大国通过意识形态和利益来划分阵营。按照摩根索的解释，1930 年有四个主要大国——德国、苏联、日本和意大利——极力抵制国际秩序。苏联在 1945 年之后继续这样做，从而使战后初期的国际关系退化为"两个巨人用充满怀疑的眼神警惕地相互注视着的最初的情景"[5]。超级大国追求的目标和它们用来实现目标的方式，首先随着它们整合入一个以共有价值为基础共同体的程度而发生变化。

摩根索相信国家目标的变化独立于社会的稳健性。他描述了三种外交政策的目标：维持现状、推翻现状以及显示威望。这些目标不是国家本质上的东西，它们会随着领导人和环境的变化而改变。[6]它们并不一直是不言自明的，但是对它们的评估促成了均势——摩根索和其他现实主义理论家的核心机制——的形成。在摩根索看来，当维持现状的大国有显著的军事优势，并且在必要时有可证明的意图来使用它以维护领土现状、反对任何挑战者的时候，战争爆发的几率最小。当帝国主义大国——这是他对企图挑战现状的大国的称谓——或这些国家的联盟拥有军事优势的时候，或者当维持现状的大国缺乏使用武力的意图的时候，战争最有可能发生。摩根索的早期批评者们反对他那些松散的概念，特别是均势概念，因为摩根索似乎是在用多重的和看似相互矛盾的方式来使用它。[7]后来的批评者们则提出了一个根本性的反对意见：摩根索和其他信奉均势的现实主义者们似乎是将他们的理论建立在一系列更适合于 18 世纪欧洲的——或者应该说是局限在那个时代的——政治和文化假设的基础之上，而那个时代的欧洲经常被描绘为"均势的伟大时代"[8]。

现实主义理论家通常将战争的"悲剧性"归因于他们所谓的国际体系

的无政府状态。对于"第一代"这样的理论家,如尼古拉斯·斯皮克曼(Nicholas J. Spykman)、沃尔特·李普曼(Walter Lippmann)、爱德华·米德·厄尔(Edward Mead Earle)、弗里德里克·舒曼(Frederick Schumann)和爱德华·卡尔(Edwards Carr)等而言,"无政府状态"(anarchy)是"缺乏一个政府"(the absence of government)、"丛林法则"(the law of the jungle)或"无等级的社会秩序"(social order without hierarchy)的简单表述。[9]甚至摩根索也承认,"文化一统、技术一致、外部压力,以及最重要的,一个等级制的政治组织",会使得国家更加稳定,并且不那么容易遭受暴力,如果与这些条件大体上不存在的国际秩序相比的话。[10]

约翰·赫兹(John Herz)提出了"安全困境"(security dilemma)的概念,来说明国家信奉暴力不仅仅出于假定的追求权力的欲望,而且出于恐惧的缘故。他争论说对权力的追求通常是对威胁的反应,而不是威胁的主要原因。国家获取权力以免被其他国家攻击、支配或消灭。这种确保它们安全的努力使得其他国家"感到更加的不安全,并促使它们做最坏的准备。既然在这样一个充满竞争者的世界上没有一个国家能够感到完全安全,权力竞争就会接踵而至,安全和权力积累的危险循环也就会持续不断"[11]。对于赫兹而言,安全困境有一种"宿命论式的不可避免性"(fatalistic inevitability),但是他承认在紧张和战争之间有着重要的区别。充满智慧和勇气的领导人即使在面对最为紧张的冲突时,也可以避免卷入战争。[12]像他以前和当时的同事摩根索一样,赫兹也强调领导人的决定性作用。但他们既没有将这些领导人的特质具体化,也没有明确哪些条件可促使领导人自我约束。

摩根索和赫兹将他们的观点定位于体系层次上,但是又用国家和个人层次上的论据来作为补充。肯尼思·华尔兹(Kenneth Waltz)发展出了一种完全建立在体系层次上的国际关系理论。紧跟着赫兹,他提出国际体系的无政府状态产生了不安全感,以及国家自我武装并为战争做准备的动机。误算是战争的一个重要原因,这主要是缺乏信息所致。国际体系部分地是不透明的,这使得评估其他国家的能力和决心变得很困难。在国际体系中误算的可能性最大,因为存在着更多的行为体,也因为联盟更加重要而军事力量的平衡和意图相应地更加难以计算。[13]

华尔兹坚持认为他创造了一种国际关系理论,而不是外交政策理论。他不强调体系内部的变化,只是强调体系间的差异。[14]等级制是最稳定的,也是最倾向于和平的体系,紧随其后的是多极和两极。华尔兹的论断在原则上可以被证伪,但在表述上则不是如此。他坚持认为极的决定因素是很简单的:"我们需要简单地通过能力将(大国)分成不同的等级。"[15]现实主义者之间的差异恰好表明了这种等级是多么的模棱两可,甚至是武断的。许多现实主义者通常认为两极体系起始于1945年,但是摩根索认为只有当苏联在20世纪50年代获得了能够进行核战争的工业能力时才成为一个超级大国。[16]华尔兹对权力的定义与摩根索相似,认为在20世纪40年代后期,世界变成了两极格局。[17]在1990年,华尔兹和米尔斯海默认为两极格局行将就木,或者已经消失并且让位于多极格局。[18]到1993年,华尔兹推翻了他先前的论断,认为世界仍然处于两极格局当中,尽管苏联已经解体了。[19]一些现实主义者认为,美国作为唯一现存的超级大国从冷战中胜出,表明世界已经是单级格局。[20]其他现实主义者不同意这种论断,并且举例来说明当前是个多极世界。[21]这就终止了华尔兹关于极的问题是一个"经验主义问题"以至于常识便能够回答的论断。[22]

华尔兹关于不同体系中战争的可能性的假设只有通过在大量的系统之间进行比较才能得到证实。即便用最宽松的计算,有记载的历史也只提供了很少的等级制或两极制的体系。尽管可以得到检测和证实,我们仍然不清楚华尔兹的假设有何价值,因为统计数据没有告诉我们任何关于单个案例的说明。通过将他的理论限制在体系层次上,华尔兹将理论和现实的世界隔开了。华尔兹的一些支持者认识到这种局限性,并试图在新现实主义和外交政策之间建立联系,而华尔兹自己也是这样做的。[23]他们引入了国家和次国家层次的区分,这样就削弱了华尔兹理论最初的和最主要的理论正当性。[24]

约翰·米尔斯海默的《大国政治的悲剧》(*The Tragedy of Great Power Politics*)是把新现实主义与外交政策加以结合的代表。它以新现实主义的主要原则为基础发展出了一套演绎性的理论,并且根据它做出了关于未来的一系列预测。米尔斯海默仍然认为大国有两大战略目标:获得尽可能多的权力以及阻止其他国家取得霸权。他认为大国总是愿意为其中的任何一个目标进行战争。米尔斯海默关于后冷战世界的所有预言都是错误的。[25]美国没有从欧洲撤军,也没有拒绝将它的军力用来维护地区和平,还没有试图削弱中国经济的增长或扮演离岸平衡手。无论日本或德国都没有取得核武器,没有证据显示大国之间的关系变得更加紧张了,从而使得单独的一场战争更加有可能发生。尽管冷战结束了,苏联也解体了,北约仍然存在;也没有反对美国这个唯一存在的霸权国的或"硬"或"软"的制衡。[26]

体系层次的理论也遭遇到了摩根索遇到的问题:如果无政府状态是保持不变的——暂且先把少有的等级制时代放在一边——那么安全困境在当前也仍然存在,并且不能解释战争频率和烈度的变化。单元和体系层次的理论一样要求额外的、辅助的解释、理论或假设。对于无论是强调"性恶论"还是"悲剧论"的现实主义者而言,额外的概念是均势。它被用来描述在任何给定时间内体系中权力分配的特征或是体系的特征,并在政策层面作为外交政策的指导。[27]它经常以令人困惑的甚至是自相矛盾的方式得到运用,因为它涉及两种不同的动力,而它们从分析的角度而言几乎不可能出现。均势既是由于大国追求霸权,而其他国家联合起来反对它们而出现的无意识的结果,又是一种观念条件和物质条件的复合体,它有时候允许大国约束或改进对霸权的追求而产生的结果。[28]前者被现实主义者认为是战争的一个原因,而后者则被认为能够促进和平。

存在着大量的均势理论和假设。不止一个现实主义者悲观地认为在学术上根本没有关于究竟什么是均势、它能做什么以及它被期望做什么的共识。[29]到目前为止,最普遍的期望是均势能够阻止霸权的形成。[30]霸权被大体上理解为一个大国将它的偏好强加给作为整体的国际体系的能力。[31]一些现实主义者争辩说一个国家的压倒性权力[如罗马治下的和平(pax Romana)、美国霸权等]对和平是有益的。[32]另外一些人则坚持认为权力集中于一个或少数国家的手中会减小制衡性联盟形成的可能性,从而削弱了威慑的力量。他们理想的权力分配形式是一个不受限制的大国致力于维护现状,并且能够扮演平衡者的角色[如不列颠治下的和平(pax Britannica)]。[33]也有一种长期存在的关于多极还是两极体系是否更容易引发战争的争论。[34]均势理论预测了均势和非均势所造成的不一致

的——如果不是完全相反的——结果。理查德·利特尔（Richard Little）
观察到对均势的讨论很少关注甚至是更有问题的"权力"概念，而所有对
均势的表述都是建立在其基础上的。[35]

尽管有这些问题，均势理论仍然有吸引力。罗伯特·杰维斯（Robert
Jervis）认为，对许多国际行为而言，均势解释不仅是最广为人知的，而且
也是最令人信服的。[36]然而，经验研究没有在权力结构和战争的发生率之
间发现任何联系。[37]集体行动理论将制衡（balancing）描述为一种很难产
生的集体产品。[38]现实主义者发现了明确的证据来证明追随强者（band-
wagoning）的现象，即受威胁的国家与威胁发起国结盟，而不是和其他国
家结盟来反对威胁发起国。一些人研究了受威胁的国家喜欢追随而不是
制衡的条件。[39]在一项近期的同时也是全面的均势研究中，考夫曼（Kauf-
man）、利特尔（Little）和沃尔弗斯（Wohlforth）利用跨文化和跨时代的证
据来证明，平衡和不平衡的权力分配在频率上大体是均等的。军事扩张
是"几乎普遍的行为"，而这种扩张经常被将追求短期利益置于维护体系
稳定之上的"近视的优势寻求者"的行为体所容忍。[40]一些享有盛名的对
欧洲均势的历史研究都认为，它在 18 世纪和 19 世纪是最有效的，但是就
像摩根索一样，将它的成功归结为欧洲跨国社会的稳健性以及领导人的
技巧。[41]怀特（Wight）、施罗德和基辛格都认为，在坚守被接受的规范和实
践的群体压力方面上，约束关键性的国家行为体更有效。[42]摩根索在《国
家间政治》（*Politics Among Nations*）中做了类似的论断。[43]试图从文化中
解释何时以及为何均势起作用的文献，仅仅是削弱了它对普遍性的解
释力。

当代的现实主义理论大体上属于三种思想流派：进攻、防御和古典。
进攻性现实主义以米尔斯海默的《大国政治的悲剧》为代表，并且以一种
悲观地并且很大程度上是决定论的国际关系观点为基础。该领域的许多
学者担心，它的外交政策含义上过于简单而且非常危险。我已经批判了
它的核心理论论点和经验预测。我的数据集没有对战争原因的这种理解
提供支持。

防御性现实主义是一种更为广泛接受的研究路径，它与斯蒂芬·
范·埃弗拉（Stephen Van Evera）、查尔斯·格拉泽（Charles Glaser）、哈

伊姆·考夫曼(Chaim Kaufman)和斯蒂芬·沃尔特(Stephen Walt)的著作联系在一起。[44]它假定理性的行为体将安全作为它们的优先目标,这是由于国际体系的无政府状态以及由此产生的安全困境所导致的。安全看起来像是一个零和博弈,因为任何行为体或联盟的改进行动都会使得其他的行为体或联盟更加不安全。斯蒂芬·范·埃弗拉——防御性现实主义的最早的拥护者——提出了两个主要的假设:战争在征服被认为是更容易的时期里更为普遍,以及那些其领导人相信他们有更大进攻赢面或防御较其他国家更脆弱的国家将会比其他国家发动更多的战争。他更深入地指出现实中的导致征服更容易的不平衡是很少的,但是认为不平衡存在的知觉是非常普遍的,可以解释许多战争。他将第一次世界大战作为一个案例进行研究。[45]

无论防御性现实主义有怎样的解释效力,支撑其理论基础的第一次世界大战实际上是一个不能成立的案例。以它为基础的来自德国档案的新证据和解释,排除了将对战略弱点的恐惧作为德国在七月危急(the July Crisis)中发起进攻的原因。总参谋长毛奇(Moltke)并不担心德国的防御能力,对军队执行施里芬计划(Schlieffen Plan)的能力也没有信心。毛奇和埃里希·冯·法尔肯海因(Erich von Falkenhayn)将军希望战争,不是因为安全方面的缘故,而是因为对法国的憎恶以及他们相信胜利将沉重打击社会民主主义。德国皇帝——最终的决策者——更加关心维持他和德国的荣耀。[46]防御性现实主义者也没有提出令人信服的证据来证明其他的大国战争是进攻或防御不平衡的知觉导致的。更重要的是,就像我的数据集将要展示的,相对而言仅仅少量的战争能够归因于追求安全的动机。

古典现实主义将修昔底德当作其奠基人,并且将马基雅维利、克劳塞维茨、赫兹和摩根索作为这一传统的代表。它试图发挥作为规范性指导的功能,并且强调道德标准和成功的外交政策之间的微妙关系。它强调道德困境的敏感性,以及在任何可能的情况下将影响力建立在共享利益和说服的基础之上的实际含义和需要。古典现实主义是属于现实主义的,因为它承认权力在各种政治中的核心作用,也正因如此,古典现实主义也有其自身的局限性,并且有自我挫败的特征。它回避了进攻性或防御性现实主义所提出的那种正式的假设,因为它的支持者认为决策对环境和能动力都极其敏感。然而，古典现实主义者们描绘了在国际关系中经常上演的情景。与战争相关的最重要的因素是大国的傲慢，成功鼓励大国领导人在坚持他们能够处理复杂事态、要求其他国家屈从于他们意志的信念方面走得过了头。通过聚焦于古希腊的悲剧，修昔底德描绘了雅典和伯罗奔尼撒战争。菲利普二世、路易十四、拿破仑、威廉和纳粹德国也大同小异，可以证明美国在后冷战世界也是这样。[47]古典现实主义的这种深入洞察不是可以直接得到证明的，因为它没有做任何预测。然而，它确实暗示了大国之间战争的一个主要原因是支配性大国扩展它们的权威和取得霸权的努力。与此相关的假设就是，许多这类战争将会产生于被错误计算的升级，或是战争的发起者只考虑最有利的情景。

权 力 转 移

像信奉均势理论的同行一样，权力转移理论也呈现出明显的多样化，有时它们的预期是自相矛盾的。权力转移的内容包括权力转移理论、霸权战争理论，以及它们将自己并入其中的长周期理论。[48]长周期理论（Long-cycle theories）首先由第一次世界大战的退伍老兵、经济学家埃里克·麦克菲（Alec Macfie）提出，它以重复的经济现象和战争之间的经验性联系为基础。麦克菲将贸易周期视为关键因素，当衰退后的经济正在复苏时，战争最有可能发生，他根据一个同 1850 年至 1914 年间的 20 场战争相联系的模式得出这个结论。[49]更近一些，莫德尔斯基（Modelski）和汤普森（Thompson）断言他们已经发现了跨越过去五个世纪的霸权、体系治理和战争的周期性循环。他们将战争归因于由变化中的权力分配导致的体系交替危险期，而这种变化中的权力分配则是不平衡增长率的结果。[50]

最为著名的权力转移理论是由奥根斯基（Organski）和库格勒（Kugler）提出的，他们将国际体系描绘为较有秩序的而不是无政府的，从而其研究路径同现实主义区分开。[51]秩序产生于一个支配性大国将它的偏好强加给其他国家的能力。随着时间的推移,习惯和模式得以建立,国家也学到相互之间应该期望得到什么。"特定的国家被当成是领导者……贸易通过被认可的渠道得以进行……外交关系也有了被认可的模式……有外交的规则;甚至有战争的规则。"[52]秩序推动了财富、安全和支配大国的声望,但是是以其他大国为代价。支配很少是绝对的,因此战争仍然是可能的。最严重和残酷的战争是支配性大国和不满现状的挑战者之间的战争。后者是那些"在现存的国际秩序已经完全建立起来并且利益已经得到分配之后才变得羽翼丰满"的国家[53]。支配性大国和它的支持者们大体上不愿意让渡给新兴国家更多的东西,而新兴国家从现状中可以得到的好处较为有限。崛起中的国家相应地感到不满意并且发动战争来使秩序变得更符合它们的利益。[54]当一个挑战者获得大致与支配性国家相等的物质能力时,战争最有可能发生。[55]

奥根斯基和库格勒的战争理论是机械的和决定论的。"最根本性的问题,"他们坚决认为,"使整个体系不可避免地滑向战争的原因是大国之间增长率的不同,以及特别重要的是,支配性国家和挑战者之间增长率的不同使后者可以在权力方面赶上前者。就是这种交替使体系不稳定。"[56]他们指出了五次霸权转移:拿破仑时期、普法战争、日俄战争以及两次世界大战。

罗伯特·吉尔平(Robert Gilpin)的《世界政治中的战争与变革》(*War and Change in World Politics*)也强调在领导国家和可能的挑战者之间军事力量的相对平衡。然而,吉尔平更多地关注衰退中的而不是崛起中的大国。支配大国积累的承诺逐渐超过它们的能力。帝国的过度扩张"对支配性大国构成了挑战,而为体系中的新兴国家提供了机会"。[57]后者有志于重塑"支配国际体系的规则、势力范围,以及最重要的是领土的国际分布"。[58]支配大国将预防性战争作为消除挑战者所造成的威胁的有吸引力的方式。其他可能的回应包括限制承诺、削减进一步扩张的成本、联盟、恢复友好的外交关系以及安抚挑战者。[59]对于吉尔平而言,霸权战争是大国反对挑战者的战争。这样的战争为体系重新制定规则;它们扩大主要大国的控制力或者允许一个挑战者制定它自己的秩序。[60]霸权战争对大多数——如果不是全部——大国而言是一个终结,至多是一个平局。吉尔平将伯罗奔尼撒战争、第二次迦太基战争、三十年战争、路易十四战争、法国大革命和拿破仑战争以及第一次、第二次世界大战作为例子。[61]

权力转移理论推动了三种关于战争的论断:崛起中的大国进行战争以反对支配性大国,或在它们能够发起成功的军事挑战之前被支配性大国攻击;当霸权国家和崛起中的大国进行战争的时候,它们以此来按照自己的喜好保卫或颠覆国际秩序;战争有效地解决了由权力转移引发的利益冲突。这三个论断以及它们作为基石的假设,与经验依据没有任何关系。[62]

奥根斯基和库格勒认为有五场战争是他们的理论可以解释的:拿破仑战争、普法战争、日俄战争以及两次世界大战。由于没有关于其参与者能力的足够数据,他们将拿破仑战争从研究中排除掉。他们又排除掉普法战争和日俄战争,因为他们认为这两场战争不是通过联盟来进行的。[63]事实上这是不正确的,因为支持普鲁士的有北德意志邦联、南德意志巴登诸邦、符腾堡和巴伐利亚。他们留下了两个案例,但是没有提供历史证据来支持他们关于这些是权力转移战争的论断。

伯罗奔尼撒战争是唯一一场吉尔平做出了清晰论断的战争。引用修昔底德的话,他认为这是斯巴达发动的一场预防性战争。[64]他将这场战争称为一场霸权战争,就是两个或多个大国之间的战争,产生于权力分配的不均衡,并且在战斗中没有什么限制。有一种大体的理解,即"当一种根本性的历史变化正在发生时,一个或多个大国会感到一种恼人的恐惧,那就是在一定程度上时间开始朝着不利于自己的方向发展,由此一个国家应当趁优势仍然在自己一方的时候通过先发制人的战争来解决问题"[65]。吉尔平提出了另外七个例子:第二次迦太基战争,三十年战争,路易十四的战争、法国大革命和拿破仑战争,以及两次世界大战。这是一份很古怪的甚至是令人困惑的名单:三十年战争是多个欧洲大国之间的多场战争,路易十四卷入了若干场战争(并不清楚吉尔平指涉的是哪些),而法国大革命战争则应该是七次反法同盟战争中的第一次。

作者们所做的不过是宣称案例与理论相符。对于奥格斯基和库格勒而言,两次世界大战是能经受住检验的,因为它们发生在挑战国联盟的权力能够超过主导国家的联盟的权力之前。[66]他们拿不出证据来证明这些冲突的发起者知道能力的平衡,并且能力的平衡很可能以和"客观的观察者"(例如作者)相同的方式改变,或者那些国家出于同能力平衡无关的原因而参与战争。吉尔平对伯罗奔尼撒战争的解读是很值得怀疑的，而且除了这场战争，吉尔平没有讨论任何他归因于权力转移的战争。[67]他没有分辨战争的参加者和发起者，也没有对能力平衡及其变化方向进行评估和预测。他没有试图表明发起者发动战争是因为他们担心如果仍然保持和平将来会遭受失败。

沿着奥根斯基、库格勒和吉尔平的研究路径的大部分关于权力转移的文献，试图设计出对能力进行衡量的方法以及其他的权力指标。但是，他们没有试图通过检验动机、理性计算以及历史行为体的决定来使他们的论断有意义。戴尔·科普兰(Dale Copeland)是一个例外，他试图解释主要的战争，他将其定义为包括所有大国的战争。他将这种战争归因于大国的衰退。他指出，虚弱的正在衰落的大国依靠外交来维护它们自身以及它们的利益，然而强大的大国则更偏爱战争。在多极体系中，它们只有当自己强大到足以号召起不是盟友的所有大国时，才会拔出自己的剑；仅仅打败一个正在崛起的挑战者将会使它们容易受到其他列强的伤害。在两极体系中，正在衰退的大国仅仅需要打败另外一极，所以战争更有可能成为对衰退的回应。正在衰退的国家只有当它们认为自己的衰退是急剧的并且是不可避免的时候，才会诉诸武力。[68]科普兰松散地定义了他的变量，而且他的解释有时候与他的定义以及可以得到的最佳证据不一致。衰退作为最关键的自变量，仅仅被拙劣地使用。在每一个历史案例中，科普兰都挑选并且运用一个适合于他自己理论的当时评论(例如斯巴达主战派、德国军事将领以及美国强硬路线者等)，而忽略其他竞争性的理解。他令人难以置信地将两次世界大战描绘为德国发起的意在遏制其相对于苏联的衰退的预防性战争，并且将冷战也描绘为美国发起的基于同样原因的冲突。

对吉尔平、奥根斯基、库格勒和科普兰视为证据的1648年之后的战争进行仔细审视，就会发现没有哪场战争能够令人信服地被归因于权力转移。路易十四时期的两场主要战争都是因法国国王无法满足的对荣耀的追求而引发的。路易并不关心邻国权力，对于邻国将会联合起来反对他的可能性也缺乏足够的关注。[69]法国大革命不是由任何一方对于均势的关注而引发的。法国制宪会议想要将它的革命传播到国外，而奥地利和普鲁士则希望保持旧制度。在第一次反法联盟期间(1792—1797年)，双方都错误地期待赢得一场迅速的胜利。[70]拿破仑对莱茵河沿岸国家和普鲁士的战争(1806年)，以及他对俄国的入侵(1812年)，都是纯粹的扩张战争，而不是先发制人或预防性战争。无论是我们对权力的衡量，还是关于法国大革命和拿破仑战争发起者的动机的通行解释，都不符合权力转移理论。

第一次世界大战经常被一些国际关系理论家和历史学家描绘为预防性战争。这一论断的权力转移变种依赖于德国所谓的对俄国的恐惧，以及在俄国铁路建设和动员机制改革(前者受到法国的资助)完成之前实施施里芬计划的相应必要性，因为这将使德国在两条战线上都容易受到攻击。但是就像表2.1和表2.2所指出的，就潜在能力而言，俄国在1914年之前就明显比德国强大，它拥有大体和德国相等的国内生产总值以及两倍于德国的人口。尽管俄国的铁路和动员计划也许使它在不久的将来能够对战争有更好的准备，但它们没有影响德国和俄国之间的长期均势。所谓的客观衡量方法，由于通过它自己的形式来使用权力转移的概念，而使它在这个关键案例上的论点发生了混乱。

新近的历史证据使人进一步怀疑德国在1914年参战是出于对俄国崛起中的权力的担心这一长期以来一直备受争论的论断。很明显，德国总参谋长小毛奇(Helmuth von Moltke)出于与战略计算无关的原因而希望发动战争。他厌恶法国，并且想惩罚它。

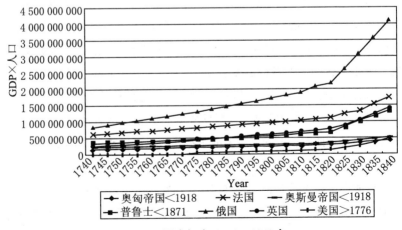

图2.1 国家权力，1740—1840年

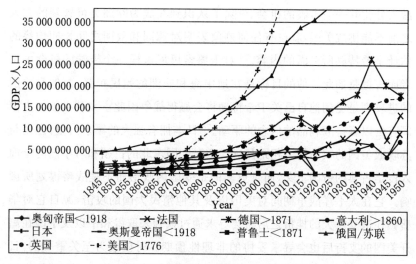

图 2.2　国家权力，1845—1950 年

　　他也寻求将战争作为一种手段，以维护和增强容克贵族相对于崛起中的商业阶层和日渐具有吸引力的物质主义的地位。德国的军事实践表明毛奇的进攻性战略是不可能打败法国的，但是一种好的防御政策能够很容易地赶走——如果不是彻底击溃的话——一次法国和俄国的联合进攻。小毛奇向首相和皇帝隐瞒了这一信息，反而夸大了德国对于在 1917年之前执行一种进攻性政策以期将法俄匆忙拖入战争的需要。[71]首相被小毛奇打动了，但是德皇——柏林真正的决策者——则出于荣耀和自我确认（self-validation）的原因倾向于在萨拉热窝事件之后亮剑。[72]

　　对于权力转移理论而言，第二次世界大战同样是一个充满问题的案例。希特勒在西线的战争以及对苏联的入侵不是出于对增长中的苏联或法国权力的恐惧。事实上，希特勒抵制传统上对于军事力量和经济实力的衡量方法，反而强调意志的决定性影响、士气、领导力以及种族的纯粹性。希特勒确实非常地——其实是非常不理智地——惧怕德国被法国、英国和苏联所包围，事实上他的军事入侵最终反而导致了这种情况。他认为德国在 20 世纪 30 年代后期相对于这些国家的优势正在快速衰退，不是因为这些国家的实力比德国增长得更快，而是因为这些国家都没有完全动员它们所拥有的潜在能力，并且他看到了一个转瞬即逝的、将他的敌人分化并——击破的机会。[73]除了认识到在成为欧洲无可置疑的主人之前不能挑战美国,就没有任何迹象表明对德国和敌国之间长期均势的估计是希特勒所考虑的内容。[74]对于墨索里尼这样一个极端的机会主义者而言也是如此。他的目标是在地中海和非洲的殖民扩张,而他对法国的进攻则是受到他自己关于希特勒将会赢得战争因此意大利必须加入德国阵营以赢得战利品的信念的驱动。[75]日本拥有强大的军事力量,但是与苏联或美国的权力能力相距甚远。它对中国东北的占领和对中国的全面入侵是古典的帝国主义,而且更多的是受国内政治而不是战略谋划所影响。它在太平洋战争期间对美国以及其他殖民大国的攻击,源自它对华盛顿在遭受巨大的挫折之后将会寻求通过谈判来取得和平以及中国在离开美国的支持后也会寻求妥协的非理性预期。时机成为至关重要的,日本的战术估算就表明在几年之内西方对石油的禁运将使日本不可能支撑一场海战。[76]

对于权力转移理论而言,战争发挥着决定或延续一个国家对另一个国家的支配性地位的作用,它将使胜利的国家处于一种更有优势的地位,从而能够推行或维系一个它所偏爱的国际秩序。然而,在权力转移理论所提到的战争中,没有一个导致了被征服国家的权力的长期衰退。奥根斯基和库格勒指出了五场权力转移战争:拿破仑战争、普法战争、日俄战争以及两次世界大战。法国在1815年被一个大国联盟所打败。胜利者们剥夺了法国的征服领地,但是没有尝试肢解或削弱它;它们的主要目标是维护君主制,并且在帮助它赢得合法性的条件下这样做。因此,法国到1870年都维系了它相对于英国和普鲁士的权力优势。在普法战争之后,德国对于法国的优势增长了,但是这与德国权力的增长率的上升,而不是法国增长率的下降或它丧失阿尔萨斯和洛林(Alsace-Lorraine)相关。事实上,法国权力在战后的25年里以大致相同甚至更快的速率增长,就像它在战前的25年当中一样。俄国在1904年至1905年的日俄战争中遭遇了重大的失败,但是它对于日本的优势事实上在战后增加了。俄国的实力只是暂时地被第一次世界大战所削弱了,尽管它丧失了相当数量的领土。甚至当德国在第二次世界大战末遭受了决定性的失败并且被分割之后,德意志联邦共和国到1960年时在总体实力上也超过了法国和英国。

　　奥匈帝国和奥斯曼帝国在第一次世界大战结束时的崩溃是重要的例外。奥地利是第一次世界大战一个明显的发起者,而奥斯曼帝国则怀着赢得战利品的希望加入到战争中来。战争毁灭了这两个帝国。既然奥匈帝国和奥斯曼帝国分别为欧洲排名第五和第七名的大国,它们的失败不大可能如权力转移理论所预期的那样实质性地增加胜利者的联盟将它们的偏好施加于国际体系的能力。

　　战争没有解决权力转移问题,因为战争没有显著地减少被征服国家的权力的基本来源:它的国民生产总值和人口。最为血腥的战争也很少能够消灭一个参战国高于1%至2%的人口。甚至最为毁灭性的人口损失也可以很快地恢复。苏联在第二次世界大战期间也许丧失了2 500万人,但是它的人口迅速反弹并且在1956年超过了战前的水平。战争减少一个国家长期权力的唯一方法是永久性分裂、分离,或征服和占领拥有占其人口和经济资源很大比例的地区。有些国家追求过这样的目标(例如拿破仑法国、威廉德国和纳粹德国),但是都没有真正达成过这种目标,或者仅仅是短期达到了。

马 克 思 主 义

　　像自由主义一样,马克思主义是一种社会理论。它的假设能够并且已经被用来对资本主义国家以及在布尔什维克革命后出现的社会主义国家的外交政策进行解释。最为著名的马克思主义对战争分析的著作——列宁的《帝国主义论》(On Imperialism)——写于第一次世界大战期间,并且将冲突描绘为帝国主义不可避免的产物和成熟资本主义的垂死挣扎。[77]列宁关于帝国主义的论断从自由主义经济学家约翰·霍布森(John Hobson)身上汲取的养分和从马克思身上汲取的一样多。[78]他假设当国内的利润率衰退时,资本家们向国外投资,通过利用廉价劳动力和原材料来获得金钱上的更高回报。如今已经被资本主义卡特尔控制的国家通过建立殖民地来保护这些投资和市场。殖民战争延缓了资本主义危机,但是到1011年时已经没有新的土地可以征服，因此殖民国家之间除了相互争斗之外没有其他的资源，这样就引发了一场世界大战。马克思和恩格斯总的来说赞成殖民主义，因为它使得资本主义代替了封建主义。列宁通过指出资本主义在19世纪后期从一种自由竞争形式转变为垄断形式来避免与他们产生分歧。

《帝国主义论》是一个高明的研究，但是在重要方面存在着明显的错误。[79]欧洲对外投资不是直接投向殖民地，而且海外投资并不比国内投资带来更高的利润。[80]到1914年，英国和德国这两个欧洲最发达的国家的投资大部分都流向对方、其他欧洲国家、美国和南美洲，而很少投向它们各自的殖民地。在19世纪下半叶建立殖民地的主要动机是政治性的，而不是经济的。案例研究显示殖民扩张更经常地被与地位和安全相关的问题所驱动，或者是对内部官僚制度或国内政治冲突的回应。[81]帝国主义野心也不是1914年战争的一个主要原因。面对着第一次世界大战的胜利前景，它们先膨胀而后又衰败，并且处于导致战争爆发的决策背景当中。[82]第一次世界大战并没有导致社会主义革命和资本主义的终结。革命在俄国——最不发达并且拥有最少的劳工阶层的主要大国——爆发，并且随后仅仅非常短暂地在匈牙利和巴伐利亚发生。[83]列宁的社会主义计划回避了一个国家必要的历史发展，而一代人之后共产主义对中国的接管也是如此。

近些年来，意大利马克思主义者安东尼·葛兰西（Antonio Gramsci）的著作被大量引入国际关系理论。葛兰西的著作产生于20世纪的最初十年，他关注资本主义发展不平衡以及社会主义革命未能在最发达的资本主义国家爆发的原因。他的霸权概念对于许多当代马克思主义国际关系分析而言是最为核心的，需要被当作对于资本主义发展不平衡的解释来加以理解。马克思假定存在着一个无可置疑的原始积累的过程，这一过程切断了大批生产者和生产工具——除了他们自己的劳动力之外——之间的联系，并且将他们转变为大量能够被当作商品对待的被分裂的个体。[84]葛兰西认为，当资本主义从它的发源地英国扩展的时候，由于遇到当地一系列的政治和经济力量而导致了不同种类的社会变迁。

葛兰西的分析是以他对南意大利的了解为基础的。意大利像俄罗斯一样,也没有经历资本主义的广泛发展。由于在此地区拥有既定利益的地主阶级和教会的抵制,南意大利的中产阶级未能深入影响和改变这一地区。南部农民仍然紧密地与土地相联系,并且受到与地主的连带关系的束缚。因为缺乏自治的、独立的大众组织,他们不能代表自己。意大利的政治统一是通过广泛的中庸联合策略(trasformismo)*得以实现的,这是由一种其利益在其他方面根本相互抵触的精英的联盟组成。在葛兰西看来,列宁正确地以大众的名义——或者也可以说是以沉默的大多数的名义——进行了一场雅各宾式的政变。他坚持认为如果意大利的共产主义者不做相同的事情,法西斯主义将会消灭南部工人阶级有组织的力量。[85]

葛兰西描述了意大利地主阶级通过赞成和强制来维护他们霸权的方式。他们传播一种使农民顺从于现状的话语,并且使用武力来打击反对现状的少数人。这样一种话语使农民认识不到他们的阶级利益——用恩格斯的术语来说就是"虚假意识"——但是它公开面对下属的集体行为者的挑战。[86]葛兰西的马克思主义认识到了施动者的力量,因而偏离了正统马克思主义的结构决定论,而这也是他对当代左派具有吸引力的一个原因。从罗伯特·考克斯(Robert Cox)开始,新葛兰西主义将霸权的概念运用到国际体系当中,意在理解发达资本主义国家通过将话语和强制联合起来,从而维护它们自己地位的方式。在马克思主义传统当中,他们将自己的分析设想为对反霸权运动的一个重要的贡献。[87]除了其他批评外,批评者们也反对将一个被用来解释在地理上和历史上具有具体特殊性的资本主义社会关系的概念运用到全球政治当中。[88]

马克思主义最好被看成是一种以对资本主义的特征和可能的发展的早期理解为基础来尝试理解现在并且预测未来的创造性尝试。它遇到了很多与宏观理论相联系的陷阱。它根植于一个武断的目标,以一种单独的动力——阶级冲突——为基础,并且加入了一种狭隘的国家财富——剩余价值。[89]它不妥协的决定主义——就像恩格斯坚持认为即使拿破仑

---

* 指意大利统一前后,墨索里尼执政之前,通过在政府中建立广泛的中间阵营,以排除极左和极右势力的政治联合方式。——译者注

从来没有出生，欧洲的历史也不会有所改变一样——几乎没有给折中留下余地，因此也在逻辑上削弱了它作为一种变革工程的吸引力。就像哈贝马斯(Habermas)所指出的，它忽视了自我反思——人类的一个决定性特征，并随之削弱了人类改变环境并因此改变历史进程的能力和承诺。[90]马克思和他的追随者们不值得人们将他们对资本主义的分析看得比自由主义更深入。像自由主义一样，他们将政治单位的特征看作是国际体系中的行为的核心决定因素。但是，与自由主义不同，马克思试图通过一个历史发展的普遍主义理论来解释这些政治单位的特征。尽管它是有瑕疵的，它仍然代表了唯一一种成熟的尝试，即在分析的多重层次之间架起一座桥梁，并展示国际关系的特征是怎样成为一个时期更为宽泛的经济和政治发展的反映。

理性和理性主义理论

理性是所有现存的关于战争的理论的核心假设。它(理性)提供了必要的渠道，将体系层面的机遇和限制，与国家利益的形成和特定对外政策的制定联系在了一起。传统的现实主义理论家(例如摩根索、赫兹、沃尔弗斯和霍夫曼等人)假设领导人是或具有潜力成为工具理性的。他们能够在体系中博弈，表述国家利益，评估本国和其他国家的相对权力，决定它们当中的哪些能够支持或反对领土现状，并且通过谈判同那些与它们分享相同目标的行为体结成联盟。然而，古典现实主义者们认识到了这些目标的内在困难以及意识形态的潜在作用、国内政治压力，以及影响领导人判断和选择的认知局限性等因素。摩根索使用了全部三种因素来解释英国和法国在20世纪30年代没有认识到希特勒威胁的原因。他后来在解释美国对越南的干预时也是如此，认为越南战争与美国的国家利益是尖锐对立的。[91]摩根索坚持认为他的理论——以及更宏观的现实主义理论——比其他理论具有优越性，因为它更好地描述了国家的实际行为。他的理论在一定程度上被削弱了，因为他认识到20世纪的关键性政策与他的理论尖锐对立。在更近的时期,米尔斯海默也出现了相同的矛盾。

在更深的层面上,现实主义会由于认为理性单独就可以使聪慧的观察家们就国家利益达成共识的康德式的信念而遭到非议。在实践中,所有有关国家利益的概念都是政治性的,它们实际上是反映了那些推动它们的人们的意识形态和利益的主观假设。一个关于国家利益的概念相对于其他概念的胜出是一个政治过程,而不是理性过程。认识不到这些事实就会导致领导人做出荒唐的论断,就像米尔斯海默和沃尔特在他们解释伊拉克战争时所做的那样。他们将战争看作是如此地与美国的国家利益对立,因此需要对它做一些不同寻常的解释。于是他们发现了所谓的犹太人游说团体的力量,这种力量使美国的外交政策服从于以色列的利益——尽管事实是以色列领导人并不期望战争。[92]对于我们的目的来说,更显著的一点在于,如果像摩根索、米尔斯海默和沃尔特这样的现实主义理论家将主要的战争描述为非理性的异常行为——当从国家利益的角度来看是这样的话——那么他们的理论在解释和预测战争方面就没有什么价值了。

一些现实主义者通过延伸、歪曲和扭曲历史来使反常的事件看起来同他们的理论和预测相一致,从而不去面对这一致命的弱点。施韦勒(Schweller)、科普兰和米尔斯海默就是沿着这条路走下去的。施韦勒和科普兰为将希特勒的外交政策理解为是理性的提供了理由,由此也为他们的理论提供了更多的证据。[93]先将他们对20世纪30年代的站不住脚的解读放在一边,试图将希特勒的侵略说成是从根本上来讲是具有理性的,从而证明其侵略的正当性,这在道义上也是应当受到谴责的。

权力转移同样依赖于领导人的认知能力。人们期待他们知道哪些大国正在崛起,哪些正在衰落,并且计算他们相对于竞争者的相对权力。通过权力转移理论家们的研究,这些假设被证明是不现实的。自从奥根斯基和库格勒的著作问世以来,其他学者一直在通过设计出更加精密的衡量权力和均势的方式来尝试检测他们的论断。在更近期的衡量现存体系中,衡量大国对现存体系的不满的努力同样导致了争议。[94]不同的衡量方法导致不同的评估;相同的评估对行为体会产生何种后果,这一点也存在争议。如果学者们不能就这些根本的衡量和解释的问题达成共识,那怎么能期待政策制定者们会这样做呢?

　　华尔兹的新现实主义通过塑造一种国际关系理论而非外交政策理论,以及使用体系选择效果而非以行为体的理性为基础的适应来处理这个问题。他预测了一种同质化的趋势,因为政治单位在最大化其战争能力的时候趋向于相互效仿。[95]亚历山大·温特(Alexander Wendt)为这一观点提供了一种弱势的变种;他将安全需求描述为"客观的利益",同时和现实主义一样,他坚持国家必须将安全作为优先考虑的事务。国家不能通过忽视安全来忍受或改变这个世界。他坚持认为,"长远来看,一个行为者,如果始终不能让主观利益与客观利益相一致,就会导致灭亡"[96]。这是很高明的论证策略,但却缺乏说服力。在国际关系中,没有将弱小、衰老或不能竞争的行为体剔除出去的自然选择过程。世界上国家的数量从1900年的57个增加到20世纪末的193个。在欧洲,数量从1945年的32个增加到了今天的47个。敏锐的观察者们已经指出,在使失败的国家仍然可以生存方面,国际体系是有一定的规则的,但是其结果对于它的公民而言并不总是有利的。[97]同时,没有证据表明丧失独立的国家——无论永久地还是暂时地——在运作上就不那么有效率或有竞争力。一些运作良好的国家,像爱沙尼亚、拉脱维亚或立陶宛,其国土狭小又处于竞争性的大国之间,处境十分艰难。另一个常见的模式是合并,而这通常使运作良好的国家和有竞争力的国家结合在一起,就像德国和意大利的统一那样。今天,在欧盟内部也可能出现这种情况。自从1945年以来,小国的生存率已经得到了显著的提高,像新加坡、库克群岛、列支敦士登、摩纳哥和马耳他都欣欣向荣。[98]蒂莫西·麦基翁(Timothy Mckeown)提醒我们,如果自然选择能够运作,那么生存将是非常困难的。[99]经验证据表明国家的生存越来越容易了。

　　由于一个更深刻的原因,在政治中的达尔文选择不能令人信服。如果一只脖子很长的长颈鹿能够够到更多的树叶,那么它更有可能生存和繁殖。随着时间的流逝,长颈鹿种群的脖子的平均长度就会增加。政治技能不是继承下来的。有技巧的领导人并不比他们不那么成功的对手生产出更多的后代,也不会被具有同样能力的继任者所代替。[100]腓特烈大帝将普鲁士从一潭死水变成了一个大国。他的后人则鲁莽地挑战了拿破仑法国,从而在 1806 年失去了他取得的大部分领土。哈登贝赫(Hardenberg)、格耐森瑙(Genisenau)和沙恩霍斯特(Scharnhorst)重组了普鲁士国家和军队,并且重新为它们的国家赢得了大国的地位。俾斯麦在此基础上统一了德国,并且使它成为欧洲的支配性大国。威廉二世和他的顾问们鲁莽地且不必要地赌一场欧洲战争的胜利,而这导致了德国的失败、部分肢解、代价高昂的赔偿以及对它的重新武装和军力规模的管制。古斯塔夫·斯特莱斯曼(Gustav Stresemann)在将德国重新整合入欧洲政治共同体上采取了渐进的但却是显著的行动。希特勒将德国带入了一个更加毁灭性的战争,这为德国带来了更小的领土并分裂为两个意识形态对立的、半独立的国家。在接下来的半个世纪里,德意志联邦共和国的领导人们追求谨慎的政策,以赢得独立、对他们国家的尊重和信任,并最终实现了国家的再统一。德国的"跷跷板"现象在国际关系中比在与进化相关的线性发展中更为典型。

马克思主义依赖于将理性和理性所产生的无意识后果结合起来。经济行为体被假定为具有高度的理性,特别是那些了解大规模生产和低工资的好处的资本家们。通过使他们的企业变得规模更大和更有生产效率,他们为劳工阶层团结起来并进行社会主义革命创造了需求和机会。资本家的眼光既长远也短视——这满足了马克思主义者们的需要。他们乐于教育和训练工人,甚至间接地为他们的军事训练买单;他们的目标就是使工人们在工厂里更有生产能力,在战场上更有战斗力。马克思和葛兰西同样认为资本家具有足够深入的洞察力来培育一种阻止颠覆性思想并鼓励接受他们的权威的话语。更晚一些,马克思描述了资本家使工会失效和表面允许工会存在的密谋,以此支撑资本主义体系。这样,资本家就是高明的、善于反思的,并且发明了多种机制来维护他们的支配地位。但是,他们在某种程度上是历史的囚徒,因为他们不能理解他们行动的长期后果,也不理解世界革命是不可避免的。在需要解释体系成功的原因时,马克思主义将资本家解释为深谋远虑的,并且能够做出长远的规划;但是当需要解释为什么资本主义必然失败时,则将资本家描述为无思考能力的或目标短浅的。马克思的论断,或者大体上说是整个马克思主义,都充满了矛盾。

现在曲让我们转向关于战争的理性主义理论。我使用这个术语来描述用预期效用理论和博弈论方法建立简约和形式化的战争理论的做法。像其他的理性选择理论一样，它们假定行为体能够"选择最好的方式来获得一个既定结果"[101]。关于战争的理性选择理论产生了额外的需求。它们要求行为体有过渡性的偏好，致力于贝叶斯定理式的更新，并且通过复杂的信号形式来传递它们的偏好、承诺和决定，同时得到关于其他行为体的能力和意图的信息。领导人也被假定不受任何意识形态承诺、政治约束因素以及影响纯粹理性在外交政策决定中的作用的心理压力的制约。

各种理性主义理论在对战争的理解方面有所不同。以战争是理性行为为前提，他们寻找能够证明战争正当性，或者至少能够解释战争的条件。一个早期的例子是布鲁斯·布鲁诺·德·门斯奎塔（Bruce Bueno de Mesquita）的关于战争的预期效用理论。[102]他断定所有类型的国家，而不仅仅是大国，在预期收益超过预期成本的时候会进行战争。发动战争的领导人期望获胜，在实际上也确实获胜。他将领导人看作是能够否决战争提议的独立行为体，但是他们并不总是有足够的权威将自己的偏好强加给他人。他们是理性的，对风险承担有不同偏好，并且在对其他国家行为不确定的情况下期待效用的最大化。他认为在战争中成功的可能性是国家的相对军事能力的函数；当国家运用武力的地理距离增加时，相对军事能力就减弱了；效用又是国家间政策目标的一致性的函数，反映为国家的正式结盟。有了这些假设，领导人们在成功的收益和失败的成本之间进行计算，同时成功和失败也由它们可能发生的概率进行加权。这些概率反过来受到军事能力损失的影响，这种损失是距离和第三方干预的可能后果的线性函数。在这里，联盟被作为两个或多个国家之间利益一致性的指标。门斯奎塔通过来自战争相关分析计划（Correlates of War）的数据来检测他的理论，并且断言它比权力能力理论更有效地预测了1816年至1980年的战争爆发。

对门斯奎塔的模型的赞扬和批评同样多。批评者们质疑他的关于政策制定者的假设的现实性，战争与和平的二元结果，将冲突作为零和博弈来对待，将联盟作为衡量利益的方法，没有认识和强调环境导致的决定战争发起方的不确定性，没有考虑到将先发制人作为将要受到攻击的国家所可能采取的一种回应,没有考虑战争的预期成本,以及没有考虑到可能的进攻者、它的目标和它们各自的联盟之间的讨价还价和战略互动。[103]

表 2.1　1945 年以后的战争

战　争　名　称	时　　间	军事胜利	达成军事目标
第一次克什米尔战争 印度 巴基斯坦	1947—1949	否	否
以色列独立战争 联盟:埃及、伊拉克、约旦、叙利亚 以色列	1948—1949	否	否
朝鲜战争 中国、朝鲜 美国	1949—1953	否	否
苏联—匈牙利战争 匈牙利 苏联	1956	是	是
西奈/苏伊士运河战争 埃及 联盟:以色列、法国、英国	1956	是	是
越南战争 北越 美国	1959—1975	否	否
中印战争 中国 印度	1962	是	是
第二次克什米尔战争 印度 巴基斯坦	1965	否	否
六日战争 联盟:埃及、伊拉克、叙利亚 以色列	1967	否	否
美国入侵柬埔寨	1971	否	否
埃以战争 埃及 以色列	1969—1970	否	否
足球战争 萨尔瓦多 洪都拉斯	1969	是	是
印巴战争(孟加拉) 印度 巴基斯坦	1971	是	是

(续表)

战 争 名 称	时 间	军事胜利	达成军事目标
赎罪日战争 联盟:埃及、叙利亚 以色列	1973	否	否
塞浦路斯战争 希腊 土耳其	1974	是	是
越柬战争 柬埔寨 越南	1977—1979	是	否
埃索战争(欧伽登) 联盟:古巴、埃塞俄比亚 索马里	1977—1978	否	否
乌坦战争 坦桑尼亚 乌干达	1978—1979	否	否
第一次中越战争 中国 越南	1979	否	否
两伊战争 伊朗 伊拉克	1980—1988	否	否
英阿马岛战争 阿根廷 英国	1982	否	否
叙以战争(黎巴嫩) 以色列 叙利亚	1982	否	否
第二次中越战争 中国 越南	1987	否	否
第一次海湾战争 伊拉克 科威特/美国	1990—1991	否	否
刚果战争 刚果民主共和国 联盟:卢旺达、乌干达	1998—2003	是	否
埃厄战争 厄利特里亚 埃塞俄比亚	1998—2000	否	否

（续表）

战 争 名 称	时 间	军事胜利	达成军事目标
阿富汗(塔利班)—美国(北方联盟)战争	2001	是	否
阿富汗			
美国			
第二次海湾战争	2003	是	否
伊拉克			
美国			
俄格战争	2008	是	是

　　注：本表由 Benjamin Valentino 和本书作者共同制作。

　　门斯奎塔和他的合作者们在后来的著作中试图修正这些问题。[104]他们仍然忽视了国内和官僚政治、意识形态、学习和心理过程的作用；而所有的这些因素都具有背景关系的特征，这些特征在案例研究中被证明是战争与和平的至关重要的决定因素。令人惊奇的是，没有人质疑门斯奎塔的一个根本性的经验主义假设：在领导人的预期和其政策的结果之间存在着极强的正相关性。这样一个假设对理性主义模型是至关重要的，这是因为如果我们发现领导人总是在他们发动的战争中失败，那么他们的决策基础就一定不同于同门斯奎塔和他的助手们的假设。

　　本杰明·瓦伦蒂诺(Benjamin Valentino)和我通过观察 1945 年以来的 31 场至少造成了 1 000 人死亡的国家间战争来测试这个假设。我们发现仅仅有 8 个战争发起国（占 26%）达到了它们的战时目标。如果我们放宽关于成功的标准，简单地将它定义为另一方的武装力量的失败，成功发起者的数量也仅仅上升到 10 个（占 32%）。[105]战争困境的情况，与门斯奎塔的理论完全相反。在战后的世界里——更早一些也是如此——我的数据集显示领导人经常会在他们所发起的战争中失败。这一结果不能被归结于不完美的信息，因为在许多案例中——如果不是全部的话——战争发起者是可以预先得到关于该战争无法实现其预定目标的信息的。案例包括美军在 1950 年穿越了三八线，印度在 1962 年挑衅中国，以及中国在 1979 年的对越自卫反击战。[106]在信息含义显得非常模棱两可的其他案例中，战争发起者几乎不寻求了解对手的决定和能力，这样就几乎没有给自己留下现实可行的回头余地。例子包括阿根廷在 1982 年进攻福克兰/马尔维纳斯群岛，以及伊拉克在1990年入侵科威特。[107]

杰弗里·布莱恩（Geoffrey Blainey）对门斯奎塔的这些论点提出了不同的反对意见。战争都有两方，双方的领导人对战争的结果大体上都持有乐观的预期。[108]在这种条件下，就像社会学家格奥尔格·齐美尔（Georg Simmel）在1904年所说的那样，一些错误计算的因素一定会产生。战争提供了最令人信服的决定哪一方有更强大的能力和更忠诚的联盟的方式，但是要回答这个问题代价是非常高昂的。[109]它能够造成足够的代价来削弱交战双方，使它们在战争后变得比没有参与冲突的第三方相对而言更加虚弱。有了这些绝对的和相对的成本，理性的行为体很可能会寻求其他的解决争端的方法。詹姆斯·费伦（James Fearon）也得出了相同的结论。尽管国家的权力处于不同的水平上，也有相互矛盾的偏好，但这些差异没有为战争提供理性基础。在这一点上，理性主义理论没有指出或有效地指出核心的难题："既然战争是代价高昂而又充满风险的，那么理性的国家就应该有其他更偏好的动机，而不是豪赌战争。"一个好的理性主义理论必须说明国家为什么不能发现这个更可取的结果。费伦发现了三种也许可以解释这种行为的因果逻辑。理性的领导人也许不能达成一个相互可接受的协议，因为任何一方都有动机来错误地表达它的能力和决定。他们能够发现这样一个协议，但是不能对它做出承诺，因为一方或双方不相信另一方会遵守承诺。或者，他们根本不能发现这样的协议，因为特定的问题或假设是不可分割的。他认为前两种逻辑的结合可以导致一个僵局，以及在一个相互可接受的讨价还价存在的条件下爆发战争。[110]

费伦的逻辑是不会招致反对的，但是它同现实情况是否吻合则是另一个问题。在理性之外，它含糊地假设争论中的冲突是领导人唯一关注的问题，或者它们能够独立于设想中的对其他外交或内政问题的后果而被单独决定。领导人始终注意特定争端和更宽泛的冲突之间的联系：约翰·肯尼迪（John F. Kennedy）根据对于西方国家在柏林的地位的预期后果而对在古巴发现苏联导弹做出反应；玛格丽特·撒切尔（Margaret Thatcher）关心她的福克兰/马尔维纳斯群岛政策对南乔治亚岛、伯利兹和香港的未来产生的影响。[111]两个领导人也考虑了协议的国内影响：肯尼迪担心让步会导致他在下一次竞选中失败，甚至担心因此而遭到弹劾。阿根廷军政府在民众对占领福克兰群岛流露出不同寻常的支持时也有同样的担心，这使他们没有像最初计划的那样撤回军队。撒切尔担心如果不把阿根廷人赶出福克兰/马尔维纳斯群岛她就会下台。[112]这些类型的考虑没有使战争理性化，但是对于理解讨价还价在一些案例中很困难而在其他案例中却并非如此的原因是必要的。其他的因素也有影响。例如战争的预期成本，这是肯尼迪和赫鲁晓夫急于在古巴导弹危机中达成谅解的主要原因。[113]德国和奥地利在一战时的战争决定——这是费伦最为广泛地讨论过的案例——被完全置于他的模型之外的考虑所支配。未能达成协议与错误表达能力及意图没有什么关系——奥匈帝国的能力和意图对其他行为体而言可谓一目了然——它也不可归结于承诺的问题。对于奥地利领导人而言，战争是唯一荣耀的结局，并且他们尽全力来使和解成为不可能。[114]像国际关系中所有简化了的模式一样，费伦的理论对像战争这样复杂的现象几乎没有提供什么深入见解。它甚至不能作为一个用来评价真实世界行为的基准，因为它们将我们的注意力转移到独立于它们能够具有意义的环境的考虑当中。

博弈论者罗伯特·鲍威尔（Robert Powell）也将战争归结为信息的问题。"当国家仅仅因为不对称信息而战斗的时候，纯粹的信息问题就是存在的。如果存在着完全的信息，就不会有战争。"对于鲍威尔而言，国家能力的迅速而重大的改变导致了两阶段博弈，在其中和平互动并不总是理性的选择，因为在一些情况下预防性战争对一个国家是有利的。考虑到军事准备的成本，他认为，"如果持续追求对于长期威慑反对现状的军事攻击而言是必要的武力的长期成本，比试图消除威胁的预期成本更高时，国家可能会更偏爱战争"[115]。

最新进入这一领域的是查尔斯·格拉泽，他已经创立了一种国际关系的理性理论。他的理论要求国家具有实质理性和工具理性，"国家被假定能够分辨和比较各种选择，评估它们成功的前景，以及它们的成本和收益"。国家必须也"拥有与所能得到的关于它们所处的国际环境的证据相适应的信念，没有这些信念国家就不能选择最好的战略"。朝着这个目标，国家必须"做出充分的努力来收集和评价能够告知它们环境情况的信息"。[116]格拉泽的理论建立在物质和环境变量的基础上。前者决定了一个国家的军事能力,而后者则是它所知道的关于对手动机的内容,以及它所认为的它自己动机的内容。这些变量和国家动机的互动决定了它的战略选择。同阿诺德·沃尔弗斯这样一位传统的现实主义者一样,格拉泽仅仅认识到两种动机:安全和贪婪。[117]被安全因素所驱动的国家更容易接受现状,也更倾向于采取合作的政策。然而,如果拥有更多的领土能够使一个国家更好地保卫它自己并减少对手进攻的意愿,它就更倾向于发动战争。[118]

这种类型的理性主义理论受到了致命的批评。首先也是最重要的,它们的假设并不现实。政治领导人并不经常表现出这种理论所要求的工具理性,特别是考虑到如此代价高昂的、像战争与和平这样容易激发情绪的问题时更是如此。国家也不能有效地成为一个"黑匣子",在其中它们的领导是单一的,并且不受国内政治和目标的限制。案例研究表明那些偏好并不必然是可传递的,并且经常在讨价还价的过程中改变。领导人在评估风险、在噪声中分辨信号、在理解它们所认为是信号的那些东西方面有困难,也不按照贝叶斯模型调整预期。[119]对于大多数这类理论而言,最为核心的概念是行动(move)。但在给定领导人倾向于将信号理解为噪声(或者相反)的前提下,这一概念很难被运用到现实世界的讨价还价当中。[120]

理性主义理论家通过两种途径回应这些批评。他们认为这些批评偏离靶心,因为他们并没有试图描述现实世界的行为。查尔斯·格拉泽宣称他自己并不知道国家是否会理性地行动。他承认如果国家不能理性地行动,他的理论"在解释过去的行为方面就做不了什么了"。因为一个与现实没有多少相关性的理论不值得付出努力,格拉泽的无动于衷很难理解理论的真谛。物理学家绝不会认同这样一种理论成为科学理论,在一定程度上,这正是针对弦理论的批评,它正在变得越来越神秘,越来越无法通过现有的方法检测。[121]甚至比弦理论有过之而无不及,战争的理性主义理论已经成为自我参考的,并且以它们的内部逻辑来捍卫自己。

其他通常的回应要追溯到经济学家米尔顿·弗里德曼(Milton J. Friedman),他最为著名的论断是在理论的假设和现实之间并不需要一致性。不同于弗里德曼的意见，门斯奎塔坚持认为他的理论应该单纯地依靠它解释和预测结果的能力来进行评价。并不令人惊讶，他将模型建立在不现实的假设之上，使它并不能预测真实世界的结果。[122]

如果它们能够识别和分析构成真实行为的动力，理性主义理论仍然会是有用的。这是摩根斯坦（Morgenstern）和冯·诺依曼（von Neumann）——博弈论的开创者——所设计的目标。这种模型也许可以提供一个衡量和理解真实行为的模板，正如人们经常宣称的那样。它们没有能够运用于其中任何一个目的。它们所发现的均衡完全依赖于内生在这些模型之内的假设。不同的假设和因果逻辑导致了不同的均衡。如果不依据真实行为评估这些模型及其假设，我们就不能知道哪一个——如果有的话——抓住了现实中危机的动力。相同的失败使它们成为无用的模板。

理性主义模型对理性的理解也是非常幼稚的：它假设理性独立于环境和文化。博弈论的早期批评者们很快就指出工具理性要求行为体在它们的目标和目标所导致的风险之间进行权衡。[123]这些权衡由行为体的价值，而不是由任何博弈的逻辑所决定。依赖于任何像"极小极大"——第一代博弈理论家的标准选择——这样的运算法则来表达这种权衡都是武断的。后来的理论家也没有解决这一问题，就其本质而言也不可能解决。我们必须寻找博弈之外的东西，超越行为体的偏好，深入到它们的动机和价值中去。前景理论说明那些将它们的目标定为避免损失而不是寻求获利的行为体更具有冒险倾向。[124]这一点对于外交决策者而言似乎也是事实。[125]在其他地方，我提出了一种改良的前景理论，其基本假设是风险承担作为行为体动机的函数而变化。当由精神或恐惧所驱动时，行为体对风险作出回应的方式与它们被利益所驱动时不同。在外交政策选择中，这一模式也很明显。[126]

理性主义理论需要关于行为体的动机和它们承担风险倾向的实质性假设。理性选择理论家们则试图将它们偷偷放到自己的模型中。他们中的大部分依赖于现实主义理论的变种。格拉泽值得赞扬的是他的选择非常明确，尽管他没有解释他选择了一些假设而不是另一些的原因。实际上，理性主义理论建立在武断的假设和武断的决策规则之上，从而产生了忽视政治现实并且与现实并不匹配的武断理论。

战争的相关性研究

对战争的相关性研究主要是战后出现的。它们得到了密歇根大学1963 年启动的战争相关研究计划（COW）的大力支持。[127] 归纳法是战争相关研究计划最初的研究路径：这一计划的发起人寻求建立一个可以对规律性进行研究的数据集。在最近的几十年，研究者使用了来自战争相关研究计划以及其他地方的数据，包括杰克·利维（Jack Levy）和奥斯陆和平研究所（Peace Research Institute of Oslo）的数据，以便检测关于战争的起因和后果的一系列假设。统计研究没有产生任何关于战争的理论，尽管它们被用来检测一系列假设和理论。它们找到了一些有趣的经验发现。丹尼尔·盖勒（Daniel Geller）通过概括这些文献得出：地理上接近或接壤、在能力上保持静态匹敌或向匹敌关系发展、不平衡的外部联盟纽带、出现一个持续的竞争者都与军事争端和战争呈明显的正相关。[128]

要想使理论具有外部效力，统计研究必须满足两个根本的条件：个案研究必须是可比较的，并且相互独立。现存的关于战争的数据在这两方面存在不足。即使在 1648 年以后战争的文化、政治和技术背景都发生了广泛的变化，这使得没有将这些差异严谨地纳入考虑当中的任何比较都失去了意义。18 世纪王朝统治者使用雇佣军和招募军队来支持的大国间战争与 20 世纪初期工业化国家之间的战争完全不同，后一类型的战争中很多领导人都正式或非正式地对公众舆论负有责任。到冷战时期这两种环境都改变了，因为有可能出现核战争，并且所有卷入其中的国家和人们都可能毁灭。许多这样的差异在事后看比当时对于政策制定者而言更为明显。因此非常重要的是我们对于环境的理解必须和我们对相关行为体的理解结合在一起。现存的数据很少解释环境，而且据我所知从来没有从行为体的视角来处理这些变量。[129]

战争经常集中发生，很少是孤立的。一场战争可以引发另一场战争，一组战争可以得出能够使人们学到应对未来挑战的方法,无论这些方法是否合适。1931 年日本入侵中国,1935 年意大利进攻阿比西尼亚(现埃塞俄比亚),意大利、德国和苏联干涉西班牙内战,1939 年在蒙古的苏日冲突以及同年的苏芬战争,在很大程度上都是第二次世界大战的加速器,与第二次世界大战是不可分割的。反过来,第二次世界大战又标识着一些更加紧密相连的战争:德国和苏联入侵波兰,德国在西线的战争,意大利进攻法国,德国在南斯拉夫、阿尔巴尼亚和希腊的镇压,德国入侵苏联,美国和德国在大西洋上的不宣而战,日本在太平洋上对西方的进攻,以及美国正式参战。这些第二次世界大战的组成部分当中的许多都可以在分析上被看成是独立的战争。同样,在法国大革命和拿破仑战争时期的许多同盟被描述为独立的——如果它们之间有联系的话——战争。相反,第二次世界大战和第一次世界大战,或者至少是它们的欧洲部分,被归结在一起,作为一场三十年大陆战争的一部分。这里的先例是伯罗奔尼撒战争(公元前 415—前 404 年),修昔底德将它看成是孤立的战争,但是在现代却被认为是阿基达马斯战争(Archidamian War,公元前 431—前 421 年)的继续。三十年战争和法国大革命战争经常被描述为一系列相联系的战争,它们延续了这一传统。

上面对战争的任何描述都是可以接受的,但是都对数据集制造了问题。如果总体战争被分解为独立的组成部分,它们就只能被当作独立的案例来对待,而事实上它们不是。如果它们被认为是一场单独的战争的组成部分,那么就隐藏了它的组成部分的复杂性和多样性。这两个选择都将不同类型的有效原因置于优先的位置。前者鼓励我们为很多战争寻找总体的解释,后者要求对它的单个组成部分进行更具特殊性的解释。

战争在另一种意义上也经常是相互联系的:政策制定者和为他们提供咨询的人根据他们认为具有可比性的以往案例中所获得的教训来面对当前的挑战。[130]绥靖在很大程度上是对威慑和军备竞赛促进了第一次世界大战爆发这样一种信念的回应。[131]在冷战时期威慑的集中性和武器的积累是对绥靖应当对第二次世界大战的爆发负责这样一种信念的回应。如果缺乏了所谓的从 20 世纪 30 年代的威慑失败中学习到的经验,就不能理解美国介入朝鲜战争。[132]连续几届美国政府都根据从冷战中学到的经验——无论是否合适——来处理后冷战冲突。印度和巴基斯坦也都根据从冷战中学到的经验来思考核武器以及它们对印巴冲突影响。[133]

有一个更深入的问题需要考虑：任何现存的数据集都没有考虑战争的直接原因的独立重要性。战争的统计研究假定深层原因是决定性的，如果它们存在，那么就会发生一些事情，从而导致一场战争。战争通常需要一个催化剂。1914年，第一次世界大战被奥匈帝国皇位继承人斐迪南大公（Archduke Franz Ferdinand）和他的妻子索菲（Sophie）在萨拉热窝遭到刺杀所引发。在其他地方，我曾经论证过不是所有的催化剂都能够起作用，而只有一种满足一系列条件的催化剂，能够在它们中间制造一种奥地利为了荣誉不得不做出回应的情势：除掉奥地利同俄国和平相处的主要倡导者费迪南；允许德国皇帝和宰相支持奥地利而不承担战争责任；使德国宰相霍尔维格有可能赢得社会主义者对战争的支持。萨拉热窝事件更重要的是它本身就是一个原因，而不只是催化剂或另一个独立的因果关系链的结果。[134] 阿尔伯特·赫希曼（Abert Hirschman）对俄国革命也做出了类似的论断。[135] 没有理由认为萨拉热窝事件或俄国革命是独一无二的。缺乏这样一个合适的催化剂或交汇处，像战争和革命这样的重大事件就不会发生，即使在合适的深层条件存在时也是如此。在战争案例中唯一的例外是一种在其中一个国家有意发动战争，并且在开战理由不会轻易出现的时候制造一个借口。[136] 要强调这个问题，统计研究需要对深层原因和突发原因都加以考虑的两级数据集。[137]

这些问题也许可以解释相关性研究的发现的特点和实质。就像本节的开始所说的，关键的发现是地理上接近、能力的静态匹敌和向着匹敌的移动、不平衡的外部联盟纽带、存在一个持续的竞争对手都与战争有正相关性。这些发现中没有与直觉相抵触的，并且没有一个能够被认为通过了"祖母测试"（grandmother test），就是说任何外行人在几分钟的反思之后都不会合理地提出。这些命题也解释不了大部分变化，这不令人惊奇，因为这些变化反映了数据的局限性和战争及其起因的复杂性。

将近60年的读史阅历和50年的撰写危机案例，战争的起源和国际冲突的解决使我确信，主要的国际问题几乎都始终不变地具有多重的和互补的原因。[138] 在最近出版的《禁果：反事实和国际关系》（*Forbidden*

Fruit：*Counterfactuals and International Relations*）一书中，我认为这类
事件往往是拥有独立原因的因果链的非线性汇流的产物。第一次世界大
战是三个这种因果链的聚合所导致的，这些因果链使得维也纳、柏林和圣
彼得堡的领导人在1914年相较于一两年以前，更加愿意冒险进行战争。
第一次世界大战在它的因果复杂性上绝不是独一无二的。[139]对国际关系
进行定量分析的学者经常用数据分析和统计测试来检测关于战争的理
论，但这样的分析和测试不能说明战争的因果复杂性。

　　许多战争的复杂因果关系对理论建构构成了严峻的挑战。我相信，
大部分理论能做到的只是识别出导致战争的路径。这些路径是否会导致
战争总是取决于理论之外的因素，最主要的是以大事件或聚合的形式表
现出来的能动性或机会，这些大事件或聚合让领导人更加愿意进行战争
或冒战争风险以追求政治目标。在最近的研究中，赛内斯和瓦斯克斯相
当精确地描述了这样的路径：包括联盟在内的权力大体相等的对手之间的
竞争、武器积累以及危机。他们承认这样的路径不能描述所有的战争，也
并非不可避免地一定会导致战争，就像冷战最终得以和平解决一样。[140]

　　导致战争的多重路径以及可能需要必要的催化剂来激发战争，这也
为理论测试造成了严峻的问题。那么，我们怎样评价关于战争原因的竞
争性理论和命题呢？一个策略是转向现存的理论来描述通向战争的不同
路径。然后我们可以寻求发现是什么启动了这些路径，也就是说，将因果
关系推回到另外一个层次上。下一步是分辨可能会刺激或妨碍这些路径
的背景条件，因为这些条件都是在一个更宽泛的政治背景中展开的。最
后，我们将要转向导致战争的直接原因，并且试图确定这类可能会将这些
路径推向战争的催化剂。在何种程度上这些催化剂是常见的、少有的或
是极少的？它们是同我们所说的深层原因相联系还是独立的？用这种方
式建立的任何因果模式的复杂性以及它所产生的变量的数量导致了另外
一种问题。统计测试需要关于可比案例的庞大数据集，而这是一种仅仅
依靠有限数量的现代战争无法达到的条件。另一种替代性战略，也是我
在《禁果：反事实和国际关系》一书中所提出的，通过反事实思想实验和过
程追踪的方式，从对战争和它们的催化剂的研究退回到对深层原因的研
究。这种方法也有缺点，但是它对于在数据规模受到严重局限的条件下

研究因果关系而言更加合适。[141]

注　释

1. Jordan, Maliniak, Oakes et al. , "One Discipline or Many,"报告了一项对主要三种范式——现实主义、自由主义和建构主义——的调查，它通过统计发现甚至在美国只有 20%的学者认同其中的一个,而大多数人（25%）说他们不认可任何一种范式。

2. Wolfers, *Discord and Collaboration*.

3. Morgenthau, *Politics Among Nations*, p. 21.

4. Ibid. , pp. 159—166, 270—284; Morgenthau, *In Defense of the National Interest*, p. 60.

5. Morgenthau, *Politics Among Nations*, p. 285.

6. Ibid. , pp. 21—25, 58—60.

7. Haas, "The Balance of Power"; Claude, *Power and International Relations*, pp. 25—37; Wight, "The Balance of Power."

8. Watson, *Evolution of International Society*; Lebow, *Tragic Vision of Politics*; Little, *Balance of Power in International Relations*, pp. 100—124.

9. Guzzini, "Concept of Power," p. 503.

10. Morgenthau, *Politics Among Nations*, p. 21; Morgenthau, *Scientific Man vs. Power Politics*, p. 105.

11. Herz, "Idealist Internationalism and the Security Dilemma," p. 157.

12. Booth and Wheeler, *Security Dilemma*, p. 23.

13. Waltz, *Theory of International Politics*.

14. Ibid. , pp. 71, 121, and Waltz, "International Relations Is Not Foreign Policy."

15. Waltz, *Theory of International Politics*, pp. 129—131.

16. Morgenthau, *Politics Among Nations*, 3rd edn. , p. 114. White, "Nature of World Power in American History."

17. Waltz, *Theory of International Politics*, pp. 180—181.

18. Waltz, "Emerging Structure of International Politics"; Mearsheimer, "Back to the Future."

19. Waltz, "Emerging Structure of International Politics."

20. Krauthammer, "Unipolar Moment," and Krauthammer, "Unipolar Moment Revisited"; Wohlforth, "Stability of a Unipolar World"; Huntington, "Lonely Superpower"; Mastanduno, "Preserving the Unipolar Moment."

21. Layne, "Unipolar Illusion"; Kupchan, "After Pax Americana."

22. Waltz, *Theory of International Politics*, p. 131.

23. Elman, "Horses for Courses"; Rose, "Neoclassical Realism and Theories of Foreign Policy"; Fearon, "Domestic Politics, Foreign Policy, and Theories of International Relations." Waltz, "Spread of Nuclear Weapons."

24. Walt, *Origins of Alliances*; Mearsheimer, *Tragedy of Great Power Politics*; Kydd, "Sheep in Sheep's Clothing."

25. Mearsheimer, "Back to the Future" and Mearsheimer, *Tragedy of the Great Powers*; Ikenberry, *America Unrivaled*, p. 3; Wohlforth, "US Strategy in a Unipolar World."

26. Brooks and Wohlforth, "Hard Times for Soft Balancing."

27. Morgenthau, *Politics Among Nations*; Kaplan, *System and Process in International Politics*; Claude, *Power and International Relations*; Little, *Balance of Power in International Relations*, pp. 2, 20, 94—96.

28. Little, *Balance of Power in International Relations*, p. 92.

29. Levy, "Causes of War"; Little, *Balance of Power in International Relations*.

30. Wright, *Study of War*; Claude, *Power and International Relations*, pp. 51—56; Waltz, *Theory of International Politics*, p. 131; Mearsheimer, *Tragedy of the Great Powers*, p. 341. 亦可见 Levy, "What Do Great Powers Balance Against and When?"; Wohlforth, Little, Kaufman et al., "Comedy of Errors"。

31. Doyle, *Empires*, p. 40.

32. Organski, *World Politics*; Waltz, *Theory of International Politics*.

33. Morgenthau, *Politics Among Nations*; Gulick, *Europe's Classical Balance of Power*; Claude, *Power and International Relations*.

34. Morgenthau, *Politics Among Nations*, 6th edn., pp. 378—379, 390—391; Kaplan, *System and Process in International Politics*, p. 34; Claude, *Power and International Relations*, p. 48; Deutsch and Singer, "Multipolar Systems and International Stability"; Rosecrance, "Bipolarity, Multipolarity, and the Future"; Waltz, *Theory of International Politics*, ch. 8.

35. Little, *Balance of Power in International Relations*, p. 29.

36. Jervis, *System Effects*, p. 131.

37. Vasquez, *Power of Power Politics*; Sabrovsky, *Polarity and War*; Gochman, "Capability-Driven Disputes"; Mansfield, "Concentration of Capabilities and the Onset of War."

38. Olson, *Logic of Collective Action*.

39. Walt, *Origins of Alliances*; Christensen and Snyder, "Chain Gangs and Passed Bucks"; Schweller, "Bandwagoning for Profit."

40. Kaufman, Little and Wohlforth, *Balance of Power in World History*, pp. 229—230.

41. Gulick, *Europe's Classical Balance of Power*; Kissinger, *World Restored*; Schroeder, *Transformation of European Politics*.

42. Wight, *Systems of States*, pp. 23, 149; Schroeder, "International Politics"; Kissinger, *World Restored*, p. 1.

43. Morgenthau, *Politics Among Nations*, p. 195.

44. Glaser, "Realists as Optimists"; Glaser and Kaufmann, "What Is the Offense-Defense Balance?"; Glaser and Walt, "International Relations"; Van Evera, *Causes of War*.

45. Van Evera, *Causes of War*.

46. Zuber, *Inventing the Schlieffen Plan*; Herwig, *The First World War*, pp. 18—23; Mombauer, *Helmuth von Moltke and the Origins of the First World War*; Lebow, *Cultural Theory of International Relations*, pp. 352—365.

47. Lebow, *Tragic Vision of Politics and Cultural Theory of International Relations*, pp. 459—480; Erskine and Lebow, *Tragedy and International Relations*.

48. Toynbee, *Study of War*; Väyrynen, "Economic Cycles"; Wallerstein, *The Politics of the World Economy*.

49. Macfie, "Outbreak of War and the Trade Cycle."

50. Modelski, "Long Cycle of Global Politics and the Nation-State"; Modelski, *Exploring Long Cycles*; Modelski, *Long Cycles in World Politics*; Thompson, "Cycles, Capabilities and War"; Thompson, "Uneven Economic Growth, Systemic Challenges, and Global War"; Thompson, "Polarity, the Long Cycle and Global Power Warfare"; Boswell and Sweat, "Hegemony, Long Waves and Major Wars"; Levy, "Long Cycles, Hegemonic Transitions and the Long Peace"; Rasler and Thompson, *Great Powers and Global Struggle*.

51. Organski and Kugler, *War Ledger*, p. 358.

52. Ibid., pp. 315—316.

53. Ibid.

54. Ibid., pp. 364—367.

55. Ibid., pp. 19—20.

56. Ibid., p. 61.

57. Gilpin, *War and Change in World Politics*, p. 186.

58. Ibid., p. 187.

59. Ibid., pp. 191—193.

60. Ibid., p. 198.

61. Ibid., p. 200.

62. 一个更深入的批判，参见 Lebow and Valentino, "Lost in Transition"。

63. Organski and Kugler, *War Ledger*, pp. 157—158.

64. Gilpin，*War and Change in World Politics*，p.191.

65. Ibid.，p.201.

66. Organski and Kugler，*War Ledger*，p.58.

67. Lebow，*Tragic Vision of Politics*，pp.55—114.

68. Copeland，*Origins of Major Wars*.

69. Bluche，*Louis XIV*，p.246；Blanning，*Pursuit of Glory*，pp.538—540.

70. Blanning，*Origins of the French Revolutionary Wars*，pp.69—95.

71. Zuber，*Inventing the Schlieffen Plan*；Lebow，*Cultural Theory of International Relations*，pp.352—363.

72. 关于这个案例以及德皇的作用，可见 Herwig，*The First World War*，pp.18—23；Lebow，*Cultural Theory of International Relations*，pp.352—365。

73. Weinberg，*The Foreign Policy of Hitler's Germany*，vol.1，p.358；Rich，*Hitler's War Aims*，vol.1，pp.3—10；Fest，*Hitler*，pp.213—218.

74. Ibid.

75. Bosworth，*Mussolini*，p.370；Lowe and Marzari，*Italian Foreign Policy*，pp.133—160.

76. Nish，*Japan's Struggle with Internationalism*；Iriye，*Origins of the Second World War*；Sun，*China and the Origins of the Pacific War*.

77. Lenin，*On Imperialism*.

78. Hobson，*Imperialism*；Seabrooke，"The Economic Taproot of US Imperialism."

79. Hamilton，*Marxism，Revisionism，and Leninism*，pp.155—206；Brewer，*Marxist Theories of Imperialis*.

80. Feis，*Europe*；Cairncross，*Home and Foreign Investment*；Edelstein，*Overseas Investment in the Age of High Imperialism*；Davis and Huttenback，*Mammon and the Pursuit of Empire*；Frieden，"International Investment and Colonial Control"；Kennedy，*Industrial Structure，Capital Markets，and the Origins of British Economic Decline*，pp.152—153.

81. 这一争论起始于 Robinson and Gallagher，"Imperialism of Free Trade"；以及 Robinson and Gallagher，*Africa and the Victorians*。亦可见 Smith，*Pattern of Imperialism*；Mommsen and Osterhammel，*Imperialism and After*；Lebow，*Cultural Theory*，ch.7。

82. Hamilton and Herwig，*Origins of World War I*，提供了一项国与国的比较和一个有见解的考察。Fischer，*Germany's Aims in the First World War*，强调了在战争前夕决策者们所考虑的帝国主义和领土扩张因素。

83. 列宁的反驳，参见 Lenin，*State and Revolution*.

84. Marx，*Capital*，vol.1，p.875.

85. Antonio Gramsci，"Revolution Against Capital," Milan edition of

Avanti!, December 24, 1917; republished by *Il Grido del Popolo*, January 5, 1918.

86. Gramsci, *Selections from the Prison Notebooks*,他认为公民社会是一个有争议的领域，并且是第一位将关注点从对公民社会的机械概述转移到政治经济上来的重要的马克思主义理论家。

87. Cox，"Gramsci，Hegemony and International Relations"；Gill and Law，"Global Hegemony and the Structural Power of Capital"；Murphy，"Understanding IR."

88. Germain and Kenny，"Engaging Gramsci"；Burnham，"Neo-Gramscian Hegemony and the International Order."

89. Hamilton，*Marxism，Revisionism，and Leninism*，这是一个有思想的批判。

90. Habermas，*Knowledge and Human Interests*，chs. 10—12；Habermas，*Theory and Practice*，pp. 195—252.

91. Morgenthau，*Politics Among Nations*，1st edn.，pp. 43—44，366—367，and 6th edn.，pp. 9—10，277—278，372—375；Lebow，*Tragic Vision of Politics*，pp. 236—242；Scheuerman，*Hans Morgenthau*，pp. 165—195.

92. Mearsheimer and Walt，*Israel Lobby and American Foreign Policy*.

93. Schweller，*Deadly Imbalances*；Copeland，*Origins of Major War*，ch. 5；Mearsheimer，*Tragedy of Great Power Politics*，pp. 46，181—182，217—219.

94. 对于这些争论，可参见 Tammen，Kugler，Lemke et al.，*Power Transitions*；Houweling and Siccama，"Power Transition as a Cause of War"；De Soysa，Oneal and Park，"Testing Power-Transition Theory Using Alternate Measures of Material Capabilities"。

95. Waltz，*Theory of International Politics*，p. 232.

96. Wendt，*Social Theory of International Politics*，p. 234.

97. Jackson and Rosenberg，"Why Africa's Weak States Persist"；Zacher，"Territorial Integrity Norm"；Sørensen，*Changes in Statehood*，chs. 8—9；Rotberg，*When States Fail*.

98. Strang，"Anomaly and Commonplace in European Political Expansion."

99. McKeown，"Limitations of 'Structural' Theories of Commercial Policy."

100. Lebow，"The Long Peace."

101. Morrow，*Game Theory for Political Scientists*，p. 17；Green and Shapiro，*Pathologies in Rational Choice Theory*，p. 17.

102. Bueno de Mesquita，*War Trap*.

103. Zagare，"Review of The War Trap"；Majeski and Sylvan，"Simple Choices and Complex Calculations"；Khong，"War and International Theory"；Levy，"Causes of War."

104. Bueno de Mesquita, "War Trap Revisited"; Bueno de Mesquita and Lalman, "Reason and War"; Morrow, "A Continuous Outcome Expected Utility Theory of War"; Morrow, "On the Theoretical Basis of a Measure of National Risk Attitudes."

105. Lebow, *Cooperation, Conflict and Ethics*, pp. 13—15.

106. Lebow, *Between Peace and War*, ch. 6; Logevall, *Choosing War*.

107. Lebow, *Between Peace and War*; Gordon and Trainor, *Cobra II*; Isakoff and Corn, *Hubris*.

108. Blainey, *Causes of War*, pp. 112—115.

109. Simmel, *Englischsprächige Veröffentlichungen*, p. 299.

110. Fearon, "Rationalist Explanations for War."

111. Lebow, "Miscalculation in the South Atlantic."

112. Ibid.

113. Bundy, *Danger and Survival*, pp. 403—413, 436—445; Garthoff, *Reflections on the Cuban Missile Crisis*, pp. 76—96; Lebow and Stein, *We All Lost the Cold War*, pp. 94—148, 348—368.

114. Herwig, *First World War*, pp. 8—18; Lebow, *Cultural Theory of International Relations*, ch. 7.

115. Powell, "War as a Commitment Problem."

116. Glaser, *Theory of Rational International Politics*, pp. 1—3; Elster, *Solomonic Judgments*, pp. 3—7.

117. Wolfers, *Discord and Collaboration*.

118. Glaser, *Theory of Rational International Politics*, pp. 4—5.

119. Garthoff, *De'tente and Confrontation*; Lebow and Stein, *We All Lost the Cold War*; Lebow, "Beyond Parsimony."

120. Lebow, "Beyond Parsimony."

121. Woit, *Not Even Wrong*, pp. ix—xiii; Smolin, *Trouble with Physics*, pp. 1—17.

122. Friedman, "Methodology of Positive Economics"; Moe, "On the Scientific Status of Rational Models,"这是对它的批判。

123. Rapoport, *Strategy and Conscience*.

124. Kahneman and Tversky, "Prospect Theory"; Kahneman and Tversky, "Loss Aversion in Riskless Choice"; and Kahneman and Tversky, *Choices, Values, and Frames*.

125. Levy, "Loss Aversion, Framing, and Bargaining"; Farnham, *Avoiding Losses / Taking Risks*; McDermott, *Special Issue of Political Psychology on Prospect Theory*; McDermott, *Risk-Taking in International Politics*; Welch, *Painful Choices*.

126. Lebow，*Cultural Theory of International Relations*.

127. 历史概况可见 Suzuki，Krause and Singer，"Correlates of War Project"。

128. Geller，"Explaining War"；Vasquez，"Why Do Neighbors Fight?"

129. 关于这一点的研究参见 Suganami，*On the Causes of War*，pp. 104—111. Vasquez，*War Puzzle*，pp. 58—60，它也承认不同时代的战争之间的根本差异。

130. Khong，*Analogies at War*.

131. Lebow，"Generational Learning and Foreign Policy."

132. Neustadt，*Presidential Power*，pp. 120—145；Spanier，*The Truman — Mac-Arthur Controversy*，pp. 104—113；Lebow，*Between Peace and War*，pp. 148—216.

133. Paul，*Tradition of Non-Use*，pp. 124—142.

134. Lebow，*Forbidden Fruit*，ch. 3.

135. Hirschman，*Exit，Voice，and Loyalty*，p. 343.

136. Lebow，*Between Peace and War*，ch. 2，这是对这种形势的分析。

137. 作为在这一问题上的一种观点互换，参见 Thompson，"A Street Car Named Sarajevo"；Lebow，"A Data Set Named Desire"。

138. 这一点瓦斯克斯也提到了，参见 Vasquez，"Reexamining the Steps to War"。

139. Lebow，*Forbidden Fruit*.

140. Senese and Vasquez，*Steps to War*.

141. Lebow，*Forbidden Fruit*，chs. 3 and 9.

第二部分

··

历史上的战争

第三章
理 论 和 命 题

　　追随着古希腊的传统,我认为欲望(appetite)、激情(spirit)和理性(reason)是根本动力,其中每一个都在追求自己的目的。[1]现存的国际关系理论范式聚焦于欲望(马克思主义和自由主义)或恐惧(现实主义)。激情——希腊人通常称作激情(*thumos*)——直到最近才成为一个政治学的范式,尽管马基雅维利和卢梭(Rousseau)很早就认识到它有这种潜力。以荷马的《伊利亚特》为指导,我在《国际关系的文化理论》一书中设计了一个理想化的荣誉社会,并且用它作为一个模型来分析激情从古至今在国际关系中的作用。在这一节当中,我将对以激情为基础的世界的特征和紧张状态做一个简要的概述,并且指出它对战争的影响。在阐述这种联系时,我提出六个关于战争起因的命题,随后我将通过数据来检测它们。

　　我将我自己的关于战争起因的理论限制为四种深层动机:欲望、激情、理性和恐惧(fear)。现代权威对精神和人性的需求做了不同的描述。弗洛伊德将根本的动力归结为欲望,并且仅仅从工具主义的意义上来理解理性。另一个著名的论断是亚伯拉罕·马斯洛(Abraham Maslow)的需求等级理论(hierarchy of needs),这是从他对伟人的研究以及对他们所取得的成就的解释当中得来的。[2]在更近的时期,心理学家将所有的人类情感都归结为七种基本类型。[3]马斯洛的需求等级理论在概念上容易产生混乱,它无疑根植于 19 世纪时人们对人类本性的理解。[4]现代心理学家将情感进行分类的尝试假定这种分类是普遍适用的,这也非常值得怀疑。[5]即便他们的观点正确，但是包括像爱、悲伤、快乐在内的情感不能被认为是对外决策中的核心因素。其他的一些情感，像愤怒、惊讶、厌恶和轻视，尽管它们与外交决策有更大的联系，但是我认为它们都可以被归结到我所说的四种动机当中。

激　情

以激情为基础的范式始于无论个体还是集体的人都要寻求自尊（self-esteem）的假设。自尊是一种使人们对自己感觉良好、对生活感到更快乐、对他们应对挑战的能力感到更加自信的自我价值感。它经由人们在同辈或社会认为有价值的活动中表现突出，以及得到那些态度至关重要的人的尊敬而获得。通过得到这类人的赞誉，人们就会自我感觉良好。自尊需要以自我为中心的感觉，但是也承认自我需要社会，因为离开了共享价值和共同被接受的证明一个人出众的过程，自尊是不可能取得的。

激情可以坚决地捍卫一个人的自主权和荣耀，对于希腊人而言，这两者是紧密相连的。在柏拉图看来，激情对任何在私人或公共生活中对自我主张能力的限制做出愤怒的回应。它试图对任何针对荣耀的侮辱进行报复，当它被激起时，就追求短暂的满足感。[6]成年人被理性所约束，并且认识到古老的格言中所包含的智慧，就像奥德修斯（Odysseus）在《奥德赛》（*Odyssey*）中所做的那样，君子报仇十年不晚。[7]

自尊是一个普遍的驱动力，尽管不同的社会对它有不同的认识。对于古希腊人而言，身份是由人们扮演的社会角色的总和所决定的，因此尊严（esteem，我们如何被其他人看待）和自尊（我们如何看待自己）或多或少被认为是同义词，因为后者依赖于前者。对于现代西方人而言，自尊和尊严是截然不同的词汇，属于不同的类别，因此不再是同义词。我们也区别了外部荣耀——这也是希腊人唯一承认的荣耀——以及内部荣耀，后者是一个将行为与价值联系起来的现代西方的概念。如果一个行为反映了自己的价值和信念，因而得到内部荣耀的话，我们就可以以一种其他人反对,但是自我感觉仍然良好的方式来行事。然而,我们必须关注在希腊人和现代人之间的区分,因为有证据表明内部荣耀对古希腊人而言也不是完全陌生的。苏格拉底接受了对他的死刑判决,而没有像他的朋友们恳求的那样选择流亡,因为他坚持行动要与信念保持一致。[8]

人们通过本能就可以满足一些欲望,但是必须被教会如何通过被社会认为是适当的行动来表达和满足他们的激情。他们需要有合适的角色模型来模仿。对于亚里士多德而言,模仿像其他许多行为一样,被痛苦和快乐所驱动。当我们看到那些我们感到和我们很像的人得到了我们所希望得到的成就和地位时,我们感到很痛苦。为了逃避这种痛苦,我们通过使我们有可能达到这些成就的方式来行动,而当我们取得这些成就时,我们就感到快乐。[9]

社会为培育激情提供了强烈的刺激因素。它激励了共同体作为整体的共同体繁荣兴旺所需的自我控制和牺牲。在武士的社会中,这种激情以勇敢和忘我的形式来表达,这使社会作为一个整体能够受益。当这种激情受到挑战或遭受挫败的时候,所有社会都必须约束由此而来的愤怒,或者使这种愤怒转向外界。激情是一种人类动机,组织和国家没有激情,也不能被当作人来对待。它们从来都不能用与它们对公民的欲望做出回应的相同方式来对激情的需求做出回应。人们加入大型共同体是为了得到物质和情感上的回报。通过他们在所属的组织、运动队、国家或宗教取得成就,他们通过相同的方式建立了自尊。正如可以证明的那样,在现代世界中国家主义最重要的功能就是为这种激情提供替代式的满足。

有许多与激情相联系的概念必须被仔细定义。第一个是自尊,我将其描述为一种与欲望等同的普遍的人类需求。对于柏拉图和亚里士多德,以及更宏观地说是古希腊文献而言,自尊和自我价值是一种情感,它们像希腊人的全部情感一样,通过思维得以调整。只有当我们认识到我们得到了那些我们尊敬的、并且因具有恰当的理性而获得美名的人的尊重,我们才能对自己感觉良好。

尊严和自尊——对于我而言是更为相关的概念——反映了对身份的不同理解。在古代世界,我指出身份在本质上被认为是社会性的。[10]人们并不缺乏关于自我的概念,但是自我被关联式地进行定义,并且被描述为社会赋予他们的角色的总和。[11]我们语言中的人（person）这个词来自于拉丁语中的 persona，是面具的意思。它描述了一个人在他的团体中表现出来的外部面孔。[12]在现代世界，人们认为个人身份越来越重要了，随之而来就出现了自尊的概念。涂尔干（Durkheim）将个人取代集体成为习惯性关注的焦点作为从传统向现代社会变迁的重要标志。从卢梭以后，启蒙主义和浪漫主义思想强调内在自我的独特性和自治性。[13]现代性制造了辨别内部自我同社会角色的词汇，但是它鼓励我们培育和表达我们的"内部自我"以及存在的原始方式。[14]

自尊是一个人对他的荣誉和地位的主观感受，它反映了得自他人之处的尊严，但也有别于后者。当行为体的自尊强烈地低于或高于外部尊严的时候，紧张和冲突可能会在内部或社会中上升。自尊和尊严也可被描述为尊重和自我尊重。尊严的对立面是羞愧，这种情感产生于一个人对他人针对自己所做的或将要做的判断的回应。尊严的两种形式从规定性上而言都是社会性的。亚里士多德将羞愧描述为"与坏事相联系的痛苦或困扰，无论这些事情是现在、过去还是将来的，它们可能会使我们丧失名誉"。他举出的例子包括在战斗中丢盔弃甲、拒绝回报应得到回报的人、用不正当的方式盈利，以及与不合适的人或在错误地时间和地点发生了性关系。[15]亚里士多德很清楚，我们是从关于自己行为的知识而不是行为本身中退缩，因为我们主要关注的是在那些对我们至关重要的人的眼中我们是什么样子的。[16]我们必须对社会和个人身份以及尊严和自尊这些对立出现的事务保持适当的警惕，因为除了柏拉图之外，古希腊悲剧[例如索福克罗斯（Sophocles）的《埃阿斯》（*Ajax*）、欧里庇得斯（Euripides）的《美狄亚》（*Medea*）]反映出自尊在一定程度上存在于公元前5世纪的雅典。甚至在古代世界，这些对立事物描述的是程度差异而不是性质不同。

自尊与荣誉紧密相连，古希腊人认为荣誉是一种反映了我们从其他人那里赢得的外部认可的地位，这种认可是对我们出众表现的一种回应。荣誉是一种礼物，是其他行为体赠与一些行为体的。如果要取得荣誉，一系列的责任必须得到恰当的履行。到了公元前5世纪，荣誉同政治权利和公职相联系起来。它是一种选拔人员担任公职，并且在他们行使权力方面进行约束的方法。激情最好被看成是一种人类内在的动力,自尊是它的目标,荣耀和地位则是达到自尊的方式。

等级制是一系列地位的排序。在荣誉社会里,荣誉决定了地位的本质,以及能够享有这些地位的人。每一种地位都有特权,但是也同规则相联系。一个人的地位越高,他就拥有更大的荣誉和特权,但是也对他的角色有更多的要求,有更加详尽的规则要遵守。国王先前处在等级制度的顶点,经常被期望在人和神的世界当中进行调和,并且从这种责任中取得权威和地位。这一点在像古代亚述、中国秦朝以及早期的近代欧洲那样的多样性社会中是真实的。[17]地位是可以被授予的,就像在选举出的国王或日耳曼的军事首领体现出的那样。在传统的以荣誉为中心的社会当中,这两者被期望同时存在。国王或战争酋长被认为是最勇敢的战士,带领着他们的军队投入战斗。其他处于高级地位的个人必须承担高度的风险,并且服从于规则。服务和牺牲——荣誉通过它们得以赢得和保持——具有使等级制度合法化的潜力。作为对尊重和服务于那些在社会阶梯中处于较高位置上的人的回报,人们希望自己能在多方面受到照顾。保护并为其他人提供支持始终是那些具有较高地位和公职者的关键责任之一。秦朝在逻辑上将这一体系运转到了极致,它将全部男性公民整合到一个社会等级体系当中,起初这一体系由十七个不同等级——最后是二十个——组成。人们的责任,包括劳动和服兵役,都和等级相关,同时又有各种各样的经济刺激。在贵族时代的欧洲,对相同犯罪的惩罚的严重程度随等级而变化,但是与等级制度的变化方向相反。[18]

在现代,大国具有相似的责任,这一点已经被实践家和理论家们描述过。[19]联合国安理会是这一传统所产生的结果。它的目标,至少在那些批准了联合国宪章的国家那里,是协调共同体的集体努力来维护和平。传统的等级制度在涉及公平的原则方面证明它们本身是正当的;每一个行为体都为社会贡献力量,维护社会的秩序从而使它能够发挥最好的能力,并且根据自身的需求得到社会的支持。更为现代的等级制唤起了平等的原则。联合国试图将两个分开的组织合并到一起:联合国安理会和联合国大会。

荣誉也是约束强者的机制,它防止以利益为基础的现代世界中不顾

71

他人的甚至是野蛮的剥削行为。荣誉能够维护等级制度，因为对一个行为体地位的挑战或者对特权的不尊重激起了愤怒，这种愤怒只能通过惩罚侵略者并将它"放到它应该在的地方"来平息。如果处于等级顶端的行为体就最极端的情况而言不能履行它们的责任或者不加约束地追求自身利益的话，以荣誉为核心的世界有可能蜕变成以权力为基础的等级制度，并成为一种掠夺的机制。

我将等级制度定义为地位的排列秩序。马克斯·韦伯（Max Weber）对等级制度提供了不同的理解：一系列的公职以及与它们联系在一起的一系列命令。韦伯的定义提醒我们，地位和公职并不总是联系在一起的，甚至在理想化的世界中也是如此。在《伊利亚特》当中，阿伽门农（Agamemnon）和阿喀琉斯（Achilles）之间的冲突产生于这样一个事实：阿伽门农拥有最高的公职，并使阿喀琉斯成为他的下属；然而作为最勇敢和最受尊敬的战士，阿喀琉斯强烈地反对阿伽门农对权威的滥用。在国际关系中，大国即是一个地位等级的排列，也是一个公职。在《伊利亚特》当中，当这二者出现分歧的时候，冲突可以变得非常严峻；而国家——更精确地说是领导人和人民——相信没有得到与它们的所声称的地位相一致的公职。

地位和荣誉是另一组相互关联的概念。地位反映了一个行为体在等级制度中所处的位置。在一个理想化的精神世界当中，一个行为体在等级制度中的地位是与所享有的荣誉程度相等的。那些朝着等级制度中最高地位前进的人，通过承担与他们的地位或职位相符的责任来赢得必要的荣誉，而那些通过他们的成就而赢得尊敬的人则占据了合适的职位。甚至在理想化的精神世界当中，在荣誉和地位之间几乎总是存在着矛盾，因为那些赢得荣誉的人并不必然在授予他们荣誉的竞争中胜出。在《伊利亚特》中，普里阿摩斯（Priam）和赫克托耳（Hector）由于他们在战前和战后的表现而赢得了巨大的荣誉，但是却失去了他们的生命和城市。在公元前5世纪的希腊，利奥尼达斯（Leonidas）带着他的斯巴达勇士的头衔在温泉关（Thermopylae）战死，赢得了荣耀和不朽的名声。出于正确的理由离开公职也可以带来荣誉。辛辛那塔斯（Lucius Quinctius Cincinnatus）在公元前458年被任命为罗马统治者，并且在公元前439年被再次任命。

当他将他的城市从沃尔西人（Volscians）和埃魁人（Aequi）手中解救出来之后，他立即辞去了他的绝对权威，重新过上了作为一个贫苦农民的卑微生活。他谦卑并毫无野心，这使他成为了一个传奇式的人物，俄亥俄州的一个城市就以他的名字来命名。[20]乔治·华盛顿（George Washinton）模仿辛辛那提斯，在独立战争结束时返回了他的庄园。后来，作为新生的合众国的第一任总统，他坚持原则、拒绝了第三届任期，再一次返回佛农山庄（Mount Vernon）。他的自我约束和对共和制原则的信念使他得到了人民的怀念，并且成为了美国历史上最伟大的三位总统之一。

荣誉和地位也可以出于不那么崇高的原因而分化。荣誉的世界是极其竞争性的，因为即使与财富相比，地位也是一个关系性（relational）概念。霍布斯将它和荣耀（glory）相比较，他观察到"如果全部的人都拥有它，那么实际上就没有人拥有它"[21]。在一个以激情为核心的世界当中荣誉所具有的价值以及为争夺荣誉而来的激烈竞争，引诱人们通过捷径来赢得荣誉。一旦一个行为体破坏了规则并且侥幸逃脱了惩罚，那么其他行为体也会采取相同的行动，以免处于劣势。如果支配荣誉的规则总是被违反，那么它就变得毫无意义。为荣誉而竞争变成了为地位而竞争，这将更加不受限制并且更加充满暴力。这是一个在国内政治和国际关系中反复出现的模式。

对荣誉的追求导致了地位或等级的扩散。当它们被了解和遵守的时候，这些秩序可以阻止冲突。当它们是模棱两可的或不能建立优先权的时候，就会加深冲突。当存在多种方法（被授予的或取得的）可以取得荣耀或职务的时候，这种情况最有可能发生。甚至当这不是一个问题的时候，行为体也经常性地就他们中间谁值得拥有一个地位或职位而意见不一。在国际关系中，这种争端特别具有威胁性的后果，因为没有一个权威能够在这些竞争性的要求中进行裁决。

外部荣誉必须被其他人授予，并且只能通过采取被认为是荣耀的行动才能取得。知道它被承认，它才具有意义；当存在着恭敬的听众时，它就更有价值。古希腊用来描述声望（fame）的词是 kleos，它来自于动词听（to hear），在希腊文中是 kluein。就荷马所言，声望不仅仅要求英雄的行为，而且游吟诗人要歌颂这些行为，并且人们愿意听，同时又能被打动，如果他们没有被激励去模仿这些行为的话。荣誉要能够得到并被颂扬,就必须存在共识;更好的情况则是一个人能够超越他的阶层或其他差异,关注荣誉的本质,关注它是如何取得又如何失去的,以及它所反映的差异和责任。做到这一点需要假定存在着价值和传统上的共同点,甚至是制度。当社会具有稳健性(robust)的时候——就是说它的规则是相对清晰的并且在很大程度上得到了遵守时——追求荣誉的竞争就使社会价值具体化,并且增强了社会价值。当社会变得较为薄弱(thinner)的时候,就像在区域和国际层次上大体所展现的那样,荣誉的世界就更难以建立和维持。在缺乏共同价值的情况下,不可能存在着授予和称颂荣誉的共识、规则和程序。甚至在薄弱的社会里,荣誉经常在稳健的亚文化中取得。哈马斯和其他的一些组织支持自杀性爆炸,公布成功的爆炸者的名字,有时也向他们的家人支付抚恤金,并且经常鼓励年轻人要以他们为榜样。[22]这些行为增强了亚文化,也许使得它更具吸引力或得到更大的支持。

荣誉的社会倾向于高度的分层化,可以同金字塔式的阶梯相类比。很多荣誉社会——但不是全部——都泾渭分明地分成两个阶层:那些被允许为荣誉而竞争的人和那些不被允许这样做的人。在很多传统的荣誉社会当中,这是存在于贵族(即那些被期望追求荣誉的人)和平民或出身卑微者(即那些不被期望这样做的人)之间的主要差异。这种划分通常会由财富上的差异而增强,因为财富使那些出身高贵的人能够购买军事武器、享受悠闲的生活、发起仪式以及获得参与竞争所需的知识和技能。在古希腊,出身和财富并不是同义词,这制造了社会紧张的另外一个来源。财富总体上是一个必要但并不充分的获得荣誉的条件。在平等的苏族人(Sioux)之间,荣誉和地位通过举行各种仪式来获得,这包括为那些参与者提供典礼和礼物。马匹和礼服是最主要的礼物,只有通过成功地打击敌对部落的军事行动才能取得。它们也可以作为其他人赠送的礼物,这是因为勇敢的武士受到高度的尊重。[23]

能够被精英圈所接受并能够在其中为荣誉而竞争,这是进入荣耀世界的第一步,也通常是最难的一步。许多荣誉社会的排他性可能会成为紧张的一个主要来源,特别是当个人、团体或政治行为体要求进入,但是却又不被允许进入这个他们有可能赢得荣誉的圈子的时候更是如此。被看成是荣耀的事情、支配成就的规则，以及被用来衡量它的指标都受到了挑战。历史地看，这类挑战都受到抵制，至少在初期是如此。对它们做出积极回应的社会都得到了发展，在一些例子中部分或全部地不再以勇士为荣耀的基础。

此处应当作一说明。纵览这本书，我用承认（recognition）一词来表示被接受到可以为荣耀而竞争的圈子里。承认伴随着精神上的满足，它不应和其在道德哲学中所假定的使用方法相混淆。黑格尔（Hegel）将为承认而奋斗（Kampf um Anerkennung）作为他的《法哲学》（*Philosophy of Right*）概念的核心。现在我们将它理解为对超越主人—奴隶式不平等关系的恰当社会秩序提供了一种正面的解释。[24] 在1992年发表的一篇不同凡响的文章中，查尔斯·泰勒（Charles Taylor）将黑格尔的概念运用到少数民族或其他边缘群体要求承认的问题当中。他争论说人类的承认是一个与众不同的，但是在很大程度上被忽略的人类福祉，而我们则深刻地被他人对我们的正确和错误地认可所影响。[25] 政治心理学中的承认也被延伸到国际关系当中，其中附属国被假定拥有不好的形象和更低的自尊。阿克塞尔·霍耐特（Axel Honneth）强调了在国际关系中避免主人—奴隶式关系的重要性。[26] 费尔南多·考尼尔（Fernando Cornil）则认为次要国家具有主权陷阱，但是经常内化主要大国所持有的关于它们的消极形象。[27]

我承认地位和尊严之间的关系，但是做出了一个不同的论断。至少就外交政策而言，最为谦卑的往往是强大的国家而不是弱国。我对这个现象的解释以亚里士多德对愤怒的理解为基础，尽管它比我们现代西方的概念要狭窄。它是一种对 oligōria 的回应，我们可以将其翻译为"轻蔑"、"渺小"或是"人格贬低"。这种轻蔑可能来自于平等，但是当它来自于一个缺少能够挑战或侮辱我们的地位的行为体时，会激发更大的愤怒。愤怒是一种只有那些处在有能力进行报复的位置上的人才能拥有的奢侈品。奴隶和次要的人不能允许自己拥有愤怒，尽管他们也会采取很多方式进行反抗。[28] 在国际关系领域，大国的领导人——经常也有人民——当他们被拒绝进入体系、被拒绝承认为大国或被以一种使他们感到地位低下的方式对待的时候，可能会感到亚里士多德式的愤怒。他们将会寻找一种方式来发出自己的声音,并且寻求报复。次要国家缺少这种权利,因此它的领导人和人民就要学习与它们较低的地位和较有限的自治共存。如果被这类国家所挑战,大国就会感到愤怒。[29]我相信,通过再次引入古希腊对有可能取得荣誉的圈内人与圈外人之间的两分法,以及亚里士多德对愤怒的定义,我们可以受益颇多。

让我们转向荣誉作为外交政策的一个动机的更为宽泛的含义。最为重要的是它对国家和其领导人的行为的影响。现实主义者和其他的国际关系学者都坚持生存是国家压倒一切的目标,就像国内政治中对领导人所做的解释那样。[30]在荣誉社会中,这不是真实的情况,因为荣誉是一个更高的价值。阿喀琉斯对生命的长久不屑一顾,却接受了一种能给他带来荣耀的死亡方式。对于荷马和古希腊人而言,荣耀让人们超越了死亡。伟大的行为使一个人的声望和名字流芳千古,他们受到后人的尊敬并影响后人。在现实世界中,而不仅仅是在希腊和中世纪的小说当中,战士、领导人有时甚至是全体人民都倾向于将荣誉置于生命之上。我们不仅仅在我关于古代和中世纪社会的案例研究当中遇到这种情况,而且在19世纪的欧洲和20世纪的日本也是如此。[31]摩根索和华尔兹利用霍布斯,华尔兹利用卢梭来论证生存是个人和政治单元的主要目标。列奥·施特劳斯(Leo Strauss)将霍布斯看作是古典主义传统的重要终结和第一代资产阶级思想家,因为他将对死亡的恐惧和对自我保存的渴望作为人类根本的目标,从而取代了贵族的价值。[32]对霍布斯的另一种辩解式的解读在于他渴望用物质利益取代虚荣作为人类的首要动机,因为他认识到被理性和恐惧的集合体所控制更为有效。对于霍布斯而言,精神以及它对地位和荣誉的追求仍然是一个普遍的、潜在的、同时也在很大程度上是破坏性的力量。

就像修昔底德和霍布斯所理解的,对荣誉的渴求以及愿意为了赢得或提高荣誉而面对死亡使得荣誉社会更有可能进行战争。荣誉的一些方面为这一现象提供了助力。荣誉一直同武士社会紧密相连,尽管并不是所有的武士社会都是荣耀社会或贵族社会。在这样的社会当中,战争不仅仅被认为是正常的,而且是必要的;因为离开了战争,年轻人就不能证明自己的力量,也不能使自己出类拔萃。从更根本的层面上说,战争证明了战士和他们的社会的身份。在其他的地方我曾说到,修昔底德认为雅典对斯巴达的身份造成的威胁而不是对其安全造成的威胁,才是斯巴达国民大会同意进行战争的根本原因。[33] 林瑞谷(Erik Ringmar)提供了一个令人信服的案例:瑞典参加三十年战争的主要动机在于地位被看成是取得国家身份的一种方式。[34] 在《国际关系的文化理论》一书当中,我论证了这种想法对于从后威斯特伐利亚时代的欧洲到后冷战时代的世界的领导人和人民而言是多么重要。

在荣誉社会里,地位是一个行为体最珍贵的财产。来自与他平等或低于他的行为体的对他的地位或特权的挑战是不可接受的。在地区性或国际性的社会当中,地位是不确定的。很可能存在着很多的竞争者,因此没有和平的方法在这些竞争性的要求中进行裁决。战争经常为这个目标服务,它也是荣誉社会中发动战争的一个常见原因。它经常用来解决重大的问题,例如对有争议领土的控制权,但是也用来解决一些象征性的争论,诸如谁应该在节日庆典或游行队伍中处于核心位置,或者谁的船在海上应该尊敬他人或得到他人的尊敬等等。

出于这三种原因,荣誉世界中的战争倾向于经常化,但是战争的结果以及支撑战争的方式则是有限的。在荣誉社会中,政治单元之间的战争经常等同于决斗。[35] 战斗是高度程式化的,如果说仍然充满了危险的话。战争被一系列参与者大体上会遵守的规则所统治着。希腊人、阿兹台克人、印第安人以及18世纪欧洲国家之间的战争提供了这些原则的变种。通过为暴力在共同体统治下的环境中留有一席之地,它在一定程度上得到遏制,并且变得同没有得到遏制时相比不那么具有毁灭性。[36] 然而,这些限制仅仅对同一个社会中被认可的两个成员之间的战争有效。对于外界的战争,或对于自己社会中的非精英成员的战争通常没有任何限制。希腊人对土著人,或在马拉松、萨拉米斯和普拉蒂亚对波斯人的战争,美国对美洲土著以及殖民地的战争都在大体上证明了这个不受欢迎的事实。

尽管在以武士阶层为基础的荣誉社会中战争颇为流行,但合作不仅仅是可能的,而且是很平常的。合作是以对友谊、共同血统和相互责任而不是相互利益的渴望为基础的。这种等级规范要求处于较高地位的行为体向依赖于他们的地位较低的行为体提供援助，而地位较低的行为体则被要求尊重并服务于他们的保护人或赞助人。友谊经常包括这种物质和好感的交换，并为要求或得到援助提供额外的基础。在荣誉社会中，在地位相等的行为体之间的合作是最困难的，因为没有一个行为体会接受另一个行为体的领导并因而承认他具有更高的地位。这种形势使得合作甚至在那种存在着不可抗拒的共同安全关切的环境中也十分困难。

既然荣誉比生存更加重要，那么风险的恰当定义就变得不同了。武士社会愿意接受成功或者失败的风险。没有风险，就不可能得到荣誉；因此领导人和他的随从们都欢迎冒着生命危险去争取或捍卫荣誉的机会。行为体也愿意付出任何代价来捍卫他们的独立自主，因为这与他们的荣誉紧密地联系在一起，除非他们找到一些能令同辈信服的证据来证明自主和荣誉无关。风险承担将被扩展到捍卫物质资源和领土方面，以至于这些因素和荣誉及其象征紧密地联系在一起。

概括而言，以荣誉为基础的社会冲突是围绕着谁被"承认"而产生的，并允许行为体为地位而竞争。支配斗争（agon）或竞争的规则、能带来荣誉的行为的本质以及主张获取荣誉的行为体，决定了地位问题并在竞争性的主张中进行裁决。探索在这些问题上冲突的相对强度，以及它们所导致的变化和适应的本质，为理解荣耀在一个社会当中在何种程度上仍然是首要价值以及它回应内外挑战的能力的大小提供了深刻的见解。它也允许就它的演进做出有根据的推测。

欲　　望

欲望是一种我们更加熟悉的动机。柏拉图认为财富在雅典已经成了支配性的欲望，这是一种在所有的物质充裕成为可能的社会当中都有的现象。当然，存在着其他的欲望，包括性的、食物的、饮水的、穿衣的以及药物使用方面的。当代的经济学家或自由主义理论家要么忽视它们，要么假定满足这些欲望取决于财富，或者财富至少能使满足它们更加容易。

物质福利通常得益于其他行为体的福利甚至是繁荣。这是一个来之不易的见解。[37]早期积累财富的行为常常包含着暴力，因为看起来掠夺其他人的财产似乎比自己生产它们或者制造出能够购买它们的资本更加容易。直到近代，海盗仍然被看作是一个荣耀的职业，而奴隶制度——通常是武装远征的结果——被认为是一种可以接受的获取财富的方式。通过武力征服获得财富成为帝国的一个重要目标，而反对领土征服的规范直到 20 世纪才有所发展。甚至历史地看，贸易经济体（如迦太基、葡萄牙和英国）也将财富看作是零和博弈，并且寻求将它们所控制的原材料和市场的竞争者排除掉。人们慢慢地认识到：通过生产和贸易产生的盈余使国家和它们的统治者比通过武力征服更加富有；生产和贸易可以从和平中获利；以及富足既是冲突的结果，又是合作的结果。甚至直到 18 世纪晚期，经济学家才开始明白资本、货物、人员和思想的自由交换是全部贸易国家的长期的共同利益。[38]

以欲望为基础的现代社会依赖于平等原则，卢梭是其中杰出的理论家。[39]到了 19 世纪的 30 年代，托克维尔（Tocqueville）记录到，平等正日渐成为合法政府所依赖的唯一原则。[40]在这样一种秩序当中，每一个人被假定为在本体论上处于平等地位，同时拥有在这种秩序中取得进步的平等机会。由此导致的等级制度——以财富为基础——并不比以精神为基础的社会合理，但是总体上是非正式的。他们没有明确定义的地位或特权，也没有附属的规则。地位不是像在传统等级制度中那样明显，因此行为体必须积极地炫耀他们的财富，以支持他们对地位的追求。[41]不是每个人都寻求以这种方式获得、排列等级。在缺乏规则的情况下，也没有同那些不那么富裕的人一起分享资源的要求。要重新分配财富，那么政府必须设立累进的收入和财产税以及为无偿捐款设立税收减免。平等秩序的支持者断言它们会让每一个有技能和承诺的人受益，因为地位是以个人的能力为基础的。亚当·斯密坚持认为这些秩序中的一个重大好处是个人依赖的结束，这允许一个人在一个开放的市场上出卖他的个人技能和劳力。个人自由和不受限制的市场据称能够更有效的发挥个人的潜能。这些秩序也通过它们能产生更大的财富，使那些处于等级制度底端的人的境况要显著地好于他们在传统的庇护秩序中所能取得

的增添来揖卩，42

柏拉图将欲望和精神描绘为两种不同的动力或动机。他举例证明这两点是如何产生冲突的，就像一个人感到很渴但此刻喝水却很不合适。在这个例子当中，行为允许一个熟悉文化的观察者来确定哪个动机是主导性的。在其他的例子中，这一点也许并不明显，就像财富和荣誉有史以来就一直是相互联系的，有时很难分开。在古希腊，就像在其他许多社会一样，财富是取得荣誉的一个先决条件。[43]在欧洲，头衔经常根据财富来授予，并且在17世纪的法国，被授予的特权是增加个人财富的途径。到19世纪中叶，在许多欧洲国家，贵族通过他们的财富水平来与富裕的中产阶级相区分。更加令人迷惑的是在我们的时代财富和地位的融合。卢梭将自爱(amour propre)——渴望被其他人尊重的激情——作为现代性的主要激情。同直接追求自尊的野蛮人形成对比，他的"文明的"同伴通过物质财富的获得和炫耀来间接地追求自尊。[44]根据亚当·斯密的观点，我们改善我们的条件，以便"我们能被观察到、被照顾、被同情、自满或赞许地注意到"[45]。现代性至少在西方已经将财富变成了一种工具性的商品，因为它已经成为了地位的主要来源。熊彼特相信企业家被"建立一个私人王国"的梦想所鼓舞，而实现这样的梦想的方式是建立以他的名字命名的、能使他的名字和声望流芳千古的公司。像古希腊和在战场上的特洛伊英雄们一样，企业家在财富上的成功是"衡量成功和胜利的主要标准"[46]。

在理想类型的欲望世界中，行为体的行动将不同于他们在精神为基础的世界中的行动。合作将会是很平常的，实际上已经成为规范，并且是围绕着共同利益而产生的。只要行为体分享共同的利益，合作就会持续下去，而当他们的利益出现分歧时合作就会停止。当利益在重要性或特点方面发生变化时，联盟(正式的和非正式的)将会变化，昨天的盟友有可能成为今天的对手。单元之间的关系看起来像那种《联邦党人文集》(*Federalist Papers*)的作者希望在国会中看到的那种变化中的同盟关系。[47]冲突将会像合作一样平常，因为行为体在许多重大的问题上都有相反的利益。然而，他们的冲突将会是非暴力的和受规则支配的，因为所有的行为体都认识到他们在维护和平的关系、制度、程序，以及推动和平关系的大体信任水平方面的压倒一切的利益。冲突的结果将在极大程度上取决于行为体的相对权力,裁决冲突的结构和制度,以及他们组织论点、同对手讨价还价和建立联盟的能力。行为体甚至被期待发展出一些改变游戏规则的规则。

因为利益——主要是经济利益——支配了政策偏好,政治单元内部的冲突就可以反映出他们之间的冲突。国内和跨国联盟将会形成以推动共同利益,并提供相互支援。前景理论描述以利益为基础的世界当中的风险承担情形:行为体更愿意承担更多的风险来避免损失,而不是获得收益。

自由主义是典型的以利益动机为基础的政治和国际关系范式。根植于这一范式的理论和命题,包括那些与民主和平研究相联系的,全面展示了关于利益为基础的世界的假设以及它所导致的行为。然而,许多自由主义者犯了一个错误:把对一个以利益为基础的世界的理想描述和现实世界相混淆。现实世界则是一个混合的世界,在其中利益仅仅是多重动机当中的一个。自由主义者在将他们所描述的世界——由资本主义民主国家组成的世界——看成是对现代工业世界的唯一有效回应方面错得更远。一个让人信服的论点是它仅仅是以利益为基础的若干可能的回应当中的一个,并且它的出现是高度偶然性的。

理　性

我们也缺乏关于理性的范式,但是因为具有更多的理性,我们才这样说。秩序化的世界不在任何层次的集合体中存在。古希腊和现代的哲学家们不得不一直都在想象它。对于柏拉图而言,它是《理想国》中的美好城邦(Kallipolis)或者《法律篇》中的麦格尼西亚(Magnesia)。对于亚里士多德而言,它是万众一心(homonoia),这是一种在其中所有的成员就良好生活的本质和取得良好生活的方法达成共识的共同体。对于奥古斯丁而言,那是一种文化,在其中人类用他们的理性控制甚至是克服激情,并按照神的指示来行动。[48]对于马克思而言，那是一个人人各尽所能各取所需的社会。对于罗尔斯(Rawls)来说，那是一个符合分配正义的乌托邦。就像这些思想家中的大部分人承认的那样，分歧在充满理性的社会仍然会存在，但不会威胁和平，因为它们不是根本的正义性问题，并且会在相互尊重和信任的环境中得到裁决。柏拉图、亚里士多德和罗尔斯认识到他们虚构的世界是理想化的，我们必须朝着这个方向努力，无论从个人还是集体来讲都是如此；但是我们不太可能实现这样一个世界。他们的世界倾向于成为一块模板，我们可以用它来衡量现存的世界是否符合我们的原则。就像柏拉图指出的，甚至是不完美的社会也能推动公民和城市朝着实现它的目标而努力。部分的进步可以产生足够的善，从而能够维持个体和社会内部的理性的秩序。修昔底德将伯利克里时期的雅典作为一个例子——那是一个柏拉图明确反对的社会——而亚里士多德则拿它作为一种寡头制与民主制相混合政体的例子。

在理性化的世界中，秩序来自行为体合作的意愿，甚至是当这可能和他们的短期利益相冲突的时候。所有的行为体都会认识到合作能够维持一种律法(nomos)，那使得他们能够比在缺乏它的情况下更有效地推动他们的利益。冲突在理性化的世界中也是存在的，但是它能够缓和下来，不仅是因为人们承认秩序的重要性，而且就像亚里士多德在描述天下大同时所说的，人们就冲突本质的潜在涵义以及失败方的损失最小化方面达成了根本性的共识。为了维护这个共识，行为体经常赞成妥协而不是在冲突中取得彻底胜利。可以采取共同行动的妥协也是一种建立和维持那种能够维护潜在的价值共识的共同身份的机制。罗尔斯的差异原则将一种风险规避倾向合并到一种他假定为是行为体的普遍人性的东西当中，这种人性在无知之幕的背后仍然会起作用，尽管其他全部社会目标已经被扫除掉了。[49]他正确地批评了这一动机，而更合理的是假定即使在一个充满理性的社会当中，风险倾向将会取决于我们所考虑的行为体和社会的特点。

理性化的社会同样存在着等级制度。在柏拉图的《理想国》当中，它是以公平原则为基础的。每一个人，包括妇女，占有一个同其能力和角色相称的位置。亚里士多德的贵族政体——他抽象地将其看成是政府的理想形式——也是等级制的，并且融合了公平和平等的原则。因为贵族具有更高的身份从而处于比民众更高的地位，所以它是等级制的；但是在他们同其他人的联系方面则是平等的，而且他们明白荣誉和职位应该根据功劳来分配。[50]罗尔斯也认可以财富为基础的等级制度以及用公平原则补偿平等原则的尝试。无知之幕和原初状态被假定能够引导行为体得出每一个人都应该具有改善自己状况的平等机会的结论。差异原则表明所允许的唯一不平等（财富的不平等）确实可以让社会中最贫穷的成员变得更好。[51]柏拉图和亚里士多德承认他们的理性世界将会是短命的。柏拉图预期他的理想国在几代人之后会堕落下去，而亚里士多德认为贵族政体会退化，甚至当极少数人垄断了国家的荣誉时会爆发革命。[52]

要用理性来约束激情和欲望，就必须教育人民。这一表面上的恒真命题被父母和监护人的积极参与解决了，这些父母和监护人对孩子们施加那种他们不能施加给自己的约束，并且以他们自己的生活为样板来教育孩子。[53]角色榜样是建立理性化世界所必需的个人和公民教育的重要组成部分。[54]不幸的是，就像苏格拉底所发现的，人们至少有可能对其他过合理生活的人感到愤怒，甚至会惩罚他们。我认为柏拉图和亚里士多德在寻找解决这种困境的方法方面是不成功的，而这样做的困难是他们感到悲观的一个重要原因。柏拉图使用"高贵的谎言"来构筑他虚构的卡利普里斯之城，它的建立者们同意告诉他们的后人，他们的律法是神建立的。他没有告诉我们这些建立者自身怎样取得了足够的智慧和见识来设计这样的法律以及他们为何愿意使他们自身服从于他们的规范。

修昔底德、亚里士多德和柏拉图对理性所共有的理解同现代的理性概念有重要的不同。对于古人来说，就像我们所看到的，理性是一种工具，是一种有自己目标的动力。另一个重要的区别在于它和情绪的关系。柏拉图和亚里士多德相信，理性只有在和适当的情绪相协调的时候才能产生有益的效果。[55]因为它能够建立友谊，所以对话对柏拉图而言是有价值的。当我们对其他人感到很亲切的时候，我们和他们分享共同的感受，并且学习通过他们的眼光来看待我们自己。这鼓励我们将他们看作是同我们本体上平等的人。情绪和感情合并在一起，使我们愿意听他人的论点。更重要的是，承认我们对正义的理解实际上是狭隘的，尽管我们认为是普世性的。我们理解到一个自我约束的更根本的理性:使其他人有可能满足他们的欲望和激情。自我约束是一种工具理性,因为它产生了友谊、赢得了其他人的忠诚并且维护了使其他人有可能满足他们的欲望和激情的社会秩序。自我约束也带来了重要的情感回报,因为激情和欲望只有在和其他人紧密联系的环境中才能得到最好的满足。

对于修昔底德、柏拉图和亚里士多德而言,对个人是真实的事情对于城邦而言也是真实的。最有秩序和理想化的城邦是那些受过良好教育的公民的城邦。受到理性和他们对城邦(polis)的热爱的引导,公民愿意承担他们最适合的工作,并且从他们的成就中得到适当的满足感。城邦的基础是友谊(philia),这种友谊来自公民间的相互关系,而地区和平也是建立在城邦之间的友谊基础之上。[56]在这两个层面上,创造并巩固相互关系的是社会互动与相互责任的密集网络,它们构建起相互尊重和热爱的共同身份。[57]

尽管现代强调理性是一种工具,但我们在一些颇具影响的 18 世纪和 19 世纪的思想家那里找到了对柏拉图和亚里士多德的共鸣。亚当·斯密坚持认为理性可以让以自我利益为中心的人学会谨慎、纪律和正直——这是他称作规范(propriety)的东西——这些东西教导人们使短期的满足服从于追求长期收益的举动。[58]这与亚里士多德的"实践智慧"(phronesis)的概念十分相似,经常被翻译成"实践理性"或"谨慎"。它来自于对我们以及其他人行为结果的反思。它与个别情况相联系,但是可以通过我们追求的目标以及试图取得目标的方式来使我们自己过得更好。[59]黑格尔强调理性必须同爱相合并,这两者可以一起教导人们更有道德地行动并且承担他们的公民责任,在这一点上他同亚里士多德更加接近。以理性为背景的真知灼见(Einsicht durch Gründe)至少有将我们从欲望中解放出来的部分潜力,并且为我们的生活指明方向,帮助我们认识到我们作为个体的全部潜能。[60]

恐　　惧

现实的世界在最好的程度上近似于这一理念,在大多数情况下甚至远远不及。合理运转的社会必须——也是必要地——包括足够的约束欲望和激情以及将它们引导到有益的道路上来的理性。它们必须通过将理性、利益、恐惧和习惯相结合来约束行为体，特别是那些强大的行为体。自我约束总是困难的，因为它包含着剥夺，这是一种在当今这个短期满足和自我放纵已经越来越成为常态的世界上明显不受欢迎的东西。经验证据表明，当除了良心之外没有其他的约束时，大约三分之一的美国人将他们的物质利益置于共同规范之上。这种行为只有通过高度的规范性共识、对其他行为体的资源依赖以及同这些行为体和更宽泛的共同体的高密度联系才能得到有效的约束。[61]

以激情和欲望为基础的世界是先天不稳定的。它们是高度竞争性的，这鼓励行为体通过破坏规则来取得荣誉或财富。如果鼓励行为体这样做，那么那些仍然遵守规则的行为体就可能处于严重不利的环境当中。这为全部行为体——除了那些最忠诚的——提供了背叛规则的强烈刺激。这种困境在以激情为基础的世界当中最为严重，因为荣誉和地位之间相互关系的本质使得如果不存在荣誉和地位的多重等级的话，那就将出现一个零和博弈。以欲望为基础的社会不必然是这样，但是行为体经常作为一个竞争的胜利者而获得财富，并且在合作可以使双方受益的时候表现出高度的竞争性。同样，缺乏自我克制力鼓励其他行为体照此来追求财富。拒绝规则相应地有两种形式：处于较高地位的行为体不承担责任，以及较低地位的行为体不承认那些地位和相关的特权。这两种形式的不遵守规范可能是自我增强的，并且会削弱等级制度及其所代表的秩序。

亚里士多德将恐惧定义为："由于想象一些在将来出现的毁灭性的或痛苦的灾难而产生的苦恼或困扰"。它产生于："我们感受到的任何能够毁灭我们，或能以给我们带来巨大痛苦的方式来伤害我们的巨大力量"。它是信心的反义词，并且同危险——接近一些可怕的东西——相联系。它产生于对这些事情的预期而不是现实，并且鼓励做出一种审慎的回应。它经常由另一个行为体的滥用权力而引发，并且对社会秩序而不仅仅是个人构成威胁。[62]

紧随亚里士多德，我认为秩序崩溃的主要原因是行为体——个人、组

织或政治单位——不受约束地追求狭隘的目标。他们的行为导致其他行
为体因为恐惧他们的实力——也许是为了他们自身的生存——而满足他
们的激情或欲望。恐惧的行为体可能会考虑和采取一系列的预防措施,
包括从在晚上将自己家的门关紧到组建联盟和获得更多更好的军备。这
种恐惧的升级始终与威胁评估方面的变化并驾齐驱。起初被认为是朋
友、同伴或盟友并且在细节上形象丰富的行为体变成了形象简单而又肤
浅老套的对手甚至是敌人。[63]这种变化,这种在认知复杂性上的衰退破坏
了我们尚存的信任,并且鼓励对他们的动机、行为和未来的主动性往最坏
处做分析。在行为和框架上相互增强的变化可以逐渐展开,但是在某些
位置上可以加速并带来一个阶段转变。当他们那样做的时候,行为体就
进入了以恐惧为基础的世界。

表 3.1　动机、情感、目标和手段

动机	目标	工具
欲望	快乐	财富
激情	自尊	荣誉/地位
恐惧	安全	权力

　　恐惧是一种情感,不是一种根本性的人类动力。在这一点上,它与欲
望、激情和理性有所不同。它产生于不平等以及人类将自己的想象力运
用到预测未来可能的、甚至是或然的后果当中。恐惧激发了追求安全的
愿望,这可以通过许多方法来得以满足。在国家间关系中,它经常通过直
接获取军事力量(经济上的良好运转也能获得这种力量)或通过联盟间接
获取军事力量来取得。它也是一个催化剂,就像在国内层次上一样,因为
存在着通过限制可能会伤害别人的行为体的独立和他们的能力来提供安
全的制度安排。表 3.1 将恐惧同欲望、激情和理性进行了比较。

　　在两个重要方面,我的以恐惧为基础的世界同大部分现实主义者有
所不同。我不把恐惧支配下的世界归结为无政府状态,而是归结为由于
缺乏对精英行为体的约束而导致的规范的崩溃。无政府状态的逻辑假定
那些软弱的行为体最有可能在恐惧主导的世界中受到威胁。他们也最有
可能去制衡或者追随。规范崩溃的理论假设是精英行为体引发了行动升

级的过程,他们也是感到最受威胁的。过去两个世纪的历史在国内和国际层次上为这一现象提供了大量的案例。同样类型的崩溃发生在国家的内部和国家互动的体系当中,并且是相同动力的结果。修昔底德对走向战争和在克基拉(Corcyra)进行大屠杀的解释,被解读为就每一方面而言都等同于战争在希腊的扩展。两个结果被希腊语 stasis 所描述,这被翻译为"内战"、"严重的冲突"或"秩序的崩溃"。

以恐惧为基础的社会同以欲望或激情为基础的社会也有重要的区别。它们是高度冲突性的,而且冲突的结果或手段都不受规范的约束。行为体将安全作为第一关注,它们试图变得足够强大来威慑或挫败任何可能对手的联盟。军备竞赛、紧张的相互升级、联盟以及激进的军事部署增强了每一个人的不安全,就像安全困境所显示的。预防性措施被解读为表明了意图,这激发了可能会导致严重冲突的更深入的防卫措施;而且先发制人、失控或对一个受威胁的第三方的支持可能会导致彻底的战争。[64]修昔底德暗示斯巴达对雅典宣战就是这种过程的结果。在国际关系文献中,这样的升级模式得到了很好的描述。[65]

在传统的以激情为基础的世界(即那些由武士精英所支配的世界)当中,战争虽然经常发生,但是在战争目标和手段方面都会受到限制。在恐惧为基础的世界当中,战争不那么常见,因为它们倾向于在目标和手段方面更加不受约束,因此经常——尽管并不总是如此——被认为是更有风险且代价更加高昂。它们也更难通过威慑和联盟来予以预防,而这是现实主义者进行冲突管理的工具。修昔底德对伯罗奔尼撒战争进行的解释,最明显一点就是用来预防战争的联盟和威慑手段全都彻底失败。它们几乎总是引发了试图预防的那种行为。[66]总体和短期的威慑在公元前5世纪的希腊失败的原因,与威慑政策在现代失败的原因大致相同:它们似乎证实了在最坏情况下对其目标的恐惧,并使它们确信有必要显示出更多而不是更少的决心,因为它们错误地预期这将威慑它的对手不采取更进一步的敌对行动。[67]当目标行为体集中关注它们自己的问题和需求,并且将它们自己的战略计划作为它们所认为的唯一解决问题的方式时,威慑就有可能失败。挑战者具有高度的动机来否认、歪曲、搪塞或拒绝相信明显对手决心的明显信号。[68]这两种情况在欲望和激情主导的世界中都不那么有可能出现，出于这个原因，威慑在现实主义者认为它是必要的并且是合适的那种环境中最不可能成功。

等级制度有时也存在于以恐惧为基础的世界当中。在霍布斯的"一切人反对一切人的战争"（war of all against all）当中，没有等级制度，只有无政府状态，尽管他承认存在着人们有可能同其他人结为同盟以保护自己或从第三方那里得到他们所想要的东西。[69]当今的现实主义者将无政府状态描述为秩序的对立面，但是也承认等级制度存在的可能性。例如，在两极体系下，许多次级大国将它们同一个或另一个霸权联盟体系捆绑在一起，以期望得到保护或其他的收益。这种等级制度可以像传统的以精神为基础的等级制度一样发挥作用，就像斯巴达和（可以证明的）北约一样。或者，它可能是另一种以恐惧为基础的秩序，就像雅典联盟或华沙条约一样。这有助于解释为何前者在冷战结束之后仍然存在而后者则不能。

恐惧驱使的世界是荣誉或利益的世界的对立面，就它们很像龙虾诱捕器——很容易进去但是很难出来——这一点来说是如此。一旦恐惧出现，就很难得到缓解。最坏情况分析是从属于以恐惧为基础的世界的，它鼓励行为体将甚至是最良性的和善意的姿态看成威胁。这导致了一种滚雪球效应，使这种世界中的恐惧成为自我实现的。试图发展信任和包容的行为体有理由担心其他行为体会误解它们的意图或利用它们的让步。纯粹的以恐惧为基础世界是很少见的，但是大部分政治单元在它们的大部分历史时期当中都对它们的安全有一定程度的担心。出于这个原因，现实主义者将恐惧驱使的世界当作是默认情景，是人类社会不可避免要遇到的阶段。历史为悲观提供了足够的理由，但是同样也为乐观提供了理由。如果修昔底德对伯罗奔尼撒战争的解释显示了缺乏自我约束和由此而来的恐惧多么迅速地将行为体引入到毁灭性的现实世界当中，那么他在第一卷对古代历史的追溯中（Archeology）显示出逃离是有可能的，就像文明产生于野蛮一样。[70]近代历史并不缺少这两个进程的例子。19世纪后期争夺殖民地的竞争主要是出于争夺地位的原因，最终弄得不可收拾，导致了巴尔干地区越来越多的不受约束的竞争并将欧洲大国推入了第一次世界大战。[71]大萧条时期以邻为壑的政策表现出一个部分是自由贸易的世界能够被多么迅速地摧毁。[72]第二次世界大战后欧洲引人注目的经济和政治复苏在很大程度上是以德国、意大利以及后来的西班牙、葡萄牙和希腊的民主巩固为基础的,它改变了欧洲大陆。但如果在20世纪50年代初做出这种预测,只会被视为不可能实现的白日梦。

混 合 的 世 界

理想类型的概念在柏拉图的政体和亚里士多德的宪章中是不明确的,仅仅是到20世纪初在马克斯·韦伯那里得到了发展。韦伯对理想类型有两种不太相同的理解。他起初提出这个概念是用来代替直觉作为一种理解具有不同价值和世界观的社会的行为的一种方式。这种理想类型没有外部效力,因为它并不对应于任何历史事实。他将他对权威的分类作为例子。[73]韦伯后来将理想类型再度概念化,以在它们和他所研究的经验社会之间建立一种经验联系。他将它们描绘成一种对一个现象的一个或更多特征的分析式强调,以此来建立一种在实践中不会发生的心理架构,但是通过它可以对真实世界进行评估。这些理想类型不被用来作为比较的基础,而只是一种理解具体的文化或情形的方案。[74]

根据韦伯的第一项定义,我的四种类型的世界都符合理想类型的标准。激情、欲望、理性和恐惧的世界都是分析式建构,对理解社会行为有帮助,但是与现实没有直接的联系。这一点在由理性构成的世界中更加明显,自从苏格拉底和柏拉图提出来之后,它直到现在仍然是一个遥远的梦想。在这样一个世界,欲望和激情受到约束,人们仅仅渴望能真正带来快乐的东西和符合正义的行为。

激情、欲望和恐惧的世界,但是不包括理性的世界,也符合韦伯后来对理想类型的理解。它们是对现存或曾经存在过的社会的抽象。这些类型的世界都需要一定程度的理性,但那是工具理性。如果行为体约束它们的欲望或精神,那是出于同奥德修斯在发现有很多对他的妻子泊涅罗珀纠缠不休的追求者时同样的原因:他明白现在压制怒火可以增加以后复仇的机会。理性本身作为一个目标在另一个层次上也起作用，它约束激情和欲望，但是它这样做的目的是为了重塑它们，并重新指导它们过一种更快乐、更有秩序和更正当的生活。所有相对稳定的体系都依赖于这一过程，但是，实际上理性对欲望和激情的控制从来没有达到接近理性主导世界的程度。相应地，我将我自己限制在三种理想类型的世界当中，并将理性化的世界作为一种理想化或柏拉图式的形式。

现实主义者不将他们的范式看成是理想类型，而是对现实世界中的国际关系的描述。这一论断的有效性在很大程度上取决于所考虑的表述。强硬的论断，例如华尔兹关于"在国际政治中武力不仅发挥着作为'万不得已'的作用，而且确实是最重要和最经常的"这一论断，即使描述了很少一部分现实世界的话，也只能被看成是理想类型。[75]温和的论断同现实的关系更加紧密。罗伯特·吉尔平认为无政府状态和国家的主导地位并不意味着存在一个战争频繁发生的世界，仅仅是承认"没有一个更高的国家在遇到麻烦的时候可以寻求帮助的权威"[76]。通过放宽它们的假设，现实主义、自由主义和马克思主义理论可以在它们的论断和真实世界之间找到更好的共鸣。在这样做的时候，它们必须放弃决定式的论断，并且承认现实世界远比它们各自的理论所能描述的更加丰富。

韦伯坚持有必要将理想类型同现实世界相区分。前者为我们描绘了一幅更清晰的关于一种"纯粹"的世界将会是什么样子的图画，并且提供了衡量它与现实世界有多么接近的基准。通过判断现实世界的哪一种特征更加符合一个或多个理想类型，我们对它们是什么样的世界有了更深入的理解。需要记住的重要一点是三种动机——通常也包括恐惧——在每个社会都是存在的。社会和行为体对这些因素的强调随社会的变化而变化，恐惧同其他社会和行为体的相关性也在变化。在分析上，动机有时候很难分开，在物质财富已经成为身份标志的现代社会当中更是如此。另一个复杂的因素——同时在现代也是最明显的——是行为体在对一种动机做出反应的时候却在利用另一种动机来解释和论证它们的行为。政府官员总是引用安全来证明由激情或利益因素引发的政策是正当的，因为他们相信这样公众更加容易接受。当激情一词在启蒙运动中被从词典中除掉的时候，尽管荣誉或"国家荣誉"没有被除掉，但是激情因素引发的行为成了最不被当代行为体所认可的行为。尽管存在着这些问题，通常也有可能对行为体的动机和它们如何体现在外交政策中做出判断。在《文化理论》一书当中，我在一定程度上探讨了这样做的恰当方式。我的假设——它们得到了案例研究的支持——是多重动机混合在一起互动，而不是溶解。它们不是混合物，而是在一起共存，而且通常是以令行为体的行为看起来自相矛盾的方式来共存。既然没有简单地解释可以调和这些行为，它为混合动机发挥作用的推测提供了表面支持。

战　争

如果争夺荣誉和地位已经成为欧洲体系中主导性的外交政策动机——随后也成了国际政治的动机——我们所观察到的冲突的模式、合作和风险承担应当更加近似于我所说的以激情为基础的世界。如果地位，而不是安全或物质利益，导致大国或崛起中的大国发动战争，我们应该根据发动战争的国家、它们的攻击对象以及这些发生的环境来观察战争爆发的不同模式。这一模式应当与我们预期在利益或恐惧主导的世界中的模式明显不同。为了观察以激情为基础的世界同现实的欧洲关系和国际关系的联系，我对战争的起因和可能卷入其中的国家的类型提出了六个命题。这些命题与现实主义、权力转移、马克思主义和理性主义对战争的预期明显不同。

命题1　最具有进攻性的国家是那些寻求被认同为大国的崛起国家，以及寻求霸权的主导大国。

这一模式反映了在战争获胜作为历史上赢得国际地位的主要方式的重要性。许多大国对它们的地位感到不满，尽管它们被承认为主导大国。受到自大心理的驱使，它们的领导人们追求霸权并怀着取得霸权的心理而发动战争。这样的例子包括菲利普二世治下的西班牙、路易十四和拿破仑治下的法国、帝国时期和纳粹时期的德国，可以证明冷战后的美国也是如此。崛起国家寻求被认可为大国，并且因此而表现得特别有进攻性。

现代早期的欧洲经历了政治单元的结合，并且出现了大量的中等规模到大规模的国家。西班牙、英格兰、法兰西和俄罗斯起初都是中世纪晚期在一个核心地域建立的，然后利用它们的经济优势以牺牲邻近的领土为代价来进行扩张。小优势成功地被高明和野心勃勃的统治者所利用，导致了它们相对邻国的更大优势。婚姻是另一种扩张的方式。哈布斯堡王朝最为有效地利用了这种方式，一度控制了西班牙、神圣罗马帝国大部分区域、北意大利和低地国家。这些国家的统治者们不仅仅为他们自己的高贵、将邻国并入版图以及国家政权的巩固而争斗，而且也为取得威望而相互争斗。这两种努力不是无关的，因为在国外的威望使巩固国内政权变得更加容易，反之亦然。

毫不令人惊奇，大国在16世纪和17世纪当中有95%的时间处于战争状态。在18世纪，这一比例下降到了71%，在"修正的"19世纪（1815—1914年）下降到了29%。1815年至1914年之间是第一个和平年代超过战争年代的百年。[77]贵族也通过战争来追求荣誉。像路易十四这样的统治者面临着国内要求发动战争的压力。到1691年，至少有3 000名贵族在路易十四的精英军团中服役，并且超过10%的贵族在服兵役。[78]在他的回忆录中，路易十四承认："我有我不需要的军官。但是我确定他们需要我。"[79]

在19世纪和20世纪，君主制和王朝竞争越来越让位于声称外交政策是受国家利益支配的民主国家。这些国家不再由等级制的贵族，而是由选举出的官员来统治；官僚和律师对更宽泛的选民负责，他们大部分人是受经济利益驱使的。历史地看，我们将追求荣誉和地位的目标同王朝政治实体中的领导人联系在一起，但是民族主义证明它们对现代民主、工业化和后工业化国家而言也很重要。根据心理学研究，近期对民族主义的研究表明人们强烈地渴望成为群体成员并获得群体认同，因为那能提供一种"高度的自我价值"。[80]我的论点走得更远，指出认同国籍和国家的人在一定程度上通过胜利来追求间接式的满足感并增强自尊，他们也由于在遭遇挫折时失去自尊甚至蒙羞而感到痛苦。

出于这些原因，国际关系在过去的几个世纪当中表现出了明显的连续性。这种连续性也被1914年之前持续的战争和贵族外交的主导地位所推动。对荣誉和地位的渴求——起初是保留贵族制度——深深地渗透到中产阶级当中,他们中的许多人受到贵族制度的启发,并寻求吸收它的价值和实践。在《国际关系的文化理论》一书当中,我对帝国主义和第一次世界大战进行了案例研究,以此来论证对自尊的需求是怎样以国际竞争的形式转向了外部,以及国家愿意使用武力来捍卫国家"荣誉"。[81]

命题 2　崛起国家和主导大国之间很少爆发战争。当它们这样做的时候,崛起国家至少同一个大国结盟。

追求地位的崛起国家寻求加入一个高地位的群体。它们需要展现出实力来证明它们可以这样做。这制造了一个难题,因为主要的实力就是军事上的成功。攻击并击败"俱乐部"中的重要成员将会疏远一个或更多的大国,并且对寻求获得接受的国家产生严重的副作用。一种导致失败或僵局的进攻对于崛起国家而言代价异常高昂。崛起中的大国最有可能在大国权力暂时脆弱的时候对一个主要大国发起战争,并且最好是作为一个更大的同盟的一部分来这样做。一个切题的案例是普鲁士:一方面被英国逼迫,另一方面在 1756 年进攻萨克森,从而将奥地利引入战争并最终升级为七年战争。

从它们的角度来看,主导大国没有什么动机去攻击崛起国家。大体上,崛起国家没有强大到能够威胁到它们的安全或地位的地步,它们也很小心不去激怒主导大国。一个重要的例外是普法战争,这是由普鲁士——一个崛起国家——挑起的,用来作为实现德国统一的手段。路易·拿破仑的法国反对德国的统一,这部分是出于安全方面的原因;历史地看,法国一直寻求使德国保持在分裂为很多小国的状态,并将莱茵河沿岸的国家作为半保护国。然而,这一战略以及法国反对德国统一也反映了法国一种长期存在的承诺,即作为一种身份和地位的标志,保持在欧洲大陆上的主导大国地位。大体上主导大国倾向于将崛起国家的敌意引向第三方,并且随后通过认可成功的崛起国家为主要大国来安抚它。大国用这种方式对 18 世纪的普鲁士和俄罗斯、1870 年之后的德国、19 世纪末的美国以及 1905 年之后的日本做出回应。这一模式同权力转移理论的预测是相反的。对这一规律的一个重要但是有限的例外是主要大国严重误判了崛起国家的军事实力,并且错误地认为它们正在攻击或挑衅一个虚弱的第三方。最好的例子是俄国在 1904 年挑战日本,从而引发了 1904—1905 年的日俄战争。法国在 1870 年愿意参战,也有对普鲁士的军事能力严重误判的因素。[82]

命题 3 主导大国和崛起国家的首选目标是衰落国家或虚弱的第三方。它们也进攻被认为是暂时虚弱的大国,最好是在联盟中和其他大国一起这样做。

如果大体上主导大国和崛起国家不相互攻击,它们明显的目标就是更加弱小的第三方。对这些国家的战争似乎是一种廉价而且低风险的方式,可以证明它们的军事力量,并且获得额外的领土和资源。曾经强大但是现在严重衰退的大国也是崛起国家的富有吸引力的目标,因为击败它们被认为比对虚弱的第三方的胜利更具荣誉性和更有影响力。在 17 世纪,瑞典通过进攻神圣罗马帝国而成为一个主要大国,而法国则是通过进攻西班牙,二者都是衰落中的对手。在 18 世纪,俄罗斯通过赢得对瑞典和奥斯曼帝国的战争而成为主要大国。19 世纪提供了三个例子:普鲁士成功地挑战奥地利、美国对西班牙的胜利,以及日本对中国的胜利。鉴于过去四个世纪中这类由处于上升期的大国发起的战争的频率,衰落国家的失败也许可以看成是被认可为主要大国的一个必要的先决条件。

命题 4 所谓的霸权战争(即包括大部分,如果不是全部,主要大国之间的战争)几乎都是偶然的,是无意的冲突升级的结果。

很多现实主义和权力转移理论认为,霸权战争反映了主导大国决心赢得霸权的努力,或挑战者决心替代它们成为主导大国的努力。我的理论提出了一个不同的假设:霸权战争几乎都是偶然的。这并不意味着主要大国不想追求霸权,仅仅是说它们中的大部分不想通过总体战争的方式来赢得霸权。然而,它们进攻弱国和衰落国家,以期望进行一场有限的和局部的战争。当其他国家来援助这些第三方的时候,这些战争有时会升级为更广泛的冲突——就是一些人所说的霸权战争。西班牙和奥地利的王位继承战争以及第一次世界大战都是这种例子。既然崛起国家被认为不会攻击主导大国,我们就不能期望它们发动霸权战争。唯一的例外是一个崛起国家攻击一个弱国或衰落国家,从而引发了无意识的冲突升级,最终吸引了大部分——如果不是全部——主要大国。七年战争就可以这样描述。

命题5 无意识的冲突升级和对均势的误判具有比信息不完全更加深刻的原因。

新现实主义和权力转移理论对战争的解释是模糊地假定战争是不完全信息的产物。我认为良好的信息在事先是可以得到的,而试图打一场局部的战争则是不现实的,并且可能——如果不是必然——会导致具有不确定结果的更大规模的战争。

这种对理性决策的偏离有系统上的原因。首先是同战争的动机相联系:地位和荣誉。荣誉在传统上包含着风险,通常一个人是通过勇敢地面对风险来取得荣誉的。追求荣誉者,不论是个人还是国家,都比其他行为体更倾向于承担风险。就像柏拉图指出的,激情很容易被轻蔑所激怒,这包括不能给一个人以适当的尊敬。当对这些轻蔑负责的人缺乏地位的时候,愤怒是最强烈的。对荣誉的追求会使得领导人轻视风险和那些警告他们有风险的人,特别是当他们愤怒时更是如此。与其他人相比,他们不太可能对环境做出严肃的评估,并在这种环境中追求荣誉或地位,以及惩罚那些藐视他们的人。

命题6 弱国和衰落国家经常发动起针对大国的战争。

现有的战争理论将注意力集中在主导大国和崛起国家身上。它们忽视了弱国和衰落国家。但是我假设后者具有更重要的介入国家间战争的理由。它们主要是出于报复而这样做。它们对自己的荣誉和地位特别敏感,因为它们曾经是大国。它们容易被对自己的攻击所激怒,特别是那些导致了丧失领土和地位的攻击,并因而寻求报复。它们几乎是不可避免地会在战争中失败。这样的例子包括卡尔十二在1707年进攻俄国,以及奥斯曼帝国在19世纪对俄国的进攻。

现在让我们转向数据分析,从而使这些假设和其他对战争的解释将得到评估。

注 释

1. Lebow, *Cultural Theory of International Relations*.
2. Maslow, *Motivation and Personality*; Maslow, *Toward a Psychology of*

being.

3. Ekman, *Emotions Revealed*.

4. 作为一种批判,参见 Lebow, *Cultural Theory of International Relations*, pp. 132—133。

5. Konstan, *Emotions of the Ancient Greeks*, ch. 1.

6. Plato, *Republic*, 440c—441c.

7. Homer, *Odyssey*, Books 18—22.

8. Plato, *Crito*.

9. Aristotle, *Rhetoric*, 1388a29—1388b30.

10. Yack, *Fetishism of Modernities*; Fitzgerald, *Metaphors of Identity*, p. 190; Lapid, "Culture's Ship."

11. Durkheim, *Division of Labor in Society*, preface and pp. 219—222; Finley, *World of Odysseus*, p. 134.

12. Hobbes, *Leviathan*, Part 1, pp. xvi, 112; Andrew, *Worlds Apart*, pp. 98—103.

13. Hegel, *Phenomenology*, Bb, Cc; Norton, *Beautiful Soul*; Durkheim, *Elementary Forms of Religious Life and Division of Labor in Society*; Parsons, *Structure of Social Action*, pp. 378—390.

14. Shotter, "Social Accountability and the Social Construction of 'You'"; Butler, *Excitable Speech*; Eakin, *How Our Lives Become Stories*; Gergen, *Invitation to Social Construction*.

15. Aristotle, *Rhetoric*, 1383b15—1884a21.

16. Ibid., 1384a22—28.

17. Machinist, "Kingship and Divinity in Imperial Assyria"; Yates, "Song Empire."在欧洲,君主的神权在从奥古斯汀(Augustine)到鲍修哀(Bossuet)的重要著作中都有所体现。

18. Yates, "Song Empire."

19. Onuf, *Republican Legacy*; Kratochwil, *Rules, Norms, and Decisions*; Neumann, "Russia as a Great Power"; Bukovansky, *Legitimacy and Power Politics*, p. 70; Reus-Smit, *Moral Purpose of the State*, p. 137; Clark, *Legitimacy in International Society*, p. 100.

20. Livy, *Early History of Rome*, III, 26—29.

21. Hobbes, *De Cive*, 1.1.

22. Levitt and Ross, *Hamas*, pp. 59—60,据称哈马斯每个月提供 5 000—5 500美元给关押在以色列的囚犯,2 000—3 000 美元给失去了丈夫的寡妇和失去了家人的家庭。

23. Hassrick, *Sioux*, pp. 296—309.

24. Hegel, *Phenomenology of Spirit*, III. A. 178—196.

25. Taylor, "Politics of Recognition."

26. Honneth, *Struggle for Recognition*; Honneth and Fraser, *Recognition or Redistribution?*

27. Cornil, "Listening to the Subaltern."

28. Aristotle, *Rhetoric*, 387a31—33, 1378b10—11, 138024—29. Konstan, *Emotions of the Ancient Greeks*, pp. 41—76.

29. Aristotle, *Rhetoric*, 1379b10—12.

30. Morgenthau, *Politics Among Nations*, 3rd edn., p. 10; Waltz, *Theory of International Politics*, p. 92; Mearsheimer, *Tragedy of Great Power Politics*, p. 46; Wendt, *Social Theory of International Politics*.

31. Lebow, *Cultural Theory of International Relations*.

32. Strauss, *Political Philosophy of Hobbes*; Macpherson, *Political Theory of Possessive Individualism*; Hayes, "Hobbes' Bourgeois Moderation."

33. Thucydides, *History of the Peloponnesian War*, Book 1; Lebow, *Tragic Vision of Politics*, ch. 4.

34. Ringmar, *Identity, Interest and Action*.

35. Clausewitz, *On War*, Book One, ch. 1, pp. 75—76.

36. Hobsbawm, "Rules of Violence"中提到了这一点。

37. Hont, *Jealousy of Trade*.

38. Smith, *Wealth of Nations*, ch. 1; Ferguson, *Essay on the History of Civil Society*.

39. Rousseau, *Contrat Social*. 他明确反对屈服的契约，以及它们所代表的庇护等级制度。他坚持认为，每一个公民必须被相同的法律和义务所约束。

40. Tocqueville, *Democracy in America*, 1, Introduction, pp. 3—6.

41. Ibid., II. 3. 2, p. 540.

42. Smith, *Theory of Moral Sentiments*, I. iii. 3. 6; Berger, *Capitalism Revolution*.

43. Aristotle, *Politics*, 1286b922, 他承认财富是一种取得荣誉的路径。

44. Rousseau, *Discourse on the Origin and Foundation of Inequality Among Men*, pp. 147—160, 174—175.

45. Smith, *Theory of Moral Sentiments*, I. iii. 2. 1.

46. Schumpeter, *Theory of Economic Development*, p. 82.

47. *Federalist Papers*, No. 10 by James Madison.

48. Augustine, *City of God*.

49. Rawls, *Theory of Justice*, pp. 8, 53, 57, 65.

50. Aristotle, *Politics*, 1307a26—27.

51. Rawls, *Theory of Justice*, p. 65.

52. Aristotle, *Politics*, 1306b22—26.

53. Aristotle, *Nicomachean Ethics*, 1101b14—1103b20.

54. Plato, *Republic*, Book II, 377b to III, 399e.

55. Aristotle, *Poetics*, 1448b5—7, 1450.

56. Aristotle, *Nicomachean Ethics*, 1155a14, 26—28, 1159b25, 1161a23, 1161b12; Plato, *Republic*, 419a—421a.

57. Thucydides, *History of the Peloponnesian War*, I.32—36.

58. Smith, *Theory of Moral Sentiments*, I.1.5, VI.1.

59. Aristotle, *Nicomachean Ethics*, 1139a29—30, 1139a29—1142a.

60. Hegel, *Hegel's Philosophy of Right*, 132, 144, 147, 149—152.

61. Zelditch, "Process of Legitimation"; Zelditch and Walker, "Normative Regulation of Power"; Johnson, Dowd and Ridgeway, "Legitimacy as a Social Process"; Tyler, "Psychological Perspectives on Legitimacy and Legitimation."

62. Aristotle, *Rhetoric*, 1382a21—33, 1382b28—35; Konstan, *Emotions of the Ancient Greeks*, pp.129—155.

63. Herrmann, *Perceptions and Behavior in Soviet Foreign Policy*; Tetlock, "Accountability and Complexity of Thought"; Levi and Tetlock, "Cognitive Analysis of Japan's 1941 Decision for War"; Levy, "Learning and Foreign Policy."

64. Thucydides, *History of the Peloponnesian War*, I.131—189.

65. Herz, "Idealist Internationalism and the Security Dilemma"; Herz, *Political Realism and Political Idealism*, p.24; Herz, "Security Dilemma in International Relations"; Waltz, *Theory of International Politics*; Jervis, "Cooperation Under the Security Dilemma."

66. Lebow, "Thucydides and Deterrence."

67. Lebow, *Between Peace and War*, chs.4—6; Lebow and Stein, "Deterrence"; Lebow and Stein, "Rational Deterrence Theory"; Lebow and Stein, *We All Lost the Cold War*, chs.3 and 12; Hopf, *Peripheral Visions*; Chang, *Friends and Enemies*; Chen, *Mao's China and the Cold War*.

68. Lebow, *Between Peace and War*, chs.4—6; Jervis, Lebow and Stein, *Psychology and Deterrence*, chs.3 and 5; Lebow and Stein, *We All Lost the Cold War*, ch.3.

69. Hobbes, *Leviathan*, ch.13, para.8, and ch.17, para.13.

70. Thucydides, *History of the Peloponnesian War*, I.2—13. Lebow, *Tragic Vision of Politics*, ch.3.

71. 这一主题的最强有力的倡议,可见 Schroeder, "World War I as Galloping Gertie," and "Embedded Counterfactuals and World War I as an Unavoidable War"。作为反驳,参见 Lebow, "Contingency, Catalysts and International System Change"。

72. Kindleberger，*The World in Depression*.

73. Turner，"Introduction."

74. Weber，"Objectivity" in Social Science and Social Policy，pp. 90—95.

75. Waltz，*Theory of International Politics*，p. 113.

76. Ibid.，p. 17.

77. Wright，*Study of War*，pp. 121，237，242，248，638；Levy，*War in the Modern Great Power System*，pp. 139—141. 作为概述，参见 Hamilton，"European Wars：1815—1914"。

78. Blanning，*Pursuit of Glory*，p. 215.

79. Treasure，*Making of Modern Europe*，p. 207.

80. Greenfield，*Nationalism*；Migdal，*Boundaries and Belonging*；作为一个引述，参见 Hall，*National Collective Identity*，p. 37。

81. Lebow，*Cultural Theory of International Relations*，ch. 7.

82. Lebow，*Between Peace and War*，pp. 244—246；Wawro，*Franco-Prussian War*，pp. 52，65—68.

第四章
数据集与发现

　　我构建了一个 1648 年以来的涉及至少一个大国或崛起国家在内的所有战争的数据集。在这一章节,我会描述我的数据集并且说明为什么它可以验证我的观点。我首先会讨论一些核心术语和选取数据的规则,然后讨论我的发现。我认为,这些发现对我的观点提供了很直接的支持,并且对于其他对立理论的基本假设和观点提出了怀疑。

定　　义

　　在导论中,我发现战争与和平通常被视为一组二元对立的范畴,尽管它们实际上是一个连续状态的两个端点。在这些端点之间,我们可以看到合作和暴力的不同状态。"冷战"这个词代表着介于战争与和平中间的一个状态:一个紧张的、"枪口"下的和平,伴随超级大国的附庸国之间,或者在一个超级大国和另一国的盟友之间的间歇性的军事冲突(例如,中美对立的朝鲜战争)。战争与和平状态是法律术语,这就使得一些国家选择"不宣而战",例如 1939 年苏联和日本在蒙古的冲突以及 1950 年中美在朝鲜战场上的军事对峙,这就使得区分战争与和平更加复杂。为了构建我的数据集,我把战争理解为一切造成超过 1 000 人死亡的国家间军事冲突,无论冲突双方是否认可它们处于战争状态。

我的假设是围绕着五种行为体展开的：大国（great powers），主导国家（dominant power），崛起国家（rising powers），衰落国家（declining powers）和弱国（weak states）。这五个行为体的划分贯穿我的整个分析，但是给它们一个恰当的可操作的定义并不容易。

大国是最具争议的分类。这个词语在18世纪步入人们的视线，尽管一些大国被威斯特伐利亚条约赋予特权。大国在维也纳会议中获得制度性确认。它是被其他强大的国家认可为有实力的政治实体的一种状态。大国可以主持国际会议，参加更加精英式的会议，并承担与其地位相称的国际责任。[1]

定义大国面临三个问题。第一个问题关于大国这个类别本身。我的数据集覆盖了1648—2008年的360年的时间。因为将大国地位制度化只是发生在1815年，而把这个概念追溯回1648年从技术上讲是不正确的。不过我认为，这个做法并非完全站不住脚，因为在威斯特伐利亚和维也纳之间的167年之间，统治者和他们的顾问一直在评估本国以及其他国家的实力。他们确认一些国家为最强大的国家，并区别对待它们。强大的行为体反过来也会要求优于其他国家的特权和优待。总体来看，大国就是大国。

第二个问题是很难界定一个国家在什么情形下成为或者不再是一个大国。对此并不存在正式的应用和认可过程，一个大国是被其他大国认可并在现实中被以大国相待的国家。这个状态只能够通过以下的方式表现出来：有资格参与一些精英式的国际组织和活动，有能力举办大国间的国际会议，以及更为重要的是，对于维护和平或者国际体系的其他规范的集体努力的领导权。但是，其他大国是否或何时达成共识并以大国的身份对待一个国家并不总是显而易见，而且有时候在大国之间对于哪些国家有资格进入它们的精英俱乐部存在分歧。考虑到自己察觉到的国家利益，现存的大国接纳并不像"俱乐部"内其他成员那么强大的国家为大国（例如统一后的意大利，1945年之后的中国），或者出于"礼貌"继续将一些已经严重衰落的国家（例如1945年以后的法国）界定为大国，这样使认可的过程变得复杂化。对于我考虑的时间段中的大部分，哪些国家算是大国，在当时的观察者和近代的历史学家中大致有一个共识。这些国家中的一些何时不再符合大国的标准，学者对此有较多的差异。

第三个问题是关于意识形态的。那些基于军事实力和已经取得的成就可被视为大国的一些国家，因为是非基督教国家或者非欧洲国家有时很晚才被认可为大国（例如奥斯曼土耳其帝国、日本）。因此，这类国家何时被承认为大国，当时和现在的历史学家对此看法不一。在各个案例中，我倾向于采用当代历史学家的估计。

主导国家是指比其他大国更加强大的大国。这是一个很主观的分类，因为这是研究者和政策制定者按照自身衡量权力的标准而做出的判断。并不奇怪的是，政策制定者和观察者对于一个国家是主导国家（如果存在主导国家的话）的理解，与学者运用标准的衡量方法的学术研究的结果非常相似。

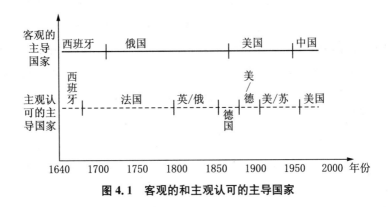

图 4.1　客观的和主观认可的主导国家

瓦伦蒂诺和我在对权力转移理论的批判中发现了这些分歧。[2]我们通过计算国家国内生产总值和人口数量的乘积把国家的潜在实力进行了排名。国内生产总值和人口数量的数据来自安格斯·麦迪森（Angus Maddison）的著作。[3]在计算帝国的实力时，相邻领土的国内生产总值和人口也被计算在内。数据缺失由推测的数据补充。图 4.1 显示了欧洲国家从1640 年到 2000 年的实力变化的过程（加上美国和日本）。一些人可能会质疑我们的测算方式过于重视人口，因此会高估像俄国这样的人口大国的实力，而低估像英国这样的人口相对较少的国家的实力。实际上，俄国在这个阶段一直都是人口最多的国家，比第二大的人口大国的人口总量至少高出 70%。至少从 1648 年开始,国内生产总值和人口总量就已经紧密相连,至少在大国中是如此。这个关系是十分稳定的,因为在 1900 年以前,除英国以外的大国的经济实力主要来自于农业。[4]在欧洲,俄国不仅拥有最多的人口,而且从 18 世纪中期到 19 世纪中期国内生产总值总量一直占据欧洲第一。在整个阶段俄国的国内生产总值也从未跌出欧洲前三名(排除美国和日本)。我们基于人口和国内生产总值的权力初步测算方式很大程度上反映了欧洲主要大国的实力对比。18 世纪早期,西班牙在后威斯特伐利亚时代的主导地位让位于俄国,而俄国在 1895 年以后又被美国所取代。美国维持其统治地位,直到 20 世纪 80 年代被中国超越。

这个主导国家的排名至多勉强反映了现在对主导国家的理解(见图 4.1 下面那条线所反映的情况)。很多情况下,法国被视为 17 世纪早期到拿破仑 1815 年战败期间的主导国家。在 19 世纪剩下的时间段里,英国,然后是英国和德国,被视为主导国家。根据我们的测算,俄国在整个阶段都是主导国家。美国成为主导国家直到第一次世界大战结束才被普遍接受,比我们测算的结果晚了 30 年。此后美国维持了自己的主导地位,直到 20 世纪末被中国这一潜在大国所赶超。

哪些因素可以解释权力和认知的差异?首先,这种差异可以归结为国家在汲取和使用其资源的效率上的差异。在这方面,大革命时期的法国比奥地利、普鲁士更加成功。由于其政治结构,19 世纪的英国在这方面也是非常有效率的国家。议会制能够在公开市场以更加低的利率获得大量的资金并作为税收的补充。现在,效率也是技术能力的一个函数。纵观历史,效率也可归因为能动性(agency)。

不同的领导人追求不同的目标,并且以不同的比例把可支配收入用于建立军备或者其他可以显示权力和获得荣誉的活动。在追求国家荣誉的过程中,路易十四在维持军备上花费了大量资源,使得他和他的国家背负巨额债务。霍亨索伦王室时期的普鲁士也是如此。腓特烈大帝把国家收入中超过 75% 的部分作为军费,远远超过同时期大国的军费开支比例。[5]2008 年,有"现代普鲁士"之称的美国的国防开支达到 4 170 亿美元。这个数量达到世界所有国家国防开支总量的 47%,尽管美国的国内生产总值只占世界的人约20%。⁶这些军费开支人人超过其他国家并进行武力征服的大国在国际社会中脱颖而出，很容易被其他人认为是主导国家，即使该国从总体物质能力上看称不上主导国家。为了国家地位和均势的目的，对于权力的认知似乎要比真实的国家权力或能力更加重要，就像对于威胁的认知要比对权力的认知更加重要一样。我因此使用前者来确定哪个国家是主导国家。

崛起国家是试图获取大国地位，并被同时期的其他国家认可为处于崛起状态中的国家，例如普鲁士、18世纪的俄国、19世纪的意大利，以及19世纪末期20世纪初期的美国和日本。在我研究时间段的大部分时间里，国际体系局限于欧洲以及它的周围，因此实际上只是一个地区体系。第二次世界大战以来，各个地区体系在国际体系的更大的框架内运行。为了研究的目的，我把一些不具有国际影响力的地区强国排除在外，尽管它们一直在努力获得地区主导地位（例如伊朗、以色列、巴西）。考虑到它的核武库、面积、人口和经济状况，我把1974年以后的印度视为一个崛起国家。

历史上，大国通过展示军事实力来获得地位的认可。直到今天（更多论述详见第三部分），崛起国家主要以国防开支占可支配收入的比例来衡量。17世纪的瑞典、18世纪的俄国和普鲁士，以及19世纪和20世纪的日本在军备上的花费都相当高。18世纪的欧洲统治者基本上都将他们收入的20%到40%花费在军队建设上，战争时期的开销更大。彼得大帝在统治期间增加了40个新的军团，在北方大战期间，国家收入的80%花费在军队以及与军事相关的工业上。⁷在1786年即腓特烈大帝统治的最后一年，他把国家收入的75%花在军队身上，另外5%用于战争债券。⁸崛起国家经常被其他大国视为制造混乱的"暴发户"，这是大国定义崛起国家的非正式方式。当俄国1712年在波尔塔瓦（Poltava）战胜瑞典时，彼得大帝通常被看做是一个危险的野蛮人，莱布尼兹（Leibniz）把他称作"北方的土耳其人"⁹。弗雷德里克·威廉一世被视为专制君主，因为他囚禁自己的儿子并处决儿子的情人。多数情况下，大国试图把那些一直在战场上显示出超强军事实力的国家纳入"大国俱乐部"。日本在19世纪被排除在大国俱乐部之外，但是在1905年击败俄国之后被接纳进入大国之列。苏联被排除在外不仅仅是出于意识形态的原因，更是为了将苏联和欧洲的其他部分隔离开来。这一努力很快失败了，苏联加入了国际体系，并在 1934 年被邀请加入国联，但是在 1939 年入侵芬兰后被驱逐出该组织。[10]

衰落国家是指那些曾经是大国，甚至曾经是主导国家，而相对其他国家，开始逐渐失去权力的国家。它们仍然维持着大国地位，就像 19 世纪的西班牙和整个 19 世纪和 20 世纪早期的奥斯曼土耳其。它们被视为脆弱的，不仅是因为它们和其他国家相比实力较弱，更多的是因为它们过度扩张领土。随着在北方大战（1700—1721 年）中被俄国击败，瑞典在 19 世纪成为一个衰落国家；波兰—立陶宛也是如此，直到这个国家在三次被瓜分（1771 年、1793 年和 1795 年）之后彻底灭亡。波兰是个非典型的衰落国家。一般情况下很难界定一个大国在什么时候开始转变为衰落国家，因为没有一个严格的、易于操作的标准来认定这一变化。对于大多数研究者来说，这一转变最为显著的标志是该国输掉一场战争，或者在战争中表现极差。出于对我研究目的的考虑，将战败作为一个标志是一种同义反复，因为我所要解释的正是针对衰落国家发起的战争。所以我关注了第三方的估算，但是这样做并非尽善尽美，因为历史学家的判断是基于对历史的回顾，不可避免地受到他们对于这些国家战争行为认识的限制。有一些编码标准要比其他的更加客观。我把奥匈帝国视为一个大国直到它在 1918 年灭亡，尽管它在 1866 年被普鲁士击败后也可以被称为衰落国家。幸运的是，这些不同的定义对于我的研究发现不会造成太大影响：视奥匈帝国为 1866 年之后的衰落国家只是导致我的数据库中少了一个由大国发动的战争、多了一个由衰落国家发动的战争。

弱国是指那些被普遍视为军事弱小，为主导国家、大国和崛起国家"猎食"的那些国家。它们大多是那些没有常备军的小国（例如，17 世纪和 18 世纪的普法尔茨）。这些国家也可能面积很大，甚至是技术落后的人口大国（例如，19 世纪的中国和墨西哥），或者忽视军备的发达国家（例如，18 世纪的萨克森）。

图 4.2 显示了我所定义的 1648 年以来的大国、崛起国家和衰落国家。为了确定这些国家，我依据多种权威的历史资料，在历史学家存在争

议的地方,我加入了自己的判断。

奥匈帝国:1648—1714 年,崛起国家;1714—1918 年,大国
勃兰登堡—普鲁士:1648—1736 年,崛起国家;1763—1871 年,大国
中国:1949—1990 年,崛起国家;1990 年以来,大国
英格兰/大英帝国/英国:1648—1688 年,崛起国家;1688 年以来,大国
法国:1648—1659 年,大国;1659—1815 年,主导国家;1815—1940 年以及
　　1940 年以来,大国
德国:1871—1945 年,大国;1991 年以来,崛起国家
印度:1974 年以来,崛起国家
意大利:1861—1943 年,崛起国家
日本:1868—1905 年,崛起国家;1905—1945 年,大国;1965—1990 年,崛起国家
奥斯曼土耳其:1648—1733 年,大国;1733—1795 年,衰落国家
俄国:1645—1733 年,崛起国家;1721—1917 年以及 1991 年以来,大国
萨丁王国:1814—1861 年,崛起国家
苏联/俄罗斯:1920—1941 年,崛起国家;1942—1991 年,大国
西班牙:1648—1658 年,主导国家;1658—1713 年,大国;1713—1900 年,衰落国家
瑞典:1648—1711 年,大国;1711—1750 年,衰落国家
荷兰:1648—1713 年,大国;1713—1792 年,衰落国家
美国:1865—1917 年,崛起国家;1917 年以来,主导国家

图 4.2　大国、崛起国家和衰落国家:1648—2000 年

数　据　集

在第二章里,我十分怀疑基于相关性分析的对战争起源的研究的作用。我的数据集并不会使相关性分析变得更加精确,我只用它来进行描述。从这点出发,将相关性分析与描述性的研究区别开来,具有十分重要的意义。后者至多是一种间接的、历史性的回顾和分析。通过调查和分析查明各种行为体做了什么以及为什么这样做的原因。为此,我使用二手的,有时候是一手的资料来确认哪一方对战争负责以及他们为什么开战。我分析这些战争的频率和结果,以及战争行为背后的动机,但不是通过相关性分析的方法。

基于1648—2000 年爆发的国家间战争的数据集,我验证了我的观

点。这个数据集始于1648年,是因为威斯特伐利亚条约通常被视为现代国家体系的起点。在此之前,区分国内和国际冲突通常十分难。战争是统治者控制他们继承的或者声明的领土、镇压反抗者的主要方式。在"国家"——在边界范围内垄断武力使用权的主权政治单位——和主权国家所组成的国际体系出现之后,才能区分国家间冲突和国内冲突。国际体系赋予国家主权,使它们成为发动战争的制度主体。[11]在实际中,威斯特伐利亚条约并没有完全确立现代国家体系,正如丹·内克松(Dan Nexon)严肃地提醒道,我们应当谨慎地区分主权领土国家所具有的一系列因素和这个体系的真实存在。[12]直到18世纪,这一国际体系才具有稳定的行为体、行为规则和实践,以及一些管理冲突以避免战争的能力。[13]

威斯特伐利亚体系开始仅限于欧洲国家,并逐渐扩展到非基督教和非欧洲国家。构成国际体系的国家的特性在过去的350年里发生了显著变化。在1648年,几乎所有的国家都是君主国,而且统治者的权力几乎不受到限制。1945年以来,很多国家成为民主政体,尽管一些国家的民主形式大于实质。国际体系的成员构成、治理方式的双重变化毫无疑问深深影响政治单位的行为,这使得数据集所覆盖的国家行为的比较令人质疑。出于同样的原因,任何跨越几个世纪的比较研究也变得更加引人注目。

正如我前面所说的,我的数据集是在我2007年的一篇文章的基础上构建的,在那篇文章中我和瓦伦蒂诺评估了权力转移理论的主张。[14]在我负责的那部分里,我搜集了1648年到现在的造成1 000人以上死亡的所有的战争。为了做到这一点,我参考了多个已被广泛使用的数据集[包括战争相关研究计划、罗斯勒和汤普森(Rasler and Thompson)、利维(Levy)]以及有关历史学的出色研究。我只是把至少有一个是大国、主导国家、崛起或衰落国家参战的战争包括在内。这使得1648年以来的将近150场国家间战争中共计94场战争符合条件(见附录)。

历史学家戴维·布莱尼(David Blainey)怀疑,对战争目的的任何研究都会产生任何有益的发现。他认为,没有证据表明,"是对于领土或者市场的渴望,还是对传播意识形态的渴望,构成了战争的主要目的,甚至很难说在一代人中某种战争目的占据了主导地位"。[15]我不会挑战这个判断,但是需要指出的是,我的观点不是关于战争的目的,而是引致战争爆发的动机。这二者之间没有必然联系,因为战争的目的可以和多个动机兼容,并且我所验证的每一个动机都能够在多种战争目的中表现出来。不过,确定战争爆发的动机确实是一项具有挑战性的工作,需要认真地查阅相关文件。有时候,它们提供国家领导人战争动机的直接证据,而更多情况下,这些文件只是提供间接的证据,这就需要我鼓起勇气,作出自己的推断。另一种可作为补充的策略是从行为反向推测动机。但同样,一定程度上的不确定是不可避免的,尤其是当所考察的行为受到多种动机影响时。

为了确定这些战争的发动者,我着重参考了相关二手资料,并且在参考文献中注明资料来源。对发动者进行编码通常很容易,但并非一直如此。正如菅波秀美(Hidemi Suganami)所警告的,尽管战争通常是领导人决定使用武力的结果,但是领导人的过错并不总是导致国家选择战争。宣战行为或者跨越国家边界的使用武力行为往往是双方相互挑衅的结果。走向战争的最后一步是之前的各种因素综合作用的结果。菅波秀美认为,日本偷袭珍珠港便是一个恰当的佐证。[16]历史学家理查德·埃文斯(Richard Evans)做了进一步分析,认为"阴谋发动者"、"受害者"、"旁观者"的划分过于简单,并不有助于,相反是阻碍了对于历史的理解。[17]这样的研究方式很容易让人联想到修昔底德,他的分析以确认哪一方该为战争负责开始,但是对于战争原因的分析更加难以和战争责任的论断保持一致。[18]

我的案例揭示了将战争进行编码的过程中所遇到的各种问题。法国大革命中的第一次反法同盟(1793—1797 年)被许多历史学家研究过,他们中的很多人带有法国或者德国的民族主义情绪,每一个人都指责对方、把战争归因为对方远大的帝国目标。为了给这个案例编码,我们需要关注这些辩论背后的东西,更加客观地考察证据。这是一个非常复杂的例子,奥地利人试图阻止战争,普鲁士人急切地希望通过战争获得领土、打击法国,而法国国会受到吉伦特好战派的误导,认为向东方进攻的"星星之火"可以呈现"燎原之势",使得整个旧制度崩溃。[19]

给普法战争编码也并不容易。法国被俾斯麦的艾莫斯电文(Ems

Dispatch)所激怒,向德国宣战。[20]从技术层面讲,法国是战争的发动者,但是德国应该是事实上的发动者。在1815年的第七次反法同盟中,我把大国同盟看做战争的发起者,尽管是因为拿破仑的复位和法国军队先发制人、向北进攻比利时导致战火重燃。数据集中战争发动者的数目(1 078)比战争的数目大,是因为一些冲突即使分割成多个部分,也有多个发动者,比如奥地利王位继承战争(1740—1748年),第一次世界大战(1914—1918年)和第二次世界大战(1939—1945年)。

我不仅对谁发动了战争感兴趣,而且很关心它们为什么这么做。为了实现这个目的,我参考了合适的二手资料,有时也查阅了一些一手资料。我的一些编码工作利用了我以前发表的一些案例分析,包括路易十四、彼得大帝、腓特烈大帝发动的战争和两次世界大战。[21]一个数据集包括大量的案例,单个案例必须被归纳为极为简单的代码形式。我把自己的分析限制在五个动机:安全,利益,地位,复仇和其他类别。安全是由恐惧驱使的,现实主义者和理性主义者认为这是导致许多战争的最主要动机。对于安全的关注可能导致预防性战争、先发制人或者为了赢得主要战争而针对第三方的军事行动(例如,德国1918年的无限制潜艇战,苏联1939—1940年进攻芬兰)。为了公允地对待现实主义者的主张,我赋予安全这一因素非常广阔的定义:任何为了捍卫领土完整、国家独立、政治制度(如果外部势力试图颠覆政权)或者声誉(当声誉出于安全的考虑而显得非常重要)而进行的战争都是由安全引致的战争。因此,前三次反法同盟(1792,1798)被我定义为安全所驱使的战争。

利益是自由主义中最主要的动机,它指可以增加财富的政策。长期以来利益都是导致战争爆发的一个动机,并且是一些18世纪战争的主导的诱发因素。在我们的时代,它无疑又是萨达姆(Saddam Hussein)1990年入侵科威特的一个主要原因。有时候,文献证据可以证实利益为国家发动战争提供持久动力。其他情况下,我借助二手资料,就像我在处理安全动机时所做的那样。在这一方面必须十分小心,因为历史学家,尤其是国际关系学者,都倾向于利于他们自己的知识倾向或者倾心的理论来解释事实。为了降低风险,在研究每一个案例的时候,我会参考多种资料;出现观点分歧的时候我需要自己作出判断,有时我会赋予同一个案例多个动机代码。第 次世界大战的发源是 个例子。刚开始，对于哪个或者哪些国家应该对一战负责有很大的争议，但是现在普遍认为，奥地利和德国是发动者，不过对于他们领导人发动战争的动机并没有共识。为了尊重现实主义者的观点，我把安全和地位放在同等重要的位置，尽管我个人认为后者更为重要。在美国干涉阿富汗的案例中我采取了同样的做法，在此案例中我倾向于把国内政治和复仇视为主要动机。我认为，布什政府主要是为了入侵伊拉克，他们认为入侵阿富汗可以为这一目的的实现创造有利的政治氛围。[22]

地位是指在众多国家中的相对排名，并且我认为，这是战争爆发的最重要的原因。这是激情因素的表达，例如愤怒。复仇也是愤怒的表达，我前面讨论过，就像亚里士多德认为的那样，战争通常由于国家对地位的关注而爆发。复仇战争通常是为了重新获得在原来的战争中失去的领土。在 18 世纪，奥地利向普鲁士宣战，奥斯曼土耳其进攻奥地利和沙俄，都是出于同样的原因。尽管复仇也是观念性因素的表达，我还是把它专门归为一类，是因为我认为，通常情况下导致复仇战争爆发的情形与那些促使国家强化，而非重新获得地位的情形不同。有时，这二者交织在一起，例如路易十四的荷兰战争，奥地利 1914 年战争和美国入侵伊拉克。尽管我试图强调地位作为战争爆发的动机，任何可能的情况下，我在编码的过程中也一直试图优先考虑其他动机。

我的其他类别是那些不能够被归结为上面四种因素的其他战争。类似的例子包括上级因为下级的越权军事行动而被拖入战争，例如 1938 年日本关东军的张鼓峰战役。其他的例子包括因为国内政治关切而引发的战争，尽管当时政权的生存并没有受到威胁，比如 1864 年普奥同盟对丹麦的战争。普鲁士和奥地利试图在德意志联邦内提升地位，但是俾斯麦也希望分化并击败普鲁士议会内部的反对派民族自由党。我把这个案例归结为因地位和其他原因共同引发的战争。我把殖民地人民反抗大国的战争归结为其他类别。最后，希特勒入侵西欧、巴尔干国家和苏联的战争也包括在内。一些现实主义者和其他局限于理性主义假设的人试图把这些战争看做是出于维护德国国家的和战略利益而发动的，但是这种观点在我看来并不可信。[23] 我查阅了一些优秀的希特勒传记〔例如布鲁克

(Bullock)和费斯特(Fest)的作品]以及对他的外交政策的研究[例如温伯格(Weinberg)、里奇(Rich)的研究],他们都反对理性主义的解释。

我对战争的结果也同样感兴趣。发动者是否最终赢得了他们挑起的战争?"胜利"有两个普遍接受的含义。第一个是军事胜利,它是指在军事上击败对手。这个结果可能是非常明显的,也可能比较模糊。例如,中美之间谁赢得了朝鲜战争? 或者谁是1969—1970年以色列—埃及消耗战争的胜利者? 第二个更加接近克劳塞维茨的观点,指发动者以武力实现既定目标。有时候,这一目的可以在没有军事胜利的情况下实现。埃及输掉了1973年针对以色列的十月战争,但是以色列付出了巨大的代价,这促使以色列与埃及签订和约,并归还西奈半岛。相应地,这场战争使得埃及总统安瓦尔·萨达特(Anwar el-Sadat)实现了他的总体战略目标。[24]在其他情况下,军事胜利并不顺理成章地意味着战争开始时设置的政治目标的实现,就像1978年和1982年以色列入侵黎巴嫩。战争的目标也可能和战争背后的潜在驱动因素不相关。2003年,美国入侵伊拉克,推翻了萨达姆政权,实现了预定的政治目标。然而随后,布什政府就面临着骚乱,日益增加的军事伤亡,以及在国内外失去公众的支持。事后看来,军事胜利似乎破坏了而不是提高了美国的安全或物质利益以及它的国际地位。我认为,未来的历史学家会把这场战争视为政治上的一个严重失败。为了避免多层次分析时诠释的问题,我采用了"胜利"的表面上的含义,即军事胜利。

军事上的胜负(或僵局)总是伴随着国家政治目标的成败,但也有例外。当行为体受利益或恐惧的驱使而发动战争时,这种情况最有可能发生;当领导人受精神因素的驱动而发动战争时,这种情况出现的可能性会降低。就像我在前一章中提到的,荣誉只可能通过勇敢地面对风险甚至克服困难来获得。毫不迟疑地直面困难可能要比赢得战争更加可贵,尽管击败对方会导致相关行为者的死亡或者国家的灭亡。1914年德国和奥地利是一个很好的例子。弗朗茨·约瑟夫一世(Emperor Franz Josef)、总参谋长法兰兹·康拉德·冯·赫岑多夫(Franz Conrad von Hotzendorf)和军队中的鹰派以及外交部认为,斐迪南大公和他的妻子索菲亚在萨拉热窝的遇刺是来自塞尔维亚的一个挑战,不能通过外交途径解决。他们忽视战争的代价而渴望战争。德国皇帝把这次冲突视为一次决斗，这次冲突中他所要扮演的角色仅次于约瑟夫一世，只有通过战争才能够使他获得荣誉。[25]

奥地利和德国的作战也受到荣誉的强烈影响。康拉德总参谋长在南部前线部署了大量部队，并对塞尔维亚发动了大规模进攻，尽管对奥匈帝国的主要威胁来自俄国从东北部对加利西亚的入侵。[26] 早在 1916 年 8 月，保罗·冯·兴登堡元帅（Marshal Paul von Hindenburg）就认识到有必要从凡尔登进行战略撤退，并停止西线的消耗战。他主张德国要坚持作战，因为德国的荣誉受到了威胁。[27] 在 1918 年 9 月，巴登亲王马克斯（Prince Max of Baden）的内阁支持签署停战协议，以保护最重要的国家利益。海军上将阿尔弗雷德·冯·提尔皮茨（Akfred vib Tirpitz）和埃里希·鲁登道夫元帅（Erich Ludendorff）强烈反对，并要求与敌人进行最后一战，在德国国土上捍卫国家荣誉。他们对胜利不抱希望，甚至是已经看到失败的来临。协约国要求德国移交它的公海舰队，而舰队司令冯·提尔皮茨在英国海军基地斯卡帕湾（Scapa Flow）凿沉了所有船只。这种对英国的公然冒犯在德国签署凡尔赛合约的时候也时有发生，并且激怒了其他盟国，使得后者不愿意在德国渴求的许多方面做出让步。[28]

第一次世界大战不是一个孤立的案例。从路易十四到乔治·布什，领导人都追求荣誉或者地位，即使以重要的安全和物质利益为代价。这在两种情况下最容易发生：当领导人试图增加他们的荣誉或者地位，或者试图在复仇战争中保护自己的荣誉或地位。受荣誉驱使的领导人通常十分愤怒，并且和前景理论假设相反，这些领导人也愿意冒着同样的风险追求或者避免丢失荣誉。[29]

研 究 发 现

我的数据集在附表中被重新整理。它不是一个样本，因为该集合包括了我的命题所涉及的所有战争，因此没有必要进行统计显著性检验。

不过，一些对用自己的数据作出预测感兴趣的研究者会进行类似的测试。他们把自己的案例集视为所有可能案例组成的整体中的一个样本。在这项研究中这是不必要的，因为 1648 年之前并不存在民族国家体系，并且在早期，正如我前面提到的那样，国家间战争和内战是非常难区分的。现在是一个很好的分割点，因为我的研究并没有涉及 2008 年以后的案例。我所主张的是，国际体系正处于转型中，并在改变战争动机的分布以及这些动机和战争之间的联系。

通过统计测试来建立我的研究发现的事实重要性同样会受益颇多。因为要想使得类似的分析有价值，就需要建立适当的分析基准，而这些基准是不存在的。如果我指出，地位是战争爆发的重要动机，那么地位必须在多少场战争中发挥作用或者占所有战争的多大比例能够证明我的观点或者使我的观点显得可信？30% 是否是有效验证，还是说需要 50% 甚至更高？因为并不存在可接受的标准供我参考，所以我以描述性统计的形式来介绍我的研究发现，对某一比例是否能够说明该动机是导致战争爆发的持续原因提供我的看法，并由读者作出自己的判断。我的所有观点都使用这种研究方法，除非我所描述的几种国家行为的不对称分布使比较研究变得更加复杂。此时有必要使用加权比较。

总体上来看，数据对我的观点提供了有力的支持。它说明了发动战争的模式与现实主义者、权利转移和理性主义的预期相左。它们至多对均势理论提供了有限的支持。

命题 1　最咄咄逼人的国家是急于获得大国认可的崛起国家和谋求霸权的主导大国。

94 场战争中有 119 个发动者，因为一些战争是有多个国家挑起的，或者战争的不同阶段有不同的发动者。主导国家发动了其中 24 场战争，崛起国家 27 场。它们合在一起发动了 94 场战争中的 47 场（其中 4 场战争是二者共同发动的），占据 1648—2003 年中战争的 46%。大国发动了 49 场战争（52%），其中不到一半是针对主导国家或者另一个大国而发动的。大国发动的针对主导国家的战争通常是和另一个或几个大国结盟，以及为了防止主导国家获取霸权集体努力的一部分。1815 年针对拿破仑的几次反法同盟是个非常恰当的例子。见图 4.3。

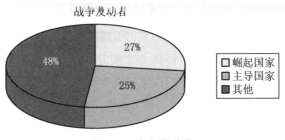

图 4.3　战争发动者

　　在任何时刻,体系内主导国家和崛起国家的数目都要少于大国的数目,因此我们需要加权的方式来比较它们相对的侵略性。为了实现这一目的,我计算了四类战争发动者——主导国家、大国、崛起国家和衰落国家——的国家总年数:法国作为主导国家的持续时间为 156 年(1659—1815 年),美国作为主导国家已经持续了从 1918 年至今的 91 年。这就产生了 247 单位的主导国家的"国家—年",占了所有"国家—年"的 9%。大国的"国家—年"总量约为 1 295 个单位(占据总数的 48%),是"国家—年"的主要部分,因为在这一时期大国的数目大于其他类别,而且许多国家的大国地位往往持续很长一段时间。英国(然后是英联邦)从 1688 年至今的 320 年都是大国,而奥匈帝国从 1714—1918 年 204 年的时间里也都是大国。崛起国家共计 643 个"国家—年"(24%),衰落国家 498 个"国家—年"(19%)。实际上,主导和崛起国家约占所有"国家—年"的 33%,发起了将近占总量半数的战争。相比之下,大国发动了 38% 的战争,尽管它们占据了"国家—年"得将近一半(48%)。

　　这项研究同样地也揭示了国家发动战争的动机。因为一些战争发动者有多个动机,所以动机的数目(107)超过战争的数目(94)。我认为地位是 62 场战争爆发的动机,占总数的约 58%,是最为普遍存在的动机。紧随其后的是安全因素(19 个案例,18%)、复仇(7 个案例,7%)。18 世纪被认为是王朝对立的时代,那时统治者为了荣誉和地位走向战争。然而,几个世纪间因为地位而引起的战争的比例显示出不规则的变化。18 世纪中 16 场战争中的 11 次,19 世纪中 24 场战争中的 21 次,17 世纪中 31 场战争中的 17 次是因为地位引起的。地位一直是一个主导的战争动机,其他动机多不尽然。安全是 20 世纪战争中至关重要的因素,是 11 场战争的主导或者诱发动机,而在之前的时间段里面只是引发了共计 9 场战争。由利益引致的 9 场战争中的 6 次发生在 17 世纪和 18 世纪,那时候重商主义被认为是经济上最大的智慧,而统治者认为世界的财富是有限的。[30]利益引发的战争中最为明显的案例是 1882 年英法占领埃及,但是即使在这个案例中,地位也是非常重要的第二动机。[31]大多数复仇战争发生在 18 世纪。其他类别的战争是相对比较特殊的案例,由于多样化的原因难以找到一般性规律,正如我前面提到的,这些战争中的大部分,如果不是全部的话,最终也可以归结为国内的恐惧、利益或者地位。见图 4.5b。

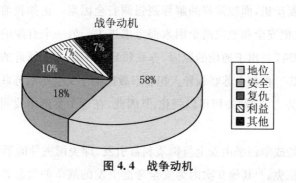

图 4.4　战争动机

尽管地位作为诱发战争爆发的一个持续的动机,但是它在各个案例中的表现形式并不一样。在 17 世纪和 18 世纪,它表现为王朝间的对立:统治者试图通过征服战争获得荣耀。这一时期的许多统治者亲自率领军队参战(例如,路易十四、腓特烈一世和二世、彼得大帝),这反映了他们对荣誉的强烈渴望。19 世纪出现了一定的变化,拿破仑是最后一位经常出现在战场上的大国统治者。对于地位的追求成为全民族的关注点,即使是在德国和奥地利这样的非民主国家也是如此。制定外交政策的精英从根源上讲主要是贵族,他们更热衷于获得并维护国家荣誉,尽管传统意义上的荣誉并非依靠私人的人际关系。公共舆论强烈地认同于民族国家,即便那些知识分子和中产阶级还处于权力和地位金字塔底层的国家也是如此。这个现象在 20 世纪更加突出,对第一次世界大战的爆发的主要原因。[32]

安全总是国际关系中的一个非常重要的因素。不过,我的数据集表明,它并不是大国之间爆发战争的主要因素。94次战争中的19次看起来全部或者部分程度上是由安全因素引发的。18个出于安全考虑的战争发动者中的7个也受到了地位因素的影响。1898—1899年美国针对西班牙宣战便是一个很好的例子,这次战争以美国进攻西班牙的殖民地古巴开始。麦金利(Mckinley)总统和许多参议员渴望建立美国的大国地位,这就解释了他们为什么占领和兼并了波多黎各和菲律宾。出于国家安全的考虑,他们也认为有必要在古巴内战陷入僵局的时候进行干涉,因为岛上健康状况的恶化引起黄热病泛滥,并扩散到美国沿海各州。[33]第一次世界大战也需要进行双重编码。我认为,地位是德国和奥地利领导人发动战争的重要动机,而较常规的解释则强调安全因素。正如我前面讨论过的,我因此把安全和地位两个因素都考虑进去。另一个有趣的案例是苏联入侵阿富汗。出于地位的原因,苏联领导人不愿意在邻近的卫星国失去政治优势。再加上苏联领导人担心宗教极端主义会影响苏联国内边境的穆斯林势力,这种关切得以强化。[34]因此,在这个案例中我同样考察了两个动机。

有一场战争似乎由安全与物质利益引发,即美国主导的盟军在1990年攻击伊拉克。[35]其他9次因为安全考虑引发的战争的发起者都可以非常肯定地归结为安全因素,包括1939年苏联入侵芬兰,以及苏联和日本关东军之间在外蒙古的战争。[36]一些安全引发的战争也存在其他的一种或者多种解释,比如1941年日本攻击美国和西方国家的殖民地。因为华盛顿组织的石油禁运,日本领导人更加绝望,许多人认为日本别无选择,在"悔之晚矣"之前攻击美国。[37]不过,这不过是日本自食其果:如果日本不入侵中国并且试图在亚洲建立霸权,美国也不会对日实行禁运。其他的案例包括苏联侵略匈牙利和美国干涉印度支那地区。就像阿富汗的例子一样,这些干涉被美苏的政策制定者认为是维护国家安全的必要措施。在越南和阿富汗的干涉战争中,他们的认识存在失误,乃至痴心妄想。[38]

在一定程度上,安全作为战争动机的相对重要性在我的数据集中并没有反映出来。我考察了战争的发动,正如我们所见,安全因素导致战争爆发的频率很低。无可否认,安全是受攻击国家的首要关切。当崛起和主导国家表现地咄咄逼人到一定程度时,对其他国家来说,安全就相应地对其他行为体来讲显得更加重要。

命题2 崛起国家和主导国家之间几乎不发生战争。如果存在战争，崛起国家会与至少一个大国结盟。

数据对于这个命题提供了强有力的支持。主导国家发动了24场战争，而崛起国家发动了17场。它们之间的战争只有两次。作为1635—1648年对西班牙战争的延伸，法国在1648年再次进攻西班牙，与控制奥地利、西班牙和低地国家的哈布斯堡王朝之间进行了一场长达数年的战争，并取代其成为主导国家。英国作为一个崛起国家，在1648年加入了对抗哈布斯堡王朝的战争。另一个例子发生在1950年，新中国在朝鲜半岛与美国交战。北京试图威慑美国、使其不敢干涉朝鲜，失败后遂介入朝鲜战争以保卫中国东北和新政权。[39]华盛顿试图避免与中国作战，但是杜鲁门政府出于国内政治上的压力而越过三八线，并受道格拉斯·麦克阿瑟的误导而错误判断了与中国开战的风险。[40]

命题3 主导和崛起国家倾向于进攻衰落国家和弱小的第三方国家。它们也倾向于与其他大国结盟，来蚕食暂时弱小的大国。

弱小的国家和曾经强大的衰落国家被认为是比较容易得手的目标，也是展示军事实力的低成本方式。通过兼并或非正式控制，它们也是大国增加自己的战略优势或物质能力的次优工具。数据支持了这一观点。由崛起国家发动的27场战争中，6次是针对衰落国家，7次针对弱小国家。崛起国家针对大国发动的10场战争中，几乎全部是和另一个大国或主导国家结盟。一个典型的例子是1740年普鲁士联合法国、巴伐利亚和萨克森攻击奥地利。普鲁士不仅利用了联盟优势，而且还借助了撒利族法典，因为该法典规定，玛利亚·特丽莎（Maria Theresa）作为一个女人，并不具有奥地利王位继承权。普鲁士国王腓特烈一世成功地兼并了奥地利的富饶省份西利西亚之后，于1748年签订了《亚深合约》（Treaty of Aix-la-Chapelle）。崛起国家经常使用欺诈的策略：它们假装追随弱国，一旦有另一个强国出现的时候，就联合强国来削弱和蚕食弱国。

主导国家发动了23场战争，没有一次是针对崛起国家的。主导国家对大国发动了9场战争，对衰落国家发动了5次，对弱国发动了10次战

争。路易十四两次攻击了西班牙属尼德兰(1672年和1683年),因为此地
是西班牙在西欧的前哨基地,处于"西班牙长廊"的末端。在奥地利王位
继承战争和七年战争中,法国进攻了脆弱的奥地利。数据显示,主导国家
是极具破坏性的国家。它们发动的战争数量不多,但是破坏性强。它们
要对1648年以来众多大国参与的战争负有责任。见图4.5a和图4.5b。

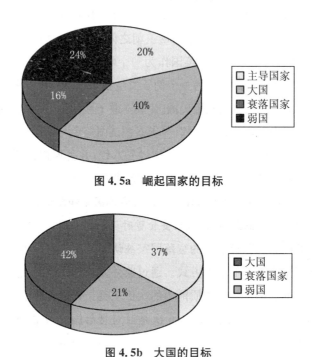

图4.5a 崛起国家的目标

图4.5b 大国的目标

命题4 所谓的霸权战争(例如,那些有大部分或者全部大国参加的
战争)几乎总是意外因素的结果,尽管多方并不希望,但是战争还是会不
断扩大。

霸权战争是一个可塑性很强的概念,因为它不仅是要参考交战各方
的实力对比,而且要看战争结果对于国际体系中权力分配的影响。[41]因此
我希望能够避免使用这个词汇,但更重要的是因为霸权战争和解释战争
原因的一系列理论(权力转移理论和新现实主义)纠缠不清。霸权战争的
概念预设了战争爆发的特定原因,并不是一个可以验证其他相互对立的
关于战争的解释的不含倾向性的概念。我倾向于使用更加具有包容性的

词汇"体系"战争。体系战争指涉及多数现存的大国和主导国家(如果当时存在一个主导国家)的冲突。至少有一个大国站在敌对的另一方。按照我的定义,存在 9 场体系战争。我排除了有时候被视为法国与哈布斯堡间霸权战争组成部分的两场战争(法国在 1648 年和 1654 年与西班牙的两场战争),因为它们并没有牵涉到多数大国。克里米亚战争通常不被认为是霸权战争,因为两个主要的大国英国和法国站在同一阵营。但是我把它看作体系战争,因为除奥地利、普鲁士以外的大国都牵涉其中。正如我处理数据集合的方式一样,我把这些战争分割成为主要的不同部分。在过去五个世纪里,这些体系战争占据了大国间战争所造成伤亡的 90%。[42]

从战争持续时间和伤亡的角度讲,体系战争是代价最高的国家间战争。正如表 4.1 所示,它们几乎不能从所谓的理性的、战略上的角度加以解释。在几乎每个案例中,发动者都输掉了它们发起的战争。图 4.4 表明,如果我们把法国大革命、拿破仑战争和两次世界大战分割为几个部分,挑起战争的国家战败的数字会更加大。每一个发动体系战争的主导国家或者大国都失败了。当我们把法国大革命和拿破仑战争看做一个整体的时候,其中的部分战争需要作进一步解释。第一次反法同盟使得法国和普鲁士、奥地利站在对立的双方。尽管法国是战争的发动者,但是法国和普

表 4.1 体系战争

战 争	发动者	结 果	原 因
法国—荷兰战争(1672—1679)	主导国家	发动者失败	ME
大同盟战争(1688—1697)	主导国家	发动者失败	ME
西班牙王位继承战(1701—1714)	主导国家	发动者失败	ME
奥地利王位继承战(1740—1748)	崛起国家	崛起国家获胜	E
七年战争(1756—1763)	崛起国家/主导国家	多个发动者均失败	ME
法国大革命(1792—1815)	大国/主导国家	多个发动者均失败	多个 MF
克里米亚战争(1853—1856)	大国	发动者失败	ME
第一次世界大战(1914—1918)	崛起国家/大国	多个发动者均失败	ME/MF
第二次世界大战(1939—1945)	大国	多个发动者均失败	MF

ME = 误判导致的战争升级;E = 战争升级;MF = 军事失败;PF = 对外部敌人的决心和内部人民的支持的错判。

鲁士都渴望战争。用克劳塞维茨的话说,法国并没有达成预订目标——推翻东部的旧的王朝体制,但是军事胜利的确扩大了法国在该地区的实力存在。第四次反法同盟中包含了普鲁士、奥地利和俄国,法国是战争的发动者,也是战争的胜利者。在第五次反法同盟中,奥地利和英国对抗法国和巴伐利亚同盟。这次战争以法国在 1809 年 7 月在瓦格拉姆(Wagram)战役的大胜而告终。拿破仑对于控制欧洲大陆的大多数地区仍然不满意,他随后入侵了沙俄,这导致了另一次反法同盟的成立,最终法国战败以及拿破仑第一次被流放。

出现这个结果有两个主要原因。在 9 场战争中的 6 次(见表 4.2),失败是由于战略上判断失误造成的。发动者试图赢得针对弱者的速战速决的有限战争。它们的进攻引发了其他大国的干涉,并最终导致战败。这种情形在路易十四身上发生了 3 次。克里米亚战争的爆发是因为俄国没有认真考虑英法同盟站在土耳其一边——以保持对君士坦丁堡和海峡的控制——的威胁。奥地利在德国的支持下,试图发动一场针对塞尔维亚的有限战争,但是以失败告终,并引发了第一次世界大战。它导致了出乎

表 4.2　战争爆发

战　　争	发动者	结　　果	原　　因
法国大革命			
第一次同盟	大国联盟	发动者胜利	PF
第二次同盟	大国联盟	发动者失败	MF
第四次同盟	大国联盟	发动者胜利	MF
第五次同盟	大国联盟	发动者失败	MF
入侵俄罗斯	主导国家	发动者失败	MF
第七次同盟	主导国家	发动者失败	MF
第一次世界大战			
1914 年 8 月	大国/主导国家	发动者失利	ME/MF
无限制潜艇战	主导国家	发动者失利	MF
第二次世界大战			
欧洲	主导国家/崛起国家	发动者失利	MF
太平洋	主导国家	发动者失利	MF

注:我将法国列为战争发动者。法国并没有实现推翻普鲁士和奥地利王室的目标。但法国建立了巴达维亚共和国、占领了普鲁士的莱茵兰,从而向东扩展了法国的影响力。

M=误判导致的战争升级;MF=军事失败;PF=对外部敌人的决心和内部人民的支持的误判。

意料的战争规模的不断扩大：俄国支持塞尔维亚，法国支持俄国，英国支持法国。随后，奥斯曼帝国、保加利亚、罗马尼亚、希腊、日本、美国和其他国家也加入战争，使得参战国家总数达到 32 个。泰勒（A. J. P. Taylor）认为，第二次世界大战是超出预期的冲突规模不断升级的结果，我认为这种看法不具有说服力。他认为，英法在捷克问题上的绥靖使得希特勒认为西方国家在 1939 年不会援助波兰。[43]另一场战争即奥地利王位继承战争属于更加复杂的战争升级，因为各方是希望战争规模扩大，而非战略误判。[44]

失败的第二个普遍原因是军事失利：发动者没有足够强大到可以战胜他们所攻击的国家或者因为进攻而形成的敌对的多国联盟。在第一次反法同盟中，法国认为，只要轻轻一推，普鲁士和奥地利的王朝制度就会土崩瓦解。而普鲁士则认为，法国的军队没有贵族军官将会陷入混乱，在普鲁士和奥地利联军面前不值一提。[45]拿破仑在进攻俄国时也犯了同样的错误，以及在从厄尔巴岛回到法国复位的百日统治中进攻荷兰联合王国中也犯了同样的错误。唯一的成功是普鲁士在奥地利王位继承战争中战胜奥地利。但在随后的扩张战中，普鲁士国王被击退，几乎灭亡。在他的晚年，他意识到，均势和国内因素的限制使得获得更多领土变得日益困难。[46]

命题5　意料之外的战争升级和对均势的误判有更深层次的原因，而非仅仅因为不完全信息。

理性主义、现实主义和新现实主义的理论承认在战争发动中存在战略误判。不过，他们假设，战争的发动者会理性地衡量军事平衡，设计战略以应对对手的军事优势。理性行为者仍然可能出现战略误判，因为政治军事环境难以准确认识。领导人不能够确切地了解敌人或者攻击对象的战略决心和军事实力，以及公众意见或者其他盟国可能会支持被攻击的国家的可能性。正如克劳塞维茨的一句名言，战争天生与分歧和偶然共存。[47]甚至在不完全信息的环境里，从理论上讲，如果理性的领导人收集正确的信息，客观地评估信息，除了在先发制人的情形下，只在他们认为获胜的比率很高的情况下才发动战争，那么他们也极有可能做出理性的决定。然而现实却大相径庭。除了一个国家以外的所有国家在发动的战争扩大为体系战争后都以失败告终。在我对理性理论的批判中,我列出1945年以来的所有的国家间战争,发现了一个普遍现象。近2/3的战争发动者输掉了它们发动的战争,更高比率的战争发动者并没有通过战争实现预定目标。

什么导致了这种奇异的现象?案例分析表明,导致决策失误的普遍原因有两个。第一个是动机偏见(motivated bias)。领导人认为,他们面临的是一种必须通过战争才能解决的战略上和国内的复合威胁,或者一种让对手认为战争势在必行的挑战,这时候,领导人必须通过做出决定来减少焦虑。他们关注一些积极信息,并且受到下属机构和情报机关的鼓励,对一些负面信息,甚至是他们的政策会或者可能导致灾难的警告不敏感。[48]贾尼斯·斯坦(Janice Stein)、杰克·斯奈德(Jack Snyder)和我记录了一系列危机决策中的动机偏见,包括1914年的德国、奥地利和俄国,1950年美国在韩战中决定越过三八线,导致中国和印度1961年边境冲突的印度的"前进政策"(Forward Policy),1962年赫鲁晓夫决定在古巴秘密部署导弹,以色列情报机构在1973年十月战争中的失误,1982年阿根廷入侵福克兰/马尔维纳斯岛。[49]片面的和一厢情愿的危机评估也是追求荣誉或地位的行为体的一贯做法,而只有承担极大的风险才能赢得这种荣誉和地位。

愤怒(anger)也有同样影响。当领导人认为他们和他们的国家受到侮辱的时候,愤怒就会发生作用。在其他地方,我讨论过几场战争的决策过程(例如,1914年的德国和奥地利,2003年英美入侵伊拉克),在这几个例子里,愤怒加上对荣誉的追求,共同促使国家轻率地做出决定。[50]路易十四针对荷兰和莱茵兰—普法尔茨发动的战争、第二次和第三次反法同盟、克里米亚战争的历史记录为这一现象提供了历史证据。对于数据集中单独案例的深入研究可以说明,愤怒以及对荣誉、地位的渴望,共同使得国家在对风险进行有限评估的情况下决定发动战争。确定信息可获取或者已经被获取的案例的比例会很有意思,我所研究的几个案例表明,一些决策者对战争胜利的期望是不现实的。最后,我们可能会探究在这些条件都不具备或者不是因为地位驱使所引发的战争中,肤浅的风险评估的发生频率是怎样的。抛开可能导致肤浅的战略评估的因素不谈,战略误判的普遍存在有助于我们理解所观察到的一些反常案例。它也对理性主义的战争理论提出了严峻的挑战。

命题6　弱国和衰落国家经常发动针对大国的战争。

对体系战争的所有研究以及对战争发动的大多数研究都集中关注了大国。它们忽略了弱国和衰落国家。我的数据集表明，这两种行为体发动了针对更加强大的国家的战争。衰落国家发动了14场战争，弱国发动了4次。大国是这14场战争的目标。14场战争中有11场是为了复仇而向大国开战，衰落国家或者弱国希望通过战争重新夺回在前面的战争中被大国（或正在成长为大国的崛起国家）占领的领土。很多情况下，发动者在战争中进一步失去了更多领土，比如1812年奥斯曼土耳其战败，被迫割让波斯尼亚给俄国。1700年当查理三世试图惩罚波罗的海各国时，瑞典遭遇了更大的惨败。俄国支持查尔斯的敌人，这使得他失去理智，在准备不足的情况下发动了对俄国的灾难性入侵，最终导致瑞典失去了地区霸权。由弱国和衰落国家发动的战争进一步证明，愤怒的领导人不会认真进行风险评估。这个现象在弱国和衰落国家表现得更加突出，因为他们击败强大的国家、获取胜利从一开始就是有问题的。

结　　论

我的数据表明，崛起国家、大国和主导国家的领导人通常选择衰落国家和弱国作为战争的对象，从这个角度讲，他们是理性的。这一直都是展示国家"肌肉"、增强国力和扩张领土、获取国际地位的代价最低的方式。理性主义的战争理论没有界定这种进攻模式，尽管这个现象延续了几个世纪。

理性的、进攻和防御型现实主义者的理论过多地强调了工具理性对行为体的限制。有能力并且愿意根据理性主义的理论进行计算的领导人，也需要对于战争的风险做出认真的评估；并且在排除特殊情况后，他们不会诉诸武力，除非有证据表明他们实现政治目标的成功率非常高。

仕现头中,战争发劝者只赢了不到 半他们所发动的战争。他们赢得了
46 场,输掉了 45 次,6 次平局,2 场战争仍在继续(阿富汗战争和伊拉克战
争)。崛起国家、大国和主导国家获得的胜利中,26 场是针对弱国或者衰
落国家的。这些战争甚至会升级成为规模更大的、出乎意外的针对大国
或主导国家的战争。在几乎每个战争规模升级的案例中,发动战争的国家
的领导人都不同程度地对战争升级的风险不敏感,并最终输掉战争。发动
者输掉了它们发动的所有九次体系战争。各种战争的发动者对军事实力
均衡的评估似乎都很拙劣。从案例分析的证据表明,战争发动者往往高估
自己的军事实力而低估敌人的实力。许多发动者希望敌人按照自己预料
的思路那样作战,然后取胜,当敌人选择其他战略时,他们感到惊讶。

战争行为和理性主义的战争理论冲突最大,但是与传统现实主义基
本相符的地方是主导国家的好战习性。主导国家通常对于它们的地位和
权威不满。它们试图通过更多的征服获得权力,这样做是希望把自己的
偏好强加于人。哈布斯堡王朝的西班牙、路易十四和拿破仑统治下的法
国、威廉皇帝和希特勒统治下的德国,以及冷战后的美国都是如此。这些
国家并没有面临崛起国家和大国联盟的威胁。它们发动战争,因为它们
认为自己足够强大,可以一直保持强大的地位。为了一点虚无的缥缈收
益,它们甘冒巨大风险。这些国家一贯的行为违背了前景理论的期望。
咄咄逼人的主导国家试图控制欧洲大陆甚至全世界。对于理性主义的战
争理论的更大挑战是,这些国家的目标明显都是不现实的。布鲁克斯
(Brooks)和沃尔福斯(Wohlforth)敏锐地观察到了,"当决策者认为他们
可以忽视均势的限制而制定野心勃勃的对外政策时",大国政治的悲剧就
一直存在。[51]

我的数据并没有对权力转移理论提供支持。该理论的前提是,存在
一个具有足够权威的主导国家可以按照自己的意志塑造国际体系的秩
序。这个秩序被认为需要其他国家付出代价,因此会激起他们的敌意。
崛起国家在认为他们足够强大到可以击败主导国家并按照自己的利益重
塑国际体系的时候会走向战争。[52]另外,主导国家也会进攻崛起国家,以
防止崛起国家对其构成威胁。[53]1648 年以来,没有一个欧洲国家以这种方
式来塑造国际体系。[54]我的数据表明,崛起国家和强国几乎不发动针对主

导国家的战争。当它们这样做的时候,通常会组成一个联盟,以发动战争的形式阻止主导国家变得更加强大,阻止它形成权力转移理论所阐述的某种霸权。反过来,主导国家不经常攻击大国,它们更愿意通过进攻弱国来扩张或显示自身实力。

经验数据表明的冲突模式与主流的权力转移理论的预测相左。大国之间发生战争是在没有霸权的情况下发生的,而非因霸权而起。这些战争导致了权力转移与和平解决,并产生了新的秩序,但它几乎是大国之间达成共识的结果。战后的秩序从未有一个国家占据主导,只要塑造体系的各大国之间保持共识,这一秩序会延续下去。[55]

现实主义的安全困境概念在我的数据集里面也没有得到太多支持。只有 19 场战争是出于安全的考虑而发动的。然而,战争可能不是测试安全困境的最佳途径。约翰·赫兹(John Herz)引入了安全困境这个概念,他认为,在紧急关头国家只有发动先发制人的战争。[56]防御性现实主义试图界定发生这种事情的真实的或者观念上的条件。安全困境可能导致国家的不安全感、扩大军备以及随之而来的冲突;我的数据不能检验这个观点。数据确定无疑地表明,安全困境至多只能对一些战争负责,因为安全引发的大国间战争占战争总数的比例低于 20%。在冷战这个唯一的所谓两极世界中,超级大国对获得和失去盟友及委托人极端敏感,因为它们处在两极世界中。如果我们断定超级大国的领导人像关注他们从追随赢家或背叛中获得的军事或经济利益或者成本一样敏感地关注他们的国家地位,这种行为也说得通。

安全困境的逻辑表明,受到威胁最为严重的是弱国。强大的国家受到的威胁更小,几乎没有人能够威胁到主导国家。肯尼思·华尔兹依据这一点提出了他的观点:两极世界体系更稳定,相对多极世界中的大国而言两极世界中的超级大国并不好战。[57]因为其他国家与这两极的实力均不在一个层次,这两个国家更加安全,更少受到第三方加入或背叛各自阵营的影响。我的数据并没有为这个逻辑猜想提供支持,也没有提出挑战。安全引发的 19 次战争中的 6 次发生在冷战期间,其中 5 次都有超级大国牵涉其中。

均势理论认为,因为国际体系的无政府状态,安全是或者说应该是所有国家的第一关注点。对国家安全的威胁来自外部环境引发的安全困境或者野心勃勃的第三国，任何一种情形都会促使国家增强其军事实力，实行结盟政策以抵御可能的侵略者。顺着摩根索的思路，现实主义认为，当维持现状的国家有绝对的军事优势，并且有维持国际体系现状的战略决心时，爆发战争的几率最小。[58]相反，用摩根索的话说，当一个"帝国主义"国家或其联盟具有军事优势，或者维持现状的国家没有联合起来抗衡它们时，就非常有可能爆发战争。

我的数据至多只对均势理论提出了有限的支持。不合时宜的均势并不能够遏制国家追求霸权的野心，但是确实能够阻止它们获取霸权。提出这个观点需要非常谨慎，因为我的数据集并没有包含被不够理想的均势状态、有效的外部遏制所阻止的"非战"状态。从我的数据集和其他研究所反映出来的是：出乎大国和主导国家意料之外的战争升级，以及战争发动者们并没有赢得它们发动的任何体系战争。[59]这个结果清楚地表明了，均势可以作为最后手段，但不能阻止战争。

一些衰落国家和弱国的进攻态势与安全困境及均势理论相抵触。弱国应该制衡或者追随强者，而不是攻击实力强大的邻国。然而，约翰·赫兹认为主导国家的进攻态势理所当然，因为他意识到一些国家被"超越了安全所需要的利益"所驱使。[60]

数据为地位作为诱发战争的一个动机提供了强有力的支持。在我考察的大国战争的所有动机（$n = 109$）中，地位（$n = 62$）占到了58%，紧随其后的是安全（$n = 20, 18\%$）、其他类别（$n = 7, 6\%$）、复仇（$n = 11, 10\%$）以及利益（$n = 8, 7\%$）。在我的数据集中，地位在数据集所覆盖的四个世纪里的几乎每一个世纪都是战争的主要动机。像地位一样，复仇也是情感因素的表达。这两个因素加在一起，占据了107个动机中的73个。它们诱发了68%的战争。这些数据让我十分震惊。地位作为动机的重要性，可以帮助我们更容易理解为什么许多战争的发动者并没有能够准确地评估军事实力平衡和战争规模扩大的可能性。

在美索不达米亚和地中海沿岸文明形成的时候，个人和政治单位已经通过军事实力和次要的方式——如同维布伦所述的类似的"炫富"的行为——获得了荣誉和地位。[61]在我的数据集覆盖的近乎整个时间段里，国家由于军事和经济能力的增长而实力大增。在 19 世纪晚期，战争失去了它原来的吸引力。在两次世界大战之后这一点变化得更快。各种欧洲和非欧洲的崛起国家试图基于其他标准获得地位。[62]冷战后，德国、日本和现在的中国通过非军事手段获得地位。这一变化到来得很晚，但是似乎表明，现代化的特点之一是多种实现荣誉和地位的方式。当战争一定程度上越来越为世界人民所唾弃的时候，获取地位的其他方式变得更加重要，而战争的频率应该会下降。

注　释

1. Kratochwil, *Rules, and Decisions*; Reus-Smit, *Moral Purpose of the State*, p.173; Clark, *Legitimacy in International Society*, p.100.

2. Lebow and Valentino, "*Lost in Transition*."

3. Maddison, *Monitoring the World Economy*.

4. Ibid., p.39.

5. Lebow, *Cultural Theory of International Relations*, pp.295—308.

6. Hellmann, "Highlights of the Fiscal Year 2008 Pentagon Spending Request."

7. Hughes, *Peter the Great*, pp.61—62.

8. Schulze, *Prussian Military State*.

9. Hughes, *Peter the Great*, p.86.

10. Walters, *History of the League of Nations*, pp.579—585, 801—810; Neilson, *Britain, Soviet Russia, and the Collapse of the Versailles Order*, pp.138—140.

11. Tilly, "War Making and State Making as Organized Crime."

12. Hinsley, *Power and the Pursuit of Peace*; Osiander, "Sovereignty, International Relations and the Westhpalian Myth"; Nexon, *Struggle for Power in Early Modern Europe*, pp.265—288.

13. Schroeder, "Life and Death of a Long Peace."

14. Lebow and Valentino, "Lost in Transition."

15. Blainey, *Causes of War*, p.149.

16. Suganami, "Explaining War."

17. 引自 ibid。

18. Lebow, *Tragic Vision of Politics*, ch.3.

19. Blanning, *The Origins of the French Revolutionary Wars*, pp.69—95.

20. Pflanze, *Bismarck*, ch.2; Wawro, *Franco-Prussian War*, pp.18—20,

29—40.

21. Lebow, *Cultural Theory of International Relations*, chs. 6—8; Lebow, *Forbidden Fruit*, ch. 3.

22. Lebow, *Cultural Theory of International Relations*, pp. 459—480.

23. Schweller, *Deadly Imbalances*; Copeland, *Origins of Major Wars*, ch. 5; Mearsheimer, *Tragedy of Great Power Politics*, pp. 46, 181—182.

24. Stein, "Calculation, Miscalculation, and Conventional Deterrence 1."

25. 可见 Lebow, *Cultural Theory of International Relations*, pp. 338—365。

26. Ibid., pp. 348—352.

27. Neiberg, *Fighting the Great War*, p. 169.

28. Lebow, *Cultural Theory of International Relations*, p. 169.

29. Ibid., pp. 365—368, 537—539.

30. Hirschman, *Passions and the Interests*; Hont, *Jealousy of Trade*; Boyle, "Mystery of Modern Wealth."

31. Al-Sayyid-Marsot, "British Occupation of Egypt from 1882"; Sanderson, *England, Europe and the Upper Nile*; Brown, *Fashoda Reconsidered*.

32. Lebow, *Cultural Theory of International Relations*, pp. 305—370.

33. Lebow, *Between Peace and War*, pp. 47—53.

34. Garthoff, *Detente and Confrontation*, pp. 1023—1046.

35. Lebow, *Cultural Theory of International Relations*, pp. 459—480.

36. Jakobson, *Diplomacy of the Winter War*; Haslam, *Soviet Union and the Threat from the East*, pp. 112—134.

37. Iriye, *Origins of the Second War*, pp. 146—180.

38. Logevall, *Choosing War*; Garthoff, Detente and Confrotation, pp. 1023—1046.

39. Chen, *China's Road to the Korean War*.

40. Neustadt, *Presidental Power*, pp. 120—145; Spanier, *Truman-MacArthur Controversy*, pp. 104—113; Lebow, *Between Peace and War*, pp. 148—216.

41. Organski and Kugler, *War Ledger*; Gilpin, *War and Change in International Relations*.

42. Levy, *War in the Modern Great Power System*, ch. 4.

43. Taylor, *Origins of the Second World War*.

44. Anderson, *War of the Austrian Succession*; Simms, *Three Victories and a Defeat*, pp. 247—273.

45. Schroeder, *Transformation of European Politics*, pp. 100—276.

46. Anderson, *War of the Austrian Succession*, p. 61.

47. Clausewitz, *On War*, pp. 119—122.

48. Janis and Mann, *Decision-Making*, pp. 57—58, 197—233.

49. Lebow, *Between Peace and War*; Jervis, Lebow and Stein, *Psychology and Deterrence*; Lebow and Stein, *We all Lost the Cold War*.

50. Lebow, *Cultural Theory of International Relations*, chs. 7 and 9.

51. Brooks and Wohlforth, *World Out of Balance*, p. 26.

52. Organski and Kugler, *War Ledger*.

53. Gilpin, *War and Change in International Relations*.

54. Kaufman, *Little and Wohlforth*, *Balance of Power in World History*.

55. Lebow and Valentino, "Lost in Transition."

56. Herz, *International Politics in the Nuclear Age*, p. 243; Reiter, "Exploding the Powder Keg Myth."

57. Waltz, *Theory of International Politics*, pp. 169—170.

58. Morgenthau, *Politics Among Nations*, pp. 125, 155—159, 162—166.

59. Lebow, *Between Peace and War*; Jervis, Lebow and Stein, *Psychology and Deterrence*; Kaufman, Little and Wohlforth, *Balance of Power in World History*, p. 238.

60. Herz, International Politics in the Nuclear Age, p. 234, note a.

61. Veblen, *Theory of the Leisure Class*.

62. Lebow, *Cultural Theory of International Relations*, pp. 480—504.

第三部分

未 来 的 战 争

第五章
利 益 和 安 全

人世间有许多奇迹,但是没有一个比人更加神秘。

——索福克勒斯[1]（Sophocles）

在这一章里,我将从过去的战争转为论述未来的战争。我心中有个疑问:未来的战争是否会与过去的战争相似。21 世纪国家间战争所造成的伤害是否会像过去那样？由于以和平方式来解决国家间的竞争变得更为普遍,我们是否可以想象,在未来,国家间战争会减少甚至消失？

社会科学家普遍倾向使用他们对于过去的认识去理解未来。线性投影往往偏离历史:在任何领域,未来都很少跟历史相似,尤其是政治和国际关系领域。那些严重偏离线性关系的离散点大大地改变了社会互动的动态关系。塑造 18 世纪欧洲的有限规模的王朝战争被法国大革命以及军队国家（nations under arms）的概念踢进了历史的“故纸堆”。欧洲和平在 1815 年被恢复,直到 19 世纪末,众多有远见的观察者认为,大国之间爆发战争的可能性越来越小。然而第一次世界大战打破了这个幻想以及欧洲文明中的乐观主义。几十年后,许多政策制定者和学者认为冷战格局是非常稳定的,几乎没有人预测到它的结束以及随之而来的苏联的解体。冷战后世界格局的演化方式也有悖于自由主义者和现实主义者的预期。

这种转变往往是一种非线性汇流（non-linear confluence）的结果,在相当大程度上独立的因果关系链条同时起作用,造成一个具有戏剧性的往往又混乱的行为变化。有充分证据表明,第一次世界大战和冷战的结束正是这种复合作用的结果。[2]

我有意识地避免任何试图通过认识过去以预测未来战争的努力。这并不意味着过去对于我们思考未来是没有意义的,相反,可观察到的历史模式可以作为恰当的起点,而非终点来思考未来。对历史的认真考察也可以反映出那些尚未明显地或仅仅是开始影响行为的趋势或者规律的变化。意识到这些问题之后,我描述了从17世纪到现在的战争爆发的类型,并且重点关注了那些我认为最重要的类型。通过围绕发动战争的五个动机所进行的分析,我试图解释在我的数据集中涉及的过去四个世纪中战争的起源、模式和发展趋势。对于这些趋势多大程度上能够持续下去以及那些被确认的趋势是否会更加明显这两个问题,我将给出合理的推测。导致非线性汇流的因果关系链,可以在之前从未预料到的行为领域发挥作用,前面所描述的20世纪60年代的社会革命生动地说明了这一点。因此,我们必须意识到,对于任何建立在可观察到的模式和趋势的基础上的预测都只是阶段性的成果,因为我们简直不能提前知道是否有其他的发展会对我们对于战争的效用、频率或者特性的认识发挥重要的甚至决定性的作用。

战 争 模 式

在威斯特伐利亚战争与法国革命之间,战争的规模虽然扩大了,但是爆发的频率有所降低。比我所覆盖的更早时期的战争数据集,以及试图覆盖所有战争的努力,都发现:早期的现代欧洲最为好战,对此我们有可靠的历史证据。每隔三年就会爆发一次新的战争。在16世纪和17世纪,大国有95%的时间都在打仗。到18世纪,这个数据降低到71%,19世纪降至29%。[3]由于在第四章中指出区别1648年之前及之后的内战和国家间战争的困难,诠释这些数据的时候我们必须慎之又慎。

在20世纪,大国间的战争平均每15年发生一次,但是在16世纪是每4年发生一次。[4]不过,20世纪的战争对生命和财产的破坏更为剧烈。

战争的破坏作用可以归因于几个强化因素,其中最主要的是全民族介入战争、军事技术组织能力的深远发展,以及最大程度的认可武力作为执行国家政策的工具。陆军和海军军备都远高于和平时代的水平,军队由经过专业训练的军官领导,他们直接向总参谋部负责,并且背后有国家的科技、工程和经济资源的支撑。[5]

从 17 世纪后期到 20 世纪初,许多人认为,战争似乎处于有所控制的状态。它的目的和手段变得越来越有限。如前面所提到的,统治者不再暗杀或者毒害他们的敌人。在和平时期,他们开始尊重对方以及对方的代表,即使两国正处于战争之中时也是如此。[6]在 16 世纪上半叶,意大利和德国的战争促进了外交以及驻外使馆来协助统治者执行对外政策。1648 年之后,天主教和新教的欧洲国家又开始了接触,他们的外交官经过努力在乌得勒支(Utrecht,1713)、拉施塔特(Rastatt,1714)、卡洛维茨(Carlowitz,1718)和尼斯塔德(Nystad,1721)达成了和平协议。国际法作为规范战争和使战争"文明化"的众多努力的一部分,也取得了快速发展。准则开始形成以规范某些行为,例如:交换荣誉,本国部队在外国领土宿营,从作战区内获取财物,以及战俘待遇。中立国的概念开始得到广泛认可,虽然这些中立国仍不得不允许军队通过它们的疆域。不过这些军队必须对于他们所造成的任何伤害负责并提供赔偿。军官级别的战俘经常被交换,但是普通的士兵还是被送往刑场。一直到 18 世纪,这些人被认为是为国家服务的而不是罪犯的时候,这种行为才被禁止。[7]

在 17 世纪和 18 世纪,战争首先受到技术和经济方面的限制。刺刀和更加机动、强大的火炮的引入使战斗更加致命,同时也让国家招募雇佣兵的行为变得更加困难和昂贵。不过国家发现了筹款的方式以豢养比以往规模都大的军队。在 1552 年,查理五世(Charles V)的顾问估计,他们在德国、低地国家、伦巴第、那不勒斯、北非和西班牙保持着 148 000 人的军队。在 1625 年,菲利普四世(Philip IV)拥有 300 000 正规军和 500 000 民兵。路易十四(Louis XIV)成功地把军队人数从 1693 年的 273 000 增加到 1696 年的 395 000。就算一个小国,例如新兴的荷兰共和国,在 1606 年时也有 60 000 名士兵。到 1756 年,整个欧洲的军队人数是 130 万。

出于经济和战略上的考虑,欧洲军队更倾向于通过位置机动的小规模战斗和围攻的方式来展开激战。马尔伯勒公爵（Duke of Marlborough）因其勇于进攻而闻名，但在十次欧陆的征程中，他只打了四次仗。其中之一是在 1709 年的马尔普拉凯（Malplaquet）战役，它是因为马尔伯勒出于政治上的考虑需要一场决定性的胜利。这是 1812 年波罗蒂诺（Borodino）战役之前的最大战役，英国、荷兰、法国和西班牙帝国的 200 000 人参战。当战争的硝烟散尽之后，伤亡达 30 000 人。[8]有人认为由于其破坏性和成本，交战双方会避免发动大规模战役，对于这一点我们应当持谨慎态度，因为围城战同样是血腥的，代价同样高昂。

常备军的快速增长，伴随着当时的人口增长和某些国家不断增强的财政能力而来。法国大革命和拿破仑利用这个潜力，改变了战事的性质和规模，迫使他们的敌人纷纷效仿。在 1792 年到 1815 年之间的法国革命和拿破仑战争的时代共有 713 场激战。[9]拿破仑的军队在 1812 年入侵俄罗斯之前达到了最大规模——600 000 人。[10]在 1814 年，德国和俄国在战场上投入了大约一百万的兵力。[11]克劳塞维茨正确的观察到，战争已经开始成为：

> 牵涉到所有国民的大事，并且呈现出一种完全不同的特性，或者更确切地说，更接近于它的真实特性——绝对的完美。对于资源的动员似乎没有终点，所有的限制都在政府及其臣民的活力和激情当中消失。各种因素都有力地增加了战争的活力：充分的战备资源，众多的可利用的机会，以及被战争激发出来的情感因素。战争的唯一目标是打败对手，将对手踩在脚下。直到敌人俯首称臣，才可以停止战争，并试图调和双方对立的利益。[12]

随着拿破仑退出历史舞台，许多政客和将军们相信大国之间的战争将再次变少，或者战争至少在目标、规模和行为上是有限的。克劳塞维茨认为，战争减少只将在"我们再一次看到政府与人民逐渐分离"的时候才会发生。他认为，这发生的概率非常小是有着许多原因的，其中最重要的原因之一是拿破仑战争所形成的惯例。"一旦壁垒——从某种意义上说它只是人们不清楚什么是可能的——被破坏掉了，它们就不会那么容易地再被建立起来。""当主要利益受到威胁的时候，"克劳塞维茨提醒读者，"彼此之间的敌意，在我们当今的时代，依然有可能以同样的方式表现。"[13]

19 世纪向我们证明了两点。战争的数量急剧下降，使得在 1815 年到 1914 年的一百年中和平的时间多于战争。几个大国之间的战争——德国统一（1864 年，1866 年，1870—1871 年）和意大利统一（1848 年，1859 年）中，所争夺的目标、所发生的时间都是有限的。唯一的例外是克里米亚的三年战争（1853—1856 年）。不过这段时间也发生了一系列短暂的激烈的陆地和海上战争，以及长达一年的对塞瓦斯托波尔（Sevastopol）的围攻。

公众舆论表现得更加反战。拿破仑战争导致了大西洋两岸都出现了许多向往和平的社团（peace societies）。[14] 在理查德·柯布登（Richard Cobden）和约翰·布赖特（John Bright）的带领之下，各地的自由派人士开始认为和平有助于贸易和工业发展。1899 年和 1907 年的两次海牙会议向限制破坏性战争迈出了重要的一步。[15]第三次海牙会议，原计划在 1917 年召开，但是被世界第一次大战破坏了，它本来是探讨用国际仲裁来替代战争的可能性。海牙会议、在 1896 年举行的第一次奥运会，热情的用沃拉普克语（Volapük）和世界语（Esperanto）作为国际语言来宣传和平，跨国境的旅游的增加及其带来的互相理解，所有这些都激起了国际关系或许会日益法治化的观点。在 1849 年，美国诗人拉尔夫·瓦尔多·爱默生（Ralph Waldo Emerson）十分自信地宣称："战争正在走向消亡，世界肯定越来越和平，而文明战胜了野蛮。"[16] 在 1899 年，奥地利的贝尔塔·冯·萨特男爵夫人（Baroness Bertha von Sutter）发表了一篇题为《放下武器》（*Die Waffen Nieder*！）的反战小说，这本小说很快成为了国际畅销书，并且使她在 1905 年赢得了诺贝尔和平奖。在 1910 年，另一位日后将获得诺贝尔奖的最畅销书作者诺曼·安吉尔（Norman Angell），指出领土的征服可以增强国民财富这种想法是十分荒谬的。[17]

克劳塞维茨的悲观思想被美国内战（1861—1865 年）所佐证，它的范围和破坏性不亚于之前的拿破仑战争。普法战争是德国统一进程之中的第三场也是最后一场战争，在路易·拿破仑逃亡法国之后几乎失去控制。[18]沙俄—土耳其的战争（1877—1878 年）、布尔战争（1899—1902 年）和日俄战争（1904—1905 年）的代价远远超过双方的设想。同时日俄战争也向欧洲人展示了机枪和铁丝网对步兵造成的巨大伤害。在很大程度上,这些战争的经验教训虽然事后看来十分明显,但当时欧洲各国的军事部门熟视无睹。

德国陆军元帅老毛奇(Helmuth von Moltke the elder)成功指挥了德国在普法战争中的胜利,他批判美国南北战争是"武装部队在全国相互追逐,从他们身上我们什么都学不到"[19]。出于组织、意识形态和阶级上的考虑,以及最为重要的原因——荣誉,欧洲的将军们拒绝重新考虑他们的进攻策略和相关战术。在1914年,他们的军队和国家为他们的顽固付出了巨大的代价。在相当长的一段时间里,欧洲将军们痴迷于进攻型军事行动,因为他们认为,这是唯一使得他们可以赢得短期战争胜利的手段。[20]新的证据表明,到1914年,德国的高级将领清楚地知道战争会带来高昂的代价,也会被拖延,但他们有意误导政治领导人,使得他们认为快速地决定性地战胜法国是极有可能的。德国的陆军参谋长小毛奇(Helmuth von Moltke the younger)也确定,德国的军队没有对于东方俄罗斯的作战计划。[21]我已经在其他著述中指出,小毛奇和法尔肯海因是出于对法国的仇恨而不顾一切地投入了战争,并且他们坚信,战争可以捍卫他们的阶层和价值。[22]

第一次世界大战明显比拿破仑战争更具有破坏性。大约940万战士失去了生命,更多的人身体上或者心理上受到了巨大损害。[23]超过100万的平民死于饥饿、种族清洗或者疾病。战争以及获胜的盟国对于德国和奥地利的战后封锁,使得中欧的人口在1918—1919年流感侵袭的时候更加脆弱。第一次世界大战及其残酷后果,对于文化和知识界也有着同样深远的影响。欧洲的自信随着它的领先地位一起消失,产生了各种形式的文学、艺术和政治表达,它们宣扬蔑视、怀疑、混乱和异化。战争顺理成章地燃起了公众对未来消除欧洲国家间的敌对的极大希望。美国总统伍德罗·威尔逊(Woodrow Wilson)用"以战争来结束所有的战争"论证了美国加入战争的正当性。他率先构建和平协议,以减少未来战争爆发的可能。国联成为结束战争的重要希望,它的成员将有权力采取联合行动来对抗任何侵略者。[24]

历史学家克拉克(I.F.Clark)认为,第一次世界大战导致了西方国家对于战争的态度根本性转变。在他看来,"原子弹投向广岛之前,所有的对未来战争的描述仅仅是人们在两次世界大战之间所得认识的一种重复"[25]。在 20 世纪 20 年代和 30 年代,人们广泛承认,现代战争已经成为——用丘吉尔的话来说——"人类的潜在毁灭者"[26]。西格蒙德·弗洛伊德(Sigmund Freud),另一位受人尊敬的权威,担心科学已经控制了自然,会为国家提供"将彼此消灭到最后一人的力量"[27]。在 1930 年,阿尔伯特·爱因斯坦(Albert Einstein)提供了他的"百分之二"(two per cent)的方法来解决战争。他认为,只要有百分之二的人拒绝被征招入伍,政府将会变得无力,它们不敢把这么多人都送入监狱。[28] 在 1921—1922 年华盛顿海军会议中,反战情绪导致了三个条约和《凯洛格—白里安公约》(Kellogg-Briand Pact)宣布战争为非法,后者在 1928 年 8 月由 15 个国家共同签署。[29] 和平运动再次在法国、英国和美国活跃起来,直到希特勒的出现,人们才认识到妥协并不能满足希特勒的侵略欲望。[30] 德国战败,丧失土地,被视为一种不可接受的屈辱的《凡尔赛条约》,引起了民众巨大的怨恨,而这种怨恨被德国的右翼和民族主义者(纳粹)煽动并加以利用,极大地削弱了战后魏玛共和国的合法性。[31] 众所周知,在英国和法国默认下,纳粹德国重新武装,颠覆了《凡尔赛条约》的重要规定,并且联合了意大利和日本,发动了第二次世界大战。

第二次世界大战比第一次世界大战更具有破坏力,尽管它是一场运动战。估计死亡范围在 5 000 万以上,其中包括了士兵和平民。[32] 这场战争是十分残酷的,即使我们用第一次世界大战作为标准来衡量它。在东部,德国将很多已经投降的士兵饿死、射杀,或者强迫他们劳动致死。德国士兵一见到苏联人和犹太人就开枪,并且从他们侵占的国家抢夺食物或者其他基本物资,丝毫不考虑当地的需求。[33] 德国空军对欧洲城市进行轰炸,从摧毁西班牙的格尔尼卡和对英国进行 V-1 飞弹、V-2 火箭袭击开始。[34] 在对彼得格勒 900 天的围攻中,因为德国空军轰炸和炮击,被杀死或者饿死的当地平民大约有 70 万到 150 万人。[35] 反过来,苏联并不总是接受德国士兵投降,而是把这些人送去了劳改营,这些人中的多数再也没有回来。[36] 红军通常利用自己的士兵来清除雷区,使得队伍可以前进。[37] 总体上,苏联在四年的战争中损失了超过 2 600 万人。[38]

巴尔干半岛上的战争跟东线类似,只是规模较小。反政府军以及反对他们的德国人和共产党游击队都不接纳战俘。对塞尔维亚和犹太人的大屠杀随着战争而来。[39]盟军也犯下了大量的暴行,主要体现在他们的轰炸机日夜不停地对德国城市进行轰炸,战争后期的一次轰炸袭击了德累斯顿(Dresden),造成了数万人死亡,他们几乎都是平民。[40]轰炸机群受到了英国政府有意的误导,轰炸了德国城市、工人和平民,后来这种行为被认定为是破坏国际法的。[41]或许最不受限制的战争是在远东,在那里日本对于亚洲平民实施了血腥暴力的行为。[42]在南京,日本士兵射杀了超过7万*平民。[43]美国对日本城市的轰炸同样极具破坏性。1945年6月的东京轰炸毁坏了15.8平方英里的土地,估计有87 793人死亡。[44]投掷在广岛的原子弹造成了145 000人死亡,随后长崎也受到了原子弹袭击,这是美国在向日本传递一个信息:美国愿意使用这种不对称的、具有极强破坏性的武器。[45]像苏联和德国一样,日本和美国经常拒绝接受敌方战斗人员投降。[46]

冷战有导致更具破坏性的战争爆发的潜力,有可能使丘吉尔和弗洛伊德的预言变成丑陋而不可逆转的现实。冷战只在周边地区和代理战争时演变为"热战"。中国和美国在朝鲜战场上的直接接触,美国对印度支那的干预,苏联对阿富汗的干预,以及超级大国的代理人在中东、非洲的战争,其代价是巨大的,并且进一步地增加了大国直接遭遇的可能性。冷战的和平结束令人惊讶。许多的学者对于冷战如何结束发生有很多争议,一如他们对冷战的起源的争论仍在持续。[47]

冷战后的世界存在着战争,但是它们当中没有一场会像冷战中的主要战争那样具有破坏力。1980—1988年两伊战争大约造成了100万伊朗人员伤亡,尽管两个超级大国都没有涉及其中太多。其中一些伊朗人是伊拉克化学武器的受害者。伊拉克伤亡人数估计在25万到50万之间。成千上万的平民在两国的空袭和导弹袭击中死亡。[48]不过由于核武器的扩散,爆发灾难性冲突的可能性依然存在。印度和巴基斯坦有众多的武器和导弹发射系统,以色列人也一样。伊朗和朝鲜开始积极成为有核国

---

* 应为30万。——译者注

家。在印度次大陆上的一场全面核战争可以造成比第二次世界大战更多的人员伤亡。[49]

追溯战争与和平的争论

我对当代战争的简短回顾揭示三个相互矛盾的趋势：不断降低的战争频率，迅猛增长的战争杀伤力，以及稳定增长的反战情绪。[50]这些趋势就像茶叶一样，乐观主义者和悲观主义者有各自不同的解读方式，进而以它们为基础来反驳对方的观点。乐观主义者认为国家之间的战争是返祖现象，他们期待着有一天这种现象完全消失，至少在世界上的发达经济体之间不再有战争。在18世纪孟德斯鸠写道："和平是贸易带来的必然结果。"[51]康德在1798年提出广为人知的"商业的精神"与战争是格格不入的，[52]这一理论也得到了杰里米·边沁（Jeremy Bentham）、曼彻斯特自由主义者理查德·科布登和约翰·布赖特的赞同。1848年，约翰·斯图亚特·密尔说："正是商业使得战争变得过时。"[53]而托尔斯坦·凡勃伦（Thorstein Veblem）、诺曼·安吉尔和约瑟夫·熊彼特（Joseph Schumpeter）在20世纪初期也提出过类似观点。[54]

最近，理查德·罗斯克兰斯（Richard Rosecrance）辩称，贸易大国已没有动力去进行战争，因为它可以通过贸易的方式获得更便宜的原材料和其他种类的商品，而不是靠征服。[55]《经济学人》杂志以及广大媒体发挥了这一观点，并提出一个观点：同时拥有麦当劳特许经营权的两个国家之间从未发生过战争。全球化思想的杰出倡导者，托马斯·弗里德曼（Thomas Friedman）——正如他之前的西方激进分子所宣扬的那样——坚持认为开放经济有助于促进民主以及和平。[56]民主和平研究计划的倡导者提出战后最重要的国际关系学术成就是发现了民主政体间不会发生战争。[57]乐观主义者将审慎、克制、程序化的行为准则和责任义务称为"和平代码"（code of peace）或"全球契约"（global convent），它们于20世纪20年代被付诸实施，并在战后阶段被大大强化了。[58]这些规范中最重要的是"领土完整”。[59]另外一点是核武器出现了一个核禁忌，至少是不使用（non-use）的传统。[60]约翰·穆勒（John Mueller）写了一部关于战争过时的优秀著作，援引各种理由来证明他的乐观判断。他坚持认为战争的可能性是在不断下降的，"并不是因为它已不再可能或迷人，而是因为在战争曾经流行的发达国家中，人民和领导人已经越来越多地发现战争是令人厌恶的、可笑的，也是不明智的"[61]。其他历史学家和国际关系学者也同意这样的观点。[62]

在19世纪，倡导和平者遭到了强烈的反对。反对者把战争视为欢乐、光荣甚至美丽的代名词，和平则是怯懦、颓废、物质和腐败的代名词。这些态度在贵族中很受追捧，他们的地位和财富来自于他们在军队中的服役以及在战场内外所展现出来的勇气和忠诚。[63]法国和德国的许多保守主义者将战争作为延长传统价值观、抵制自由唯物主义和社会主义的一种有效手段。[64]德国历史学家、国会议员海因里希·冯·特赖奇克（Heinrich von Treitschke）就是这个观点的杰出代表。他宣称："战争用其残暴和严厉编织成人与人之间爱的纽带，它将所有人团结起来面对死亡，并消灭了所有区别和歧视。"[65]许多社会达尔文主义者对此表示赞同，因为他们认为战争是先进国家维护自己的优势的主要手段。恩斯特·勒南（Ernst Renan）形容战争为"取得进步的一个条件"[66]。统计学家卡尔·皮尔森（Carl Pearson）认为，"人类进步的道路上总是撒满了残骸"[67]。相比之下，赫伯特·斯宾塞（Herbert Spencer）认为，战争已经实现了这个功能，不再是推动社会进步的有利条件或者必要因素。[68]

第一次世界大战使好战言论失去名声，虽然支持战争的言论因意大利和德国的法西斯运动而复兴，并在日本继续蓬勃发展。第二次世界大战消弭了好战言论。在当今世界，即使是最保守、最民族主义的政治家提及战争的时候，也只是说战争代价昂贵而又可怕、是捍卫国家利益的最后手段。少数例外证明了这个规则。在古巴导弹危机的紧张局势下，惊慌失措的菲德尔·卡斯特罗发出了一个电报给赫鲁晓夫，敦促他先发制人地对美国实施核攻击。赫鲁晓夫感到非常震惊，并更倾向于与肯尼迪迅速和解。[69]反战情绪仍然无法成为一种制度，从而成功地阻止战争。1945年以后的战后时代，虽然很少发生战争，但是它依然存在，其中一些发起者（如美国、英国、苏联）的反战情绪特别强烈。因此，反战情绪最多只是彻底消灭战争的必要条件,但绝不是和平的充分条件。这样的一种关系我在结论部分会更详细地予以论述。

　　今天和一个世纪前相比,对和平运动以及和平人士期望能够消灭战争的想法的反对来自完全不同的根源。学界和国家安全机构中的保守派认为,战争是人性或无政府状态的国际环境的一种表现。无论和平时期持续多久,他们坚持认为这种情况之后总会出现毁灭性战争。其中较悲观的国际关系学者约翰·米尔斯海默认为,如果经济的相互依存关系并没有阻止第一次世界大战,"高度相互依存的世界经济也不能让大国或多或少减少发动战争的可能性"[70]。一些社会科学家和历史学家发现了厌战周期,一场昂贵的战争之后,人民会逐渐忘却战争的代价,一两代人后就会准备再次发起战争。[71]历史学家戴维·布莱尼(David Blainey)指责乐观主义者混淆因果关系。拿破仑战争和第一次世界大战之间的长期和平正值欧洲的工业化和民族国家间不断增长的商业和金融相互依存,但这并不能导致长期和平。他认为,今天我们可能会犯同样的归因错误,即大国之间长期和平的原因是自1945年以来就存在的核武器。[72]

　　形形色色的现实主义者出现在悲观主义阵营。他们对战争的痛恨并不低于自由主义者,但相信战争是一个永远存在的威胁,阻止战争的最好办法就是复杂的冲突管理策略,其中包括为战争作准备。现实主义者喜欢引用一句拉丁格言,"Si vis pacem, para bellum(如果你希望和平,请准备战争)"。现实主义者内部的不同在于一般威慑和即时威慑需要多少武力,以及在何种情况下应该使用武力。许多现实主义者支持美国介入越南,但当时最著名的两位现实主义学者——摩根索和约翰·赫兹明确地表达了反对意见。绝大多数美国国际关系学者包括现实主义者都反对2003年入侵伊拉克,但有少数学者支持它,其中布什的国家安全顾问都自称现实主义者。现实主义者曾批评乐观主义者——把他们称之为"理想主义者"——批评后者的主张使战争不仅没有减少,反而增多了。[73]摩根索把这些归咎于20世纪头十年中那些试图"规范"战争的国际法学者和外交官,我认为这种批评是十分不公正的。摩根索和卡尔正确地指出,绥靖政策误以为满足德国的"正当要求"就可以驯服希特勒,但是绥靖只激起了他的胃口,促成了第二次世界大战。[74]乐观主义者更倾向于视自己为自由主义者或建构主义者,他们批评现实主义者视现在和过去为相似的观点是肤浅和具有误导性的。斯蒂芬·布鲁克斯(Stephen Brooks)指出,米尔斯海默(将冷战后的欧洲)类比为 1914 年的情况,这种观点强调了领土征服所带来的经济收益,但是现实中这一点变得越来越不可取。[75]德鲁克(Drucker),罗西瑙(Rosenau)和利普舒尔茨(Lipschutz)都认为,需要筹集的战争费用已经高得令人望而却步。[76]

乐观主义者警告说,有关战争与和平的学术争论并不是发生在一个政治真空的环境中,有可能使观点自我实现。战争准备更有可能加剧军备竞赛、不信任和最坏形势分析(worst-case analysis)。他们指出,第一次世界大战中,联盟体系、军备竞赛和战争计划似乎使得大国之间的战争变得更加可能,更有研究认为就是这些因素可促成了第一次世界大战的爆发[77]。对于一般遏制和即时遏制的实证研究表明,这些策略更具有挑衅性,而非抑制冲突的发生,这一点在 1914 年第一次世界大战和冷战中都得以体现。[78]乐观主义者坚持认为,通过成功地社会化使得众多未来的学者和政策制定者相信战争不可避免、需要大规模军备以及频繁展示决心,现实主义者已经不仅在美国,而且在全球推动了战争行为。[79]战后现实主义理论之父汉斯·摩根索逐渐意识到,到 20 世纪 60 年代,美国的决策者们过分学习了"权力政治"这门课,这是导致他们在越南事件上考虑不周的一个因素。[80]

当代美国对中国崛起的争论,是另一个发人深省的例子。它来源于权力转移理论,我们知道,该理论预测,不断上升的国家不顾一切地想挑战霸主。[81]中美冲突或战争的预测经常以权力转移理论为历史佐证。[82]前助理国务卿谢淑丽(Susan Shirk)从这个角度进行总结并表示:"历史告诉我们,正在崛起的国家有可能挑起战争。"[83]2003 年,美中安全审查委员会(the United States-China Security Review Commission)提交了第一份年度报告给国会,其中警告要警惕中国的扩张主义。专员亚瑟·沃尔德伦(Arthur Waldron)写道:"中国不是一个甘于现状的国家",其外交政策的"宏观战略的目标"是"从亚洲排除美国"并"威胁、要挟邻国"。[84]这种说法一直回荡在现实主义学术界的研究中。[85]但没有历史证据支持崛起大国挑战霸主权力的命题,它只是一个国际关系学术上的一个神话。[86]也没有证据证明中国的外交和国防政策符合权力转移理论,现实恰恰相反。[87]不过,权力转移理论已成功地被一些新保守派与现实主义者引用,以证明巨大的军事支出、制衡中国,以及其他制衡性外交政策的正当性。[88]

高度评价中国的人并没有把它看成一个修正主义国家。他们指出,中国的军事预算相对较低,它愿意通过协商来解决与邻国的领土争端,积极地参加国际组织并承担责任和义务,并希望和平解决台湾问题。[89]他们担心美国在太平洋沿岸地区促成一个反中国联盟的努力可能不仅仅是失败,甚至是引起中国——一个对自身处境特别敏感的国家——的反感,进而形成美国是中国的威胁的认知,并自我强化。[90]相比危言耸听的同行,他们对中国和平崛起抱有更多的信心。[91]

乐观者和悲观者的根本区别在于对复杂社会关系的理解上。现实主义者坚持认为,国际关系中亘古不变的真理是无法被跨越的。全球化在他们看来不是万能的。第一次世界大战前夕欧洲的经济是如此紧密地整合在一起,直到20世纪90年代仍然没有达到这个水平。[92]新式武器虽然可以使战争更加恐怖,却也无法改变国际关系的特征。现实主义者提醒我们,自从中世纪的欧洲开始使用弩后,人们便一直错误地预测,战争中杀伤力的不断增加将迫使各国在军事上保持克制。刺刀、步枪、机枪、高爆炸药、空中轰炸和核武器的出现都使得所有公众震惊,并推动类似预测的出现。维克多·雨果(Victor Hugo)警告说,热气球可能导致毁灭性空袭,并敦促禁止使用它们。[93]

乐观者相信人类的反思和学习能力,它使人类有可能走出永恒的悲剧。穆勒指出了国际社会成功地废除了奴隶制和决斗,近年来在种族和性别平等上也取得了进展。[94]发达经济体在制定多边的、超国家的制度从而限制、减轻和消除周期性的经济危机带来的后果上也取得了很大进展。[95]在这两个方面,欧盟已被视为是一个伟大的成就,因为它帮助协调法国和德国,整合成员国经济,淡化了国家边界,推动南欧的民主进程,并促进大陆边缘的国家经济发展。尽管欧盟面对许多批评,但大多数人认为,西欧地区发生大的战争已经像美国和加拿大之间发生战争那样是不可能了。1957年,卡尔·多伊奇(Karl Deutsch)提出"多元安全共同体"(pluralist security community)的概念,即一个由主权国家构成的、战争已成为几乎是不可想象的地区。他描述了北美(美国和加拿大)和斯堪的纳维亚地区的安全共同体不仅建立起来,并且具有稳健性。[96]随着冷战结束,自由主义国际关系学者们开始强调整个北大西洋共同体的概念,比如多伊奇曾设想,它已成为一个多元安全共同体,新西兰和澳大利亚也是如此。大部分的环太平洋圈可能也向着同样的方向发展。[97]利用1495年以后的战争数据,奥利·霍尔斯蒂(Ole Holsti)发现国际战争已经持续减少了几个世纪,"今天的世界比以往任何时期都要安全得多"。[98]

对于这些辩论,有一点具有讽刺意味的是,对战争的悲观情绪往往建立在对人性的乐观看法之上,而对和平的乐观态度则频繁援引对人性的悲观看法。作为现实主义者理解国际冲突的核心,安全困境假定国家领导人是理性行动者,能够理解和应对错杂纷乱的国际环境所带来的限制和机遇。事实上,工具理性与对安全的关注共同作用,导致他们采取某种行动,最终使得他们的国家和其他国家安全感降低。理性也鼓励国家开发和部署更加致命的武器。具有讽刺意味的是,对人类理性能力的乐观主义,产生了对人类彼此是否能和谐相处的悲观态度。对于这个论点不需要什么新的论据,只要追溯到古希腊。索福克勒斯的《安提戈涅》的第一幕唱道:"神奇的人啊,他如何以他的狡猾和诡计驯服自然,但是躁动与邪恶催生的是恐惧。"[99]希腊文中表示奇妙的单词 deinon 同时也意味着恐惧。

相反,乐观主义者运用悲观情绪,希望悲观是彻底改变的一种催化剂。一些马克思主义者认为战争不可避免而且可怕,但为了实现社会主义革命却又是必需的。军控派和环保主义者有着不同的逻辑。他们预测,如果新的武器系统不能得到控制,如果人类继续破坏环境,那么就会出现最坏的后果。他们的悲观意在诉诸公共舆论和决策者的感情与理智。[100]像他们所反对的现实主义者,乐观主义者将恐惧和理性的结合视为促使变革的有力而积极的动因。

利　　益

我们对历史趋势及相关学术研究的评述,只能揭示出这些因素对未来战争的一些模糊的影响。这些差异来源于相互冲突的假设，而假设是很少经得起实践检验的。基于这些原因，我采取不同的策略。我不是对未来战争爆发的可能性作一个总体性的评估，而是将战争按照动机不同分解成不同的类别，具体地看每一类战争及其动机的变化趋势。这可以从更精细的角度来分析战争的问题，而且我相信这种研究方法也更有意义。

利益是我归纳的战争动机中发生频率最低的动机。在我的包含 93 场战争的数据集中，只有 9 场战争可以归结为利益，占总动机的 7%。其中 6 场发生在 17 世纪和 18 世纪，当时重商主义是公认的经济智慧，国家领导人认为全世界的财富是有限的。[101] 亚当·斯密所描述的重商主义的一项重要内容是对财富的爱好，这一点是为什么早期现代国际关系中冲突频发的主要原因。它使"商业本应该国家之间、个人之间，企业之间建立一种友谊和友好的关系……但却成了产生不和与敌意的最合适温床"。[102] 当经济思想对于财富性质的认识发生改变时，当贸易和投资都越来越多地被理解为互惠互利时，利益作为战争动机的作用也随之下降。[103]

贸易问题虽然不是战争的一个重要原因，但在 18 世纪它的重要性不断上升，当时国家领导人开始认识到国民财富以及随之而来的发动战争的潜力越来越多地依赖于贸易。贸易管制成为实现政治和商业政策的工具。贸易争端是 18 世纪英法、英西、英荷关系紧张的重要原因。[104] 利益作为战争的动机最明确的实例包括第一次和第二次英荷战争（1652—1654 年和 1665—1667 年）、1739 年的英西战争、中英之间的鸦片战争（1840—1842 年和 1856—1860 年）、英法 1882 年占领埃及的战争。在英荷战争中，英国的决策是复杂的，受到了国内政治和王朝政治，以及商业利益的影响。[105] 在 19 世纪的两个案例中，地位也是第二重要的因素。[106] 马克思主义对帝国主义的解释也侧重于经济动机，但是这种观点已经在很大程度上受到历史学家的批评。正如第二章中所提到的，殖民国的投资很大程度上流向了其他殖民国或者像阿根廷、美国这样的第三国。英国、法国和德国领导人作为帝国主义的代言人，主要是为了国内政治原因或获取国际地位的原因而迈上殖民道路。迪斯雷利（Disraeli）、德卡尔斯

(Delcasse)相悖斯支明白殖民主义对本国只是意味着各自的国库资金的流失。[107]

在 20 世纪的任一次大国战争中,利益都没有成为显而易见的主要动机。日本在朝鲜的扩张受到经济因素的驱使,但是充分的证据表明首要的动机仍然是为了获得国际地位。日本帝国精英在决策中有一个广泛的共同信念,即殖民地是强国的象征,日本应该获得相应的殖民地。帝国主义也被认为是建设现代国家的可行方式,这一点受到了知识界和官僚阶层的广泛支持。[108]出乎意料的是物质好处在日本扩张过程中起到的作用微不足道,但它却被政府拿来用作向公众推销帝国主义政策的“胡萝卜”。1894 年,当 8 000 名日军被派往朝鲜时,外交部长陆奥宗光(Mutsu Munemitsu)承认他向朝鲜政府施压,要求作出铁路、矿山、电报和其他方面的优惠,以此证明因日本干涉朝鲜带来的中日交战的风险是值得的。[109]1910 年,日本与中国的贸易额是日本与其殖民地朝鲜和中国台湾的贸易额的五倍。日本私人投资也流向中国,而不是那些殖民地。[110]

弗里茨·费希尔(Fritz Fischer)试图从经济角度解释德国在 1914 年对比利时和法国的入侵。他的主要证据是所谓的“九月计划”(September Program),即德国要求两国同意领土兼并和经济让步。[111]这无疑反映了德国的贪婪,但促使这种贪婪的是德国政府通过增强其重工业和其他军工业,削弱法国“使其永远不可能复兴成为大国”来最大化自己的战略优势[112]。贝特曼·霍尔维格(Bethmann Hollweg)指出:“胃口是吃出来的。”[113]德国领导人不是为了工业资本家而投入战争,追求利润的资本家被他们视为野蛮人,但是,一旦战争打响,德国领导人就为了自己的目的而将资本家动员起来。九月计划起草时,正值德军在法国的第一波攻势胜利在望。这里,费希尔犯了因果倒置的错误。[114]

一个更具说服力的、发生在 20 世纪的案例并不包括在我的数据库里:伊拉克 1990 年入侵科威特。它因为不涉及大国或崛起国家而不在我的数据集合内。显然,萨达姆·侯赛因被科威特在当年 7 月拒绝遵守欧佩克产油国的石油减产协议激怒,同时也因科威特拒绝免除伊拉克 10 亿美元债务、租赁布比延(Bubiyan)这个战略要地作为石油出口港而大为恼火。7 月 16 日,伊拉克外交部长塔里克·阿齐兹(Tariq Aziz)向科威特发出了最后通牒,要求削减石油产量、豁免伊拉克的战争债务、租赁岛屿,并赔偿120亿美元作为伊拉克因为石油价格低迷所遭受的损失。当埃及总统胡斯尼·穆巴拉克(Hosni Mubarak)主导的调解未能及时带来有利的和解时,伊拉克已经在科威特边境整装待发,在8月2号凌晨发动袭击。[115]伊拉克在经济利益上的要求不仅提供了一个入侵的借口,更是当时萨达姆个人的主要关注点。在后续的海湾战争中,由美国领导的联军将伊拉克从科威特赶出去,利益仅仅是联军考虑的次要动机。老布什政府主要关心的是维护中东的政治稳定,防止伊拉克成为主导的、咄咄逼人的敌手。然而,它们的大国盟友也希望保持科威特的石油脱离萨达姆的掌控而流向西方市场。[116]

大国通过领土的征服从而成为帝国。征服是国际地位的宣示,但是新的领土也往往提供了更多的人口和资源用于下一步扩张。帝国已经成为历史,领土扩张已越来越少见。总的来说,我的数据表明利益驱使的战争急剧减少。

这个重大的历史逆转主要有两个基本原因:首先与征服的成本与效益有关。直至第二次世界大战,大国都可以通过征服领土而获取经济效益。[117]发达国家的生产全球化大大降低了领土征服的经济效益,以至于斯蒂芬·布鲁克斯声称,战争不再是有利可图的。全球化已经有效地改变了战争的经济诱因,因为被跨国公司隔离的机会成本近些年急剧增加。领土征服之后,流向征服国的外来投资将急剧下降,这会对多数发达经济体造成巨大的经济限制。被征服领土内的创新和革新也会减少,在世界经济越来越依赖于知识的今天,这是征服战争的另一个巨大代价。[118]

这一历史的逆转还存在第二个理由:其他行为体的预期反应。布鲁克斯描述了严重的经济后果,但领土征服也有一个严重的政治军事后果。在19世纪,获得领土并加以经济掠夺而不至于引起国际的强烈反对仍有可能。美国和俄国的大陆扩张为强国扩张领土提供了显著的例子。二者都是进入经济欠发达地区并征服土著人民。美国还对墨西哥这一比较发达的政治单位发动了战争,并从西班牙、俄国和墨西哥购买了一定领土。德国则提供了一个反例。它对法国的阿尔萨斯—洛林的兼并树立了一个长期的敌人。[119]在第一次世界大战中战败后,德被迫将阿尔萨斯—洛林归还给法国,将尤本—马尔梅迪(Eupen-Malmedy)归还给比利时,将石荷州(Schleswig-Holstein)的一部分归还给丹麦。西里西亚、普鲁士和波美拉尼亚的部分地区,则归新成立的捷克斯洛伐克和波兰。

美国、俄国的经历与德国之间的差异在于民族主义以及政治单位之间的相对权力平衡。在 19 世纪的欧洲,民族主义广为传播,甚至到每一个角落,使得外国占领对当地民众来说日益不可接受。讽刺的是,普鲁士在 1806 年耶拿(Jena)和奥尔施泰特(Auerstadt)遭受双重失败后,民族主义激发普鲁士人反抗法国占领;同样是民族主义促使波兰人在 1806 年和 1830—1831 年起来反对普鲁士的占领。[120] 在大多数情况下,在 19 世纪俄国人和美国人没有遇到这种反抗。唯一的例外是墨西哥民族主义,这导致了反抗法国扶植的皇帝并最终在 1867 年将他处死。然而,墨西哥是实在太弱小,不足以挑战美国。

在 20 世纪民族主义几乎传到了世界的每个地方,结果造成了征服和占领成本的上涨。我们只需要比较英法在 1882 年成功地占领埃及与 1956 年英法短暂地占领苏伊士运河区这两个案例。前者是针对缺少本地支持的埃及总督。后者的目标是当时深得民心的贾迈勒·阿卜杜-纳赛尔政权。同样重要的是,后者引起了苏联和美国的反对,从而迫使英法联军撤出,进而大大加强了纳赛尔在整个阿拉伯的影响。[121]

民族主义在 1919 年巴黎和平会议被认为是一个合法的政治信条。伍德罗·威尔逊的十四点中的第 9 点至第 13 点要求以民族为基础重新分配领土,这个原则被广泛用在战后建立领土秩序,尽管贯彻得并不一致。[122]《国联公约》禁止国家使用武力改变领土边界,1928 年签署《凯洛格—白里安公约》禁止以武力威胁或使用武力来改变现有的国际边界。1931 年,美国国务卿史汀生(Henry Stimson)宣布,美国将不承认日本侵略中国而引起的任何领土变化,这一点随后被国际联盟认可。德国、意大利和日本的扩张最终被盟军击败,随后被征服国家恢复独立,但在波兰仍出现了重大的领土变动。战后的领土争夺——朝鲜进攻韩国、阿根廷进攻福克兰/马尔维纳斯群岛、伊拉克进攻伊朗和科威特——被占的领土都由国际联合力量解放,福克兰群岛则由英国自己收复。卡尔·霍尔斯蒂认为,国际行为越来越符合这一国际规范,这表明"通过武装征服以扩张领土的行为已成为过去"123。

20 世纪的少数征服行为往往自食其果。1919 年波兰入侵苏联,旨在推进该国的东部边界、恢复 1772 年的状态。波兰军队被击退。苏联反攻达到华沙城下,在那里苏联进攻受挫,被迫退回苏联边境。124苏联通过 1940 年斯大林—希特勒协定而吞并爱沙尼亚、立陶宛和拉脱维亚,不过西方国家从来不予以承认。125苏联解体后,这些国家重新获得独立,所有非俄罗斯族家园的边缘的共和国也恢复独立。20 世纪俄罗斯仍保留了唯一的征服领土是加里宁格勒(Kaliningrad)(原德国哥尼斯堡 Konigs-berg)和芬兰的卡累利阿(Karelia),后者在 1939 年至 1940 年冬季战争后割让了出去,尽管乌克兰仍然占有东部罗塞尼亚(Ruthenia),该地是原捷克斯洛伐克一部分,在第二次世界大战结束时被苏联吞并。126越来越多的芬兰人行动起来要求卡累利阿回归芬兰。1271967 年以色列在六日战争中占领了阿拉伯领土,可能的唯一正当的理由是处于交战状态中的临时占领。以色列对西奈半岛的占领持续了 12 年(1967—1979 年),要求其撤出约旦河西岸定居点(作为和巴勒斯坦和解协议的一部分)的压力越来越大。以色列仍然占领着戈兰高地(Golan Heights),该地 1967 年以前都是叙利亚的一部分,这一问题目前还没有得到解决。以色列已将其纳入本国普通法管理之下,但避免明确使用吞并这个词语。128

至此,以利益为基础的战争都与领土扩张挂钩。但这类战争并不必然以领土扩张作为目标,值得一提的是,领土征服可能由其他动机所引发。从历史上看,大多数以利益为动机的战争都试图控制领土;1652 年至 1654 年,1665 年至 1667 年和 1672 年至 1674 年的三次英荷战争是明显的例外。在这些战争中商业竞争是一个重要的因素,但前两次战争也是查理二世为了强化其权力和王权威望的努力。129最近十年出现了许多因自然资源的控制权而引发的冲突,虽然没有引发战争。当冰岛扩大了其专属经济区时,英国和冰岛就捕鱼权引发了争议。石油和海底资源一直是争夺的主要内容,南海石油问题上的冲突是最激烈的。中国大陆、中国台湾、越南、菲律宾、马来西亚、印度尼西亚、泰国和柬埔寨在各个岛群(西沙群岛、南沙群岛及纳土纳群岛)和近海水域的归属权上存在争议。这些相互矛盾的领土主张引起了军事演习、占领和外交上的口水战。但迄今为止，只是导致了一个人的非战斗死亡。可以想象，这些争端可能会成为军事冲突的原因，更有可能的是成为冲突的借口。[130]类似的紧张关系在中东也存在，巴勒斯坦人和以色列人之间的长期政治冲突中交织着对水资源的争夺。[131]

以利益为基础的战争在将来会如何？领土侵略的收益越来越边际化，而试图征服和占领的成本逐渐变得很高。对于自然资源尤其是石油和水的争夺已变得更加激烈，因为这些资源变得更为重要。进一步来讲，我们可以很容易地得到两个对立的论点。第一，也是我所希望的且更可能出现的结果，资源竞争的激烈程度仍然与当前大致相同；如果替代能源变得更容易获得且更具成本收益，那么资源竞争的激烈程度会降低。在这个世界上，利益成为战争动机的可能性将急剧下降。第二种论点认为，不断减少的石油资源、全球变暖和海平面上升会导致日益增加的环境危机甚至环境灾难。在这个世界里，物质利益和安全将越来越难以区分，更可能爆发以控制自然资源为主要目的的战争。在这种情况下，关注安全和环境的关系变得更加紧密。相应地，和平的道路上最重要的一步可能是国家、地区和国际社会努力管理资源和阻止全球变暖。[132]

安　　全

征服领土无外乎为了寻求利益、安全和声望。数据集中，战争爆发的动机为安全的有 20 次战争，占总数的 18%。其中七场战争的发起人似乎也出于国际地位上的考虑。安全作为一个动机，最明显的是在 20 世纪，包括 18 场战争中的 13 场。是什么造就了这种分布，同时对未来的战争又有什么影响？

除了美西战争与美国攻击阿富汗——这两场战争中安全动机与地位动机同等重要——其余的以安全为动机的战争都围绕着 20 世纪的三场全球冲突：第一次世界大战、第二次世界大战和冷战。我一直认为在它们之中，地位虽然不是关键因素也是一个重要的因素。德国在 1917 年 4 月宣布无限制潜艇战，更是以安全作为战争动机的典型事例。为了在对抗英法两国的战争中迅速取胜，并意识到他们经不起长期的消耗战，德国领导人参与了一场精心打算的赌博：他们的 U 型潜艇会击沉大量的商船，使英国在美国加入战争前屈服，从而改变西线战事。[133] 从实际效果来看，德国挑战美国的行为是一种绝望的行为，它担心不这样做就会输掉一场长期的、代价昂贵的战争。

第二次世界大战中三个被认定为安全引发的战争中的两个具有相似的根源，它们都存在针对第三方的军事行动，以使战争发起者在面对其主要敌人的冲突中拥有战略优势。1939—1940 年的苏芬战争是苏联为了尽可能地增加本国的战略缓冲以抵御德国的攻击而发动的。从苏联的第二大城市列宁格勒出发到芬兰边境只有 32 公里，并且芬兰自 1937 年以来一直受一个保守的亲德政府的统治。[134] 在东部，苏联还面临着一个极具侵略性的日本的次要威胁，然后苏联对关东军进行了毁灭性军事打击，并把势力范围扩大到外蒙古地区。由于日本随后决定南下进攻西方殖民主义势力，对日本决定性的胜利缓解了莫斯科在东线的压力。[135]

在第二次世界大战的第三个案例中，日本于 1941 年 12 月和 1942 年初针对美国、英国和荷兰的殖民前哨发动袭击，原因更加复杂，难以简单地归结为一种动机。由于美国实施石油和废钢的禁运，日本认为自己已经毫无退路，安全便成为日本的考虑。海军总参谋部在 1940 年 8 月警告说，获得废金属和石油是"一个关乎生死的问题"，因为日本只有 6 个月的石油储备，并担心占领法属印度支那的计划可能引发美国的经济禁运。但海军极端分子想利用希特勒征服欧洲的时机，向南占领印度支那和印度尼西亚的油田。自 20 世纪 30 年代中期开始，日本许多人认为与美国的战争是几乎不可避免的。陆军领导人对美国将保持中立抱有信心。如果我们退后一步、追溯到 20 世纪 30 年代，日本的安全困境是自食其果。1931 年的九一八事变后，日本入侵中国，这是日本军阀和支持他们的公众更宏观层面上的努力的一部分，他们希望日本统治从西伯利亚到澳大利亚的太平洋沿岸地区。由于错误地认为占领更多的领土会迫使中国国民党坐下来谈判，日本军队深入中国腹地，而中国人的反抗导致了一场在中国大陆日益扩大、代价昂贵的战争。日本将军之后又认为，占领东南亚将切断国民党重庆政权的重要供应线,这有助于并说服他们放弃徒劳的抵抗。相反,它引发了美国对日的废金属和石油禁运,并因此激化了日本和西方列强的矛盾。安全至多可以被视为一个次要的动机,只是在日本入侵亚洲其他国家的情况下才突显出来。日本在亚洲的扩张动机是复杂的,包括民族主义、要求获得和西方列强一样的国际地位、在军队与社会之间以及军队内部的权力斗争。[136]

其余的四个案例是冷战的产物。美国在朝鲜半岛的战争和中国的反侵略都是出于安全关切。杜鲁门(Truman)政府认为朝鲜"入侵"南方是由莫斯科指使的,是为了试探美国的决心,因此华盛顿被迫作出反应。在仁川的成功登陆使得朝鲜无力抵抗。为了应对国内政治压力,基于麦克阿瑟(McArthur)对中国的干预能力的错误判断,杜鲁门下令美军向鸭绿江推进、逼近中国边境。[137]中国领导人感到他们的安全受到威胁,美国征服朝鲜被认为是为进攻中国在东北的主要工业基地的序幕。他们还担心,如果他们没有显示迎接美国挑战的决心,新政权的存亡就是个问题。[138]苏联干预匈牙利,美国在印度支那的介入,以及苏联干预阿富汗也出于显示决心的考虑。无论哪种情况,领导人担心的是超级大国以及其他的对手会认为他们优柔寡断,并进而发起更严重的挑战。[139]

这些案例大部分属于两个不同的模式。德国通过无限制潜艇战挑衅了美国、苏联进攻关东军和芬兰,以及日本袭击珍珠港和西方在亚洲的殖民地,都是正在进行的或预期的主要冲突的产物。其中一些战争发生前已经出现了一些作为预演的附带危机,如德国对美国、苏联对芬兰、日本对美国的对抗。当一国准备,或者已经发动一场主要战争,结果不意与第三国之间发生了一场冲突,这时便出现了附带危机。这些危机几乎无法解决,因为双方的最高利益受到了威胁。然而,有关各方做出艰苦的努力来通过外交解决这些冲突,因为双方都不愿意发动战争,都意识到战争需要付出政治和军事的代价。[140]苏联与关东军的战争与冲突就是一个这些案例中突出的例外。在冲突爆发前没有任何危机,因为莫斯科想将奇袭的效果发挥到最大,并且莫斯科从利用它在东京的谍报网络提供的情报获悉,与东京的谈判不会成功,因为关东军并不听命于东京。[141]

这些战争中的每一场都有独特的原因,但所有这些战争都和两次世界大战紧密相关；它们是两次世界大战的延伸，或者比如苏联在外蒙古和芬兰的军事行动，是导致第二次世界大战爆发的紧张局势的结果。如果缺少世界大战及其相关背景的话，这些战争也就不会发生。两次世界大战都被描述为欧洲三十年内战的一部分，而战争爆发的基本原因是经济发展和民族主义对旧制度带来的挑战。现在，欧洲的这个发展时期已经过去，今天爆发席卷多个大国的欧陆战争的危险性已经大大降低了，尽管并不是完全消失了。世界其他角落都经历过类似的动荡，并表现为内战和国家间战争。对于太平洋沿岸的大部分地区，这个历史时期也过去了，全面战争的可能性也已大大减退。以安全为动机的战争的一个主要动因已经消失了。

　　其他与安全相关的战争是冷战时期的产物。全部四场战争都是以在争议领土上进行军事干预的形式出现。它们源于同一个原因：超级大国和中国对失去对附属国的控制的敏感性。在两个案例中，这是一个现实的担忧：1956 年允许匈牙利脱离共产主义阵营，以及 1968 年时相对独立的捷克斯洛伐克，二者将使苏联很难维持其在东欧的势力范围。1968年，苏联总书记勃列日涅夫（Leonid Brezhnev）对波兰领导人哥穆尔卡（Wladyslaw Gomulka）透露，如果东欧集团缺乏团结，动乱将波及苏联的乌克兰加盟共和国。[142] 美国有自己的多米诺理论，这也是干预越南的一个主要理由。总统林登·约翰逊（Lyndon Johnson）和他的顾问担心，越南共产党的掌权将使美国在敌友眼中都显得不够坚定，同时使东南亚其他国家的政权迅速崩溃并由共产党接管。[143] 事后看来，美国对多米诺骨牌效应的恐惧颇为偏执，因为美国从越南撤军后，这些担心并没有变成现实。当地共产主义运动不是由莫斯科指导的，其后"公开化"时期公布的苏联档案更加证实了苏联领导人从来没有怀疑过美国的决心。[144]

　　对相对权力和决心的过分担忧绝不是仅限于 20 世纪。修昔底德在谈到伯罗奔尼撒战争的起源时就描述过类似的现象。伯里克利不愿意放弃通过与克西拉结盟以扩充雅典实力的机会。然而结盟却将雅典卷入了与科林斯人的矛盾，最后升级为与斯巴达人及其盟军的战争。如果雅典已同意解除对波提狄亚的围攻和对麦加拉的经济封锁，战争本来是可以避免的。让步并不会严重威胁雅典的安全，并且从积极方面来看，将来有可能拆散科林斯—斯巴达同盟。不过,伯里克利坚持认为斯巴达的和平提议应该被拒绝,因为它会让雅典显得缺少决心并向斯巴达屈服。[145]罗马和迦太基为了争夺西西里这个位于意大利和北非之间的战略要地而陷入纠纷,而后两大不断扩张的帝国在西班牙再次交锋。帝国的扩张及地位问题,与两个霸主的战略考虑同等重要。[146]

冷战期间,美国人也把决心作为安全问题的首要考虑因素。杜鲁门的本能反应是朝鲜战争是共产党人在测试美国的决心,就像当初希特勒曾试探法国和英国一样。国家安全委员会第 68 号报告认为战略决心与军事能力一样重要。肯尼迪得出一条错误的结论,即赫鲁晓夫在古巴部署导弹是因为对方质疑他的决心。美国介入印度支那、20 世纪 80 年代早期关注所谓的"窗口的脆弱性",以及随后担心苏联在战区武器系统上的优势地位可能带来的政治影响,这些都反映了对自己战略决心的过度关注。类似的效应也在冷战关于威慑(强调可信度是关键因素)以及承诺的文献中有所呈现,它们强调了在一个链条网格中,任何一个承诺的决心(或者缺乏决心)会对其他行为体产生重要启示。[147]"世界上只有极少数地方值得冒险挑起惨烈的战争,"托马斯·谢林(Thomas Schelling)说道,"但是捍卫这些领域需要可以维持一个人在世界的其他地方和其他时间维持承诺的决心。"[148]

这种行为与华尔兹对两极系统如何运作的理解形成鲜明的对比。华尔兹认为,两极体系里战争更少发生,因为第三方的加入或者背叛阵营都不会从实质上影响超级大国维护自身安全的能力。[149]实际上,与安全困境有关的心理病理在两极体系中同样十分严重。公元前 5 世纪时期的希腊、1914 年之前的欧洲大战和冷战都表明,领导人进行最坏情况分析并夸大背叛的政治后果,就像他们会曲解相互之间的军事优势和意图。

在所有三个时期中,安全关切和地位关切很难区分开。在叙述伯罗奔尼撒战争的起源时,修昔底德明确指出,斯巴达所感受到的雅典的威胁更多的是雅典的政治、经济和文化成就,而非其军事实力。斯巴达自我认同的基石是军事实力以及通过武力征服而建立的霸权。对抗雅典的战争则是作为维护自己霸权的必要方式。[150]冷战开始于因欧洲中部出现了权力真空状态而引发的对抗,在中欧获得胜利的占领者被看似矛盾的安全和经济需求所驱逐。1953 年斯大林逝世之后,它演变成一场冲突,双方在欧洲和第三世界的相对地位成为双方的至高关切。美苏的领导人和他们的顾问总是以安全为借口粉饰他们在竞争的各个领域中追求相对优势的行为。实际上,追求竞争优势优越感和国际声望才是他们的根本目的。在不能投入实战的核武器和日益复杂的运载系统上的巨大开销、对不可靠的盟友进行军事和经济援助,以及空间探索等等,都使这场冲突本身越来越像一个盛大的狂欢宴。[151]

战争研究必须涵盖那些并不吠的狗,最主要的就是冷战。有很多原因使冷战没有演变成为大国之间的"热战",包括威慑、对"二战"及其代价的记忆,以及大国之间妥协以减少和管理它们间冲突。[152]其他学者认为,冷战其实是一种意识形态斗争的结果,它始于 1917 年的俄国革命,一直持续到后来的"新思维"导致苏联领导人放弃共产主义转而向西方寻求和解。[153]

现实主义者和自由主义者都将战争结束归咎于苏联无力再与西方竞争,并进而追溯到苏联繁琐、效率低下的计划经济和政府体制。现实主义者认为,戈尔巴乔夫力图在苏联还算得上是一个超级大国的时候与西方进行谈判,以获得最有利的结果。[154]保守派坚持认为罗纳德·里根(Ronald Reagan)的军备扩张和战略防御倡议(星球大战)加速了苏联的衰落。[155]自由主义者认为,在苏联乃至东欧,许多知识分子和广大民众对社会主义不再抱有幻想,而迫切希望可以像西方那样享受物质富裕。还有一些分析家强调核武器的抑制作用,它们带来了冷战的终结,避免危机的进一步升级,并提供了安全的保护伞,从而使得戈尔巴乔夫为改善东西方关系做出必要的让步。[156]最后,冷战结束已经被归因于多种深层条件和触发事件所导致的非线性汇流。[157]

戈尔巴乔夫成为总书记的时候,冷战局势已经和 1947 年冷战开始时完全不同。[158]随着超级大国通过理解应如何管理双方的敌对关系而大大降低了战争的风险,冲突已经变得不再容易恶化。"道路规则"在 20 世纪 60 年代后期和 70 年代早期就成型了。[159]军备控制和西方对战后欧洲领土现状的承认提供了强有力的"再保证"。超级大国保持着敌对关系,并且它们对单边优势的追求降低了局势缓和的可能性。在 20 世纪 70 年代和 80 年代,超级大国的政策目标中最显著的 方面是,这些目标与安全的关系如何之少,而与想在地位竞争中占据上风的关系如此密切——在下一章中我会做详细的解析。直到戈尔巴乔夫于 1985 年成为总书记,这种倾向才发生改变。戈尔巴乔夫及其顾问们认为,这种竞争昂贵而危险,并且不利于本国的改革议程。

戈尔巴乔夫和他最亲密的顾问了解,冷战有自己的行为规则,而两个超级大国已经成为冷战的受害者。冷战需要巨大的军备开支,这提高了军工复合体的影响力,并为平息国内异己提供了理由。军备的增长和竞争使得第三世界的战争增多而非减少。戈尔巴乔夫试图摆脱冷战给苏联带来的经济和政治限制,并从政治上和经济上重组苏联。"新思维"是对苏联物质能力相对衰落和政治停滞的反应。它促使并允许戈尔巴乔夫更加关注国内而非国际问题,并对西方做出让步以启动改革进程。与此一样重要的是,它提供了一个参照系使得这类让步政策变得可行(如在一份战区军事协议中,苏联不得不撤除和销毁比美国更多的武器,以及德国在北约内统一),这在以前的苏联政府是绝对不会考虑的。戈尔巴乔夫和他的主要顾问懂得,通过军备扩张、卷入国际纠纷、最灾难性的是对阿富汗的军事占领,来保证苏联的安全,实际上危害了苏联的安全。

虽然戈尔巴乔夫偏离了列宁及其遗志,但他的策略与列宁针对德意志帝国的做法有着惊人的相似。列宁愿意签署极片面的且带有勒索性质的《布列斯特—立托夫斯克条约》,因为他将赌注押在了将来的事件上——他希望德国也进行一场社会主义革命并宣布条约无效,以一种更加基本的方式实现苏俄的利益。[160]戈尔巴乔夫的战略也是基于一个类似的前提:如果让步能促使冷战的结束并彻底改变苏联和西方的关系,那么战略和政治上的让步便没有什么实质意义。两个人的赌博都落空。1918 年至1919 年的德国革命以失败告终;戈尔巴乔夫不愿意使用武力来保持共产党政府对东欧的统治,导致华沙条约失效,以及随之而来的苏联解体。从苏联人民的长远利益的角度来讲,戈尔巴乔夫的豪赌仍然是一个比较好的选择。

对我们来说,冷战留给我们的一个重要教训是领导人不是战略或政治情况的囚徒。他们有改变长期存在的敌对关系的主动性,但必须有国内议程的推动,正如戈尔巴乔夫和在他之前的萨达特,国内议程要求和平解决冲突,或至少缓和因这些冲突而带来的紧张关系。[161] 为了这样做,领导人需要政治勇气,重新界定安全并向他们自己和相关支持者伸出橄榄枝。

另一个同样重要的教训是安全在某种程度上是一种主观的话语,而不是可以使用理性对国际环境进行判断而得出的客观事实。斯大林、赫鲁晓夫、勃列日涅夫和戈尔巴乔夫对苏联的安全都有着完全不同的理解。苏联对安全的思考的演变更多的是思想观点的转换,而不是形势的变化。[162] 保护苏联家园和它的公民可能是这些领袖的主要关注,但完成它的手段有很大差别。斯大林采取了一种极端做法,它强烈反对西方列强。赫鲁晓夫则是软硬兼施。戈尔巴乔夫绝对更倾向于与西方合作。每一个不同的领导人所制定的安全框架都有所不同,而这些差异部分取决于领导人和当时的形势,包括保持权力增强苏联的影响力、经济和政治改革,以及改善苏联公民的生活质量。这种安全思考和概念的转变同样体现在中华人民共和国成立后的六十年里。

小　结

以安全为动机的战争和一场重要的非“热战”带来了两个结论,它们都对未来战争具有重要意义。第一个事关国际关系发生的更为广阔的物质和观念背景,它决定了战争发动的动机分布。第二个是参与者对利益、安全和地位的主观理解。我认为这些因素共同决定了战争的频率。

国际关系的物质和意识背景在我的数据集覆盖的过去 350 年里发生了巨大的变化。我在导论中提到,民族国家或有望成为民族国家的政治单位,代替了传统的王朝国家和帝国,成为主导的政治形式。王权与贵族政治让位给民主或现代形式的威权统治。[163] 伴随着这些变化,民主的理论和实践自出现在欧洲城市国家和英格兰之后,也不断地相应演化,对国家的认同整体上在欧洲超越了对宗教及地方的忠诚,而后蔓延到世界各地。对国家的认同随之带来了对国家更高的期望，希望他们所忠于的国家能够带来物质繁荣、提高自尊（self-esteem）。[164] 正如我们所观察到的，战争实践也发生了变化。它的一些最重要的现代特征，如克劳塞维茨首先注意到的，是民族主义的直接反应。

学者们根据民族主义的兴起、经济的发展和制度的转型来划分国际关系的各种时期。大多数人以主要战争为方便的分界点。最常见的划分是从威斯特伐利亚到法国大革命以及随后的战争，从维也纳会议到 1914年，从 1914 至 1945 年，从 1945 年到冷战的结束。也存在更详细的划分模式；保罗·施罗德（Paul Schroeder）把从 1763 年（紧张的奥普对立）至1914 年划分为七个阶段。[165] 一些国际关系学者将开发和使用核武器看作一个分水岭，认为 1945 年后的大国关系与之前相比有本质上的区别。[166] 这些排序都是有依据的，但却没有一个适用于我的研究目标，因为它们通常只是基于单一的标准。任何新的因素或重大变化都影响国际关系，但该因素是在由其他发展和因素塑造的背景下起作用的。由于这些因素中的多数（如民主、专制、民族主义、工业化）随着时间的推移而演化，因而将国际关系史有效地划分为几个阶段是很困难的，尽管并非不可能。我认为，我们最多能做的是找出导致战争频率和性质的不确定的时间段的结构。历史学家和国际关系学者曾发现几个这样的架构，其中一个集中强调政治的、观念的和组织的各种要素的交汇导致 20 世纪的头十年欧洲大陆更有可能爆发战争。这些要素包括民族主义、帝国主义、社会达尔文主义、工业化和城市化，大众政治，感受到政治和经济变革威胁的精英和政权，对进攻性军事学说的迷恋，以及过时的决策机构和程序。[167]

认为战争在不断减少的国际关系学者强调了另外一系列因素的作用，包括民主化、经济发展和相互依存、反战情绪、国际制度甚至核武器。对于这些因素各自的重要程度，有着较为严重的分歧。悲观主义者对这些发展有着不同的解读，强调核武器、全球化甚至民主化的负面影响。[168] 所有基于数据的预测都侧重于关注前面提到的因素中的一个或者多个。对一战爆发根源的持续的争论即便是回溯过去，在一系列因素中的关键因素或者任意因素对战争与和平的影响上达成共识是多么困难，尽管并非不可能。对未来的预测仍饱受诟病。正如历史表明的，预测建立在不可检验的假设和期望之上。这个问题没有解决方案,这就是为什么我们必须设法通过第二种研究方法减少不确定性:理解参与者对他们自身参与战争的动机的理解,以及这对于战争与和平的影响。

正如我们所看到的,这些理解是时刻变化的。在利益的案例中,随着重商主义名誉扫地,战争可以带来的预期收益显著减少。国家继续在经济上剥削被占领的土地,但在我的数据集中,20 世纪的战争中没有一个领土征服的案例是出于经济原因。由于国际反对,征服变得愈加困难。对被征服领土的经济掠夺也更加受到质疑。侵略者可能遭受贸易禁运和投资制裁。斯蒂芬·布鲁克斯认为,处于领先地位的资本主义国家在军事发展和生产上已日益国际化,使征服成本变得更加昂贵。[169]政府在一定程度上意识到这些成本和限制,领土侵略的行为将逐渐消失。基于利益而发动战争更加不可能了。

形形色色的现实主义信念都认可一个观念:安全必须是国家的首要关注,而它最终取决于军事能力。然而,安全像利益一样,是社会建构的产物。关于安全的思考既不是恒定的也不是普遍的,不同的时代变化很大。冷战提供了一个极好例子。决心是安全的先决条件,对决心的过分关注导致冷战在诱发其开始的起始冲突——美苏在欧洲领土划分的冲突——结束之后,仍然得以持续。戈尔巴乔夫意识到,冷战演变为一场地位和声望的冲突,这已经严重威胁到两个超级大国的安全,这一点也使得苏联的让步变得可能,后者最终导致了冷战的结束。

20 世纪是一个关于安全的"新思维"高速发展的时代。如同我在导论中简短描述的那样,集体安全的概念也许是最突出的例子。集体安全首先在欧洲协调中找到自己的制度根基,第一次世界大战后,在集体安全成为饱受诟病的国联的核心使命后理论快速发展。[170]第二次世界大战结束后,它集中论证了联合国安理会存在的正当性,集体安全在安理会,以及众多联盟体系,例如北约、里约(Rio Pact)、美日共同安全条约(the U.S.-Japan Mutual Security Treaty)、东南亚条约组织(SEATO)、巴格达条约(the Baghdad Pact)和中央条约组织(CENTO)做出了一定贡献。其中,北约是这些组织中最成功的,在后冷战时期一直存在,并不断扩大其使命。[171]武器控制成为安全的另一个支柱。1899 年的海牙会议禁止某种类型的炸弹、投掷弹和气球弹。1922 年的《华盛顿海军条约》(The Washington Naval Treaty of 1922)限制了主力船总吨位。冷战时期的武器控制协议使得超级大国相互制约。1987 年的《中程核力量条约》(Treaty on Intermediate-Range Nuclear Forces)和 1991 年的《削减战略武器条约》(START Treaty)加速了美苏冲突的结束。[172]

20 世纪,安全不只意味着没有战争,这一观念出现并逐渐为大家广泛接受。这一原则也体现在联合国宪章中,这使得它的专门机构致力于促进世界卫生、儿童福利、人权和农业及其他形式的发展。从学术角度来看,消极和平(指没有战争)与积极和平(人类关系的重建以及致力于一个公正的、人可以充分发挥自己潜能的社会)之间的区别已被高度理论化了。[173]国家作为一个堡垒、有效地保护其公民免遭外部威胁的长久观念,最近也受到了挑战。学者和决策者们逐渐认识到,国内和国际安全威胁的区别在很大程度上是人为的单方面的行动和军事措施通常都不是最有效的应对手段。真正的安全威胁是多样化的,如恐怖主义、毒品、移民、疾病和环境恶化。[174]

对于安全的新认识已大大改变了一些国家思考和筹划安全的方式。这是否意味着国际战争不太可能? 答案取决于这些概念和条件的结构,或者国际关系发生的物质观念背景的契合度。正如我们所见,汉斯·摩根索和爱德华·卡尔认为,在 20 世纪 20 年代和 30 年代对国际法和国际制度的信仰已经抑制了进步的追求和平的意见,使领导人漠视纳粹和法西斯分子带来的危险,最终导致了第二次世界大战爆发。摩根索和卡尔夸大了杰出的国际法律师的幼稚程度,但是他们对于绥靖主义的判断是正确的:绥靖的政策在这种情况下是一种非常不恰当的策略,[175]尽管备受诽谤的"理想主义者"从未提倡这种绥靖政策。这并不意味着,国际法和国际制度在其他情况下也无法发挥促进和平的作用,或者适合 20 世纪 30 年代的强硬的威慑战略在 20 世纪 60 年代同样适宜,在 60 年代这个政策似乎已经加快了军备竞赛并挑起至少两次严重的危机。策略必须和实际情况相匹配,任何对未来和平与战争可能性的预测将依赖于相互交错的各种"偶然"。我说"偶然",是因为:过去防止战争的努力经常是基于对前面战争教训的汲取,因而是一场不协调的冲突。[176]我会在下一个章末再讨论这个问题。

最后,让我以谨慎乐观的态度写下本章的结尾。导致 20 世纪的两次世界大战以及随后的冷战爆发的各种因素的结构仿佛是与特定的历史时段联系在一起的。它们不太可能再次出现。对安全和利益的理解在发生变化,使得因为这些因素而爆发的战争至少在大国之间越来越少。下一章我将更加详细地论述剩下的三个动机:地位、复仇和其他动机。

注　释

1. Sophocles, *Antigone*, line 332.

2. Lebow, *Forbidden Fruits*, chs. 3 and 4.

3. Wright, *Study of War*, vol. 1, pp. 121, 237, 242, 248, 638; Levy, *War in the Modern Great Power System*, pp. 139—144; Holsti, *Peace and War*; Hahmiltion, "The European Wars: 1815—1914."

4. Levy, *War in the Modern Great Power System*.

5. Clausewitz, *On Wars*; Millis, *Arms and Men*; Howard, *War in European History*.

6. 一个重要的例外便是卡特捷琳娜女皇是通过谋杀自己的丈夫彼得三世而获得皇位的。

7. Luard, *War in International Society*, pp. 160—161; Best, *Humanity in Warfare*, pp. 53—60; Anderson, *War and Society in Europe of the Old Regime*, p. 15.

8. Chandler, *Art of Warfare in the Age of Marlborough*; Weigley, *Age of Battles*; Anderson, *War and Society in Europe of the Old Regime*, p. 17; Duffy, *Military Experience in the Age of Reason*, p. 17; Black, *European Warfare*, pp. 58—59; Black, *Military Revolution?* p. 7.

9. Blanning, *Pursuit of Glory*, p. 643.

10. Black, *European of Warfare*, pp. 168—188.

11. Clausewitz, *On Wars*, Book 8, ch. 3, pp. 502—503.

12. Ibid., p. 593.

13. Ibid., p. 593.

14. Ceadel, *Origins of War Prevention*; Cortright, *Peace*, pp. 25—40.

15. Contright, *Peace*, pp. 40—43.

16. Emerson, "War," 引自 Mueller, *Retreat from Doomsday*, p. 26.

17. Angell, *The Great Illusion*, Angell won his Nobel in 1933.

18. Howard, *Franco-Prussian War*, pp. 371—431.

19. 引自 Crawley and Bury, *New Cambridge Modern History*, vol. 10,

p. 237。

20. Ritter, *Schlieffen Plan*; Farrar, *Short-War Illusion*; Blainey, *Causes of War*, pp. 47—50; Snyder, *Ideology of the Offensive*, pp. 107—156.

21. Mombauer, *Helmuth von Moltke*, p. 69, 103—104, 210—213; Afflerbach, Falkenhayn, pp. 259—260, 294—295, 300—307; Lebow, *Cultural Theory of International Relations*, pp. 357—359.

22. Lebow, *Cultural Theory of International Relations*, ch. 7.

23. Nicolson, *Longman Companion to the First World War*, p. 248.

24. Osgood, "Woodrow Wilson."

25. Clark, *Voices Prophesying War*, pp. 167—176.

26. Churchill, *Amid These Storms*, p. 32.

27. Freud, *Civilization and Its Discontents*, p. 81.

28. Einstein, *Einstein on Peace*, pp. 117—118.

29. Goldman, *Sunken Treaties*; Ferrell, *Peace in Their Time*.

30. Lynch, *Beyond Appeasement*, pp. 93—125, 149—171; Cortright, *Peace*, pp. 67—92.

31. Mommsen, *Rise and Fall of Weimar Democracy*; Weinberg, *Foreign Policy of Hitler's Germany*; Iriye, *Origins of the Second World War in Asia*; Lebow, *Cultural Theory of International Relations*, ch. 8.

32. Tucker, *Encyclopedia of World War II*, pp. 272—273; Tucker and Roberts, *Encyclopedia of World War II*, pp. 300—301.

33. Dallin, *German Rule in Russia 1941—1945*; Bartov, *Eastern Front, 1941—1945*, pp. 106—142; Krausnick, *Truppe des Weltanschauungskrieges*, Part I, chs. 1—3.

34. Weinberg, *World at Arms*, pp. 574—527.

35. Salisbury, *900 Days*, pp. 513—517.

36. Marridale, *Ivan's War*, pp. 161, 241.

37. Glantz, *Colossus Reborn*, p. 577.

38. Volkogonov, *Triumph and Tragedy*, p. 418.

39. Weinberg, *World at Arms*, pp. 523—527.

40. De Bruhl, *Firestorm*; Hastings, *Bomber Command*, pp. 411—412; Bundy, *Danger and Survival*, pp. 63—68; Weinberg, *World at Arms*, p. 616.

41. Boog, Krebs and Vogel, *Germany and the Second World War*, pp. 30—36.

42. Dower, *Embracing Defeat*, pp. 41—49.

43. Weinberg, *World at Arms*, p. 322; Fogel, *Nanjing Massacre in History and Historiography*; Wakabayashi, *What Really Happened in Nanking*,估算死亡数为 70 000。

44. Spector, *American War with Japan*, pp. 478—510; Selden, *Atomic Bomb*, p. xvi, 引用了 Strategic Bombing Survey。

45. Rhodes, *Making of the Atomic Bomb*, p. 734; Craven and Cate, *Army Air Forces in World War Two*, vol. 5, pp. 616—617.

46. Dower, *War without Mercy*, pp. 11—12, 63—71.

47. 关于争论双方, 可见 Herrmann and Lebow, *Ending the Cold War*, for both sides of this debate。

48. Cook and Walker, *Facts on File World Political Almanac*, p. 325; Chubin and Trupp, *Iran and Iraq at War*, p. 1, 估算为 150 万。

49. 关于核扩散, 可见 Hymans, *Psychology of Nuclear Proliferation*; Soligen, *Nuclear Logics*。关于"不使用"原则, 可见 Paul, *Tradition of Non-Use*。

50. Tilly, *Coercion, Capital, and European States*, p. 158 也提到了这一点。

51. Montesquieu, *Spirits of the Laws*, I, Book 20, ch. 1.

52. Kant, *Perpetual Peace*, p. 39; Bentham, "A Plan for a Universal and Perpetual Peace"; Baum, "A Question for Inspiration in the Liberal Peace Paradigm," 比较了边沁与康德的和平观。

53. Mill, *Principles of Political Economy*, p. 582.

54. Veblen, *Inquiry into the Natural Of Peace*; Angell, *Great Illusions*; Schumpeter, *Imperialism and Social Classes*; Howard, *Lessons of History*; Resecrance, *Rise of the Trading State*.

55. Resecrance, *Rise of the Trading State*, pp. 16, 24; Gartzke, "Capitalist Peace".

56. Friedman, *Lexus and the Oliver Tree*.

57. 反对这种研究纲领的, 可见 Levy, "Theory, Evidence, and Politics in the Evolution of International Relations Research Programs"; Lawrence, "Imperial Peace or Imperial Method?"

58. Frost, "Tragedy, Ethics and International Relations"; Senghaas, "Zivilisierung und Gewalt"; Jones, *Code of Interstate War*; Jackson, Global Govenant; Vayrynene, "Introduction"; Holsti, "Decline of Interstate War"; Spruyt, "Normative Transformations in International Relations"; Hurrell, *On Global Order*.

59. Zacher, "Territorial Integrity Norm"; Holsti, "Decline of Interstate War"; Spruyt, "Normative Transformations"; Fazal, *State Death*.

60. Waltz, "Spread of Nuclear Weapons"; Tannenwald, *Nuclear Taboo*; Paul, *Tradition of Non-Use*.

61. Mueller, *Retreat from Doomsday*; Mueller, *Remnants of War*.

62. Black, *Why Wars Happen*; Kaysen, "Is War Obsolete?"; Van Creveld, "Waning of Major War"; Holsti, "Decline of Interstate War."

63. Lebow, *Cultural Theory Of International Relations*, ch. 6.

64. Ibid, ch. 7.

65. Treitschke, *Politics*, vol. I, pp. 66—67, vol. II, pp. 395—396.

66. 引自 Mueller, *Retreat from Doomsday*, p. 45。

67. Pearson, *National Life from the Standpoint of Science*, p. 64.

68. Spencer, *Principles of Sociology*, p. 664.

69. Lebow and Stein, *We all Lost the Cold War*, pp. 138—139, 引用了相关苏联官员的回忆文章。

70. Mearsheimer, *Tragedy of Great Power Politics*, p. 371.

71. Richardson, *Statistics of Deadly Quarrels*; Toynbee, *Study of History*, vol. 9. 相关批评, 可见 Blainey, *Causes of War*, pp. 5—9。

72. Blainey, *Causes of War*, pp. 29—30.

73. Morgenthau, *Politics Among Nations*. 关于这场所谓的现实主义—理想主义争论, 可见 Lynch, *Beyond Appeasement*, pp. 93—124; Schmidt, "Anarchy, World Politics and the Birth of a Discipline"; Ashworth, "Did the Realist-idealist Great Debate Ever Happen?"

74. Morgenthau, *Politics Among Nations*, pp. 43—45; Carr, *Twenty Years Crisis*.

75. Brooks, *Producing Security*, p. 9.

76. Drucker, "Global Economy and the Nation State"; Rosenau, "New Dimensions of Security"; Lipschutz, *After Authority*.

77. Albertini, *Origins of the War of 1914*; Taylor, *Struggle for Mastery in Europe*; Ritter, *Schlieffen Plan*; Snyder, *Ideology of the Offensive*; Lebow, *Nuclear Crisis Management*.

78. Lebow, *Between Peace and War*; Jervis, Lebow and Stein, *Psychology and Deterrence*; Hopf, *Peripheral Visions*.

79. Lebow, "The Long Peace".

80. Lebow, *Tragic Vision of Politics*, pp. 236—242; Scheuerman, *Hans Morgenthau*, pp. 165—195.

81. Shirk, *China*, p. 4; Mearsheimer, *Tragedy of Great Power Politics*; Goldstein, *China's Grand Strategy*; Goldstein, "Great Expectations"; Goldstein, *Rising to the Challenge*; Mearsheimer, *The Tragedy of Great Power Politics*.

82. Friedberg, "The Future of United States-China Relations"; Mearsheimer, *The Tragedy of Great Power Politics*.

83. Shirk, *China*, p. 4.

84. US-China Security Review Commission, *Report to Congress*. 引自 Gries, *China's New Nationalism*, p. 11。

85. Friedberg, "The Future of United-States Relations"; Mearsheimer,

Tragedy of Great Power Politics; Sutter, *China's Rise in Asia*; Swaine and Tellis, *Interpreting China's Grand Strategy*; Tellis, "A Grand Chessboard."

86. Lebow and Valentino, "Lost in Transition."

87. Chan, *China, US, and Power Transition Theory*, pp. 82—83, 122—123; Yee, "Realist Analyses of China's Rise."

88. Art, "The United States and the Rise of China."

89. Fravel, "Regime Insecurity and International Cooperation"; Quingguo, "Peaceful Development"; Johnston, "Is China a Status Quo Power?"; Johnston, *Social States*; Kang, *China Rising*; Shambaugh, "China Engages Asia"; Deng, *China's Struggle for Status*.

90. Nye, "Case Against Containment"; Chan, *China, the US, and the Power Transition Theory*.

91. Shambaugh, "China Engages Asia"; Chan, *China, the US, and the Power Transition Theory*, pp. 82—83, 122—123; Gries, *China's New Nationalism*, pp. 135—140; Deng, *China's Struggle for Status*, pp. 8—10.

92. Daudin, *Morys and O'Rourke, Europe and Globalization*.

93. 引自 Vayrynen, "Introduction," p. 9。

94. Mueller, *Retreat from Doomsday*, pp. 9—13.

95. Keohan, *International Institutions and State Power*; Ruggie, *Multilateralism*; Raymond, "International Norms"; Morgan, "Multilateral Institutions."

96. Deutsch, Burrell and Kann, *Political Community and the North Atlantic Area*.

97. Lebow, "The Long Peace"; Adler and Barnett, eds., *Security Communities*.

98. Holsti, "Decline of Interstate War".

99. Sophocles, *Antigone*, lines 368—411.

100. Brodie, *Absolute Weapon*; Jervis, *Meaning of the Nuclear Revolution*; Bundy, *Danger and Survival*; Mueller, *Retreat from Doomsday*; Lebow and Stein, *We all Lost the Cold War*, ch. 14; Paul, *Tradition of Non-Use*.

101. Hirschman, *Passions and the Interests*; Hont, *Jealousy of Trade*; Boyle, "Mystery of Modern Wealth."

102. Smith, Wealth of Nations, p. 460; Boyle, "Mystery of Modern Wealth".

103. Ibid.

104. Black, *European International Relations*, pp. 23—26.

105. Wilson, *Profit and Power*, pp. 128—129; Seaward, *Cavalier Parliament and the Reconstruction of the Old Regime*, pp. 236—275; Jones, *Anglo-Dutch Wars of the Seventeenth Century*, pp. 46—47, 56—60, 77—78.

106. Hurd, *Arrow War*; Wong, *Deadly Dreams*; Al-Sayyid-Marsont, "The British Occupation of Egypt from 1882"; Sanderson, *England, Europe and the Upper Nile*, pp. 381—405; Brown, *Fashoda Reconsidered*, pp. 23—24; Paine, *Imerial Rivals*, pp. 323—338.

107. Lebow, *Cultural Theory of International Relations*, pp. 323—328.

108. Iriye, "Japan's Drive to Great Power Status."

109. Yanabe Kentaro, *Nik-kan gappei Shoshi* (*Tokyo, 1996*), 引自 Iriye, *Pacific Estrangement*, p. 44。

110. Duus, "Japan's Informal Empire in China, 1895—1937."

111. Fischer, *Germany's Aims in the First World War*, pp. 98—118, 以及其后续著作 *War of Illusions*; Mayer, "Domestic Causes of the First World War"; Wehler, *Das deutsche Kaiserreich*; Geiss, *German Foreign Policy*。

112. Theobald Bethmann Hollweg, "Provisional Notes on the Direction of Our Policy on the Conclusion of Peace," September 9, 1914. 引自 Fischer, *Germany's Aims in the First World War*, p. 103。

113. Riezler Diary, August 20, 1914. 引自 Fischer, *Germany's Aims in the First World War*, p. 103。

114. 对费希尔的观点，以及有关德国外交政策服务于国内政治经济目标等观点的批评，可见 Eley, *Reshaping the German Right*; Kaiser, "Germany and the Origins of the First World War"; Mommsen, "Domestic Factors in German Foreign Policy Before 1914"; Gordon, "Domestic Conflict and the Origins of the First World War"; Lebow, *Between Peace and War*, pp. 101—147。

115. Stein, "Threat-Based Strategies of Conflict Management."

116. Yetiv, *Explaining Foreign Policy*; Gause, *Iraq and the Gulf War*.

117. Lieberman, *Does Conquest Pay?* ch. 3.

118. Brooks, *Producing Security*, pp. 9—10, 57—71, 162—206, 209—219.

119. Pflanze, *Bismarck*, pp. 473—479.

120. Schroeder, *Transformation of European Politics*, pp. 287—323; Simms, *Impact of Napoleon*, chs. 5—8; Nipperdey, *Germany from Napoleon to Bismarck*, pp. 323—324, 553.

121. Gorst and Johnman, *Suez Crisis*.

122. Boemeke, Geldman and Glaser, *Treaty of Versailles*. "十四点"的文本，可见 http://en.wikipedia.org/wiki/Fourteen_Points/。

123. Holsti, "Decline of Interstate War," p. 144.

124. Debo, *Survival and Consolidation*, pp. 191—212, 404, 406; Carley, "Politics of Anti-Bolshevism"; Borzecki, *Soviet-Polish Peace of 1921*.

125. O'Connor, History of the Baltic States, pp. 113—145.

126. Jakobson, *Diplomacy of the Winter War*, pp. 248—253. Van Dyke,

Soviet Invasion of Finland, pp. 189—191.

127. Wikipedia，"Winter War"，5. 1，http：//en. wikipedia. org/Winter_War3♯cite_note-50/.

128. BBC，Regions and Territories：The Golan Heights，http：//news. bbc. co. uk/2/hi/middle_east/country_profiles/3393813. stm.

129. Wilson，*Profit and Power*；Seaward，*Cavalier Parliament and the Reconstruction of the Old Regime*，pp. 259—265；Jones，*Anglo-Dutch Wars of the Seventeenth Century*，pp. 7—15.

130. 关于最新的信息和分析，可见 http：//community. middlebury. edu/~scs/；Bateman and Schofield，*Outer Shelf Claims in the South China Sea*。

131. Shapland，*Rivers of Discord*.

132. Ullman，"Redefining Security"；Mathews，"Redefining Security"；Gleick，"Implications of Global Climate Changes for International Security"；Homer-Dixon，*Environment，Scarcity，and Violence*，pp. 133—176，该书的案例主要是国家间战争。

133. Lebow，*Between Peace and War*，ch. 3.

134. Ibid.

135. Haslam，*Soviet Union and the Threat from the East*，pp. 112—134；Coox，*Nomonhan*.

136. Crowley，*Japan's Quest for Autonomy*，pp. 301—378；Iriye，*Origins of the Second World War*，pp. 41—49，89—94，100—167；Sadao，"Japanese Navy and the United States"；Lebow，*Cultural Theory of International Relations*，pp. 409—417.

137. Neustadt，*Presidential Power*，pp. 120—145；Spanier，*Truman-MacArthur Controversy*；Lebow，*Between Peace and War*，ch. 6；Foot，*Wrong War*.

138. Whiting，*China Crosses the Yalu*；Simmons，*Strained Alliance*；Xu，*Cong Yalujiang dao Banmendian*；Zhang，*Mao's Military Romanticism*，pp. 3，81.

139. "Soviet Archival Documents on the Hungarian Revolution"；Taubman，*Khrushchev*，pp. 294—299；Kahin，*Intervention*；Logevall，*Choosing War*；Bradsher，*Afghan Communism and Soviet Intervention*，pp. 75—117；Wolf，"Stumbling Toward War."

140. Lebow，*Between Peace and War*，ch. 3.

141. Coox，*Nomonhan*，vol. 1，pp. 266—590.

142. *New York Times*，August 28，1980，p. A4.

143. Kahin，*Intervention*，pp. 9，29，40，126，173—176；Logevall，*Choosing War*，pp. 313，247. 强调撤军的国内代价的，可见 Gelb and Betts，*Irony of Vietnam*。

144. Lebow and Stein, *We All Lost the Cold War*; Hopf, *Peripheral Visions*.

145. Thucydides, *History of the Peloponnesian* War, Book I; Lebow, *Tragic Vision of Politics*, pp. 86—89.

146. Polybius, *Rise of the Roman Empire*, Books 1—2; Harris, *War and Imperialism in Republican Rome*, pp. 105—130.

147. Lebow, *Between Peace and War*, pp. 82—97;对相关文献的讨论，可见 Hopf, *Peripheral Visions*, pp. 1—7。

148. Schelling, *Arms and Influence*, p. 125.

149. Waltz, *Theory of International Politics*, pp. 168—170.

150. Lebow, *Tragic Vision of Politics*, ch. 3.

151. 相关历史记录，可见 Lebow, *Cultural Theory of International Relations*, ch. 9。

152. 相关综述，可见 Herrmann and Lebow, "What Was the Cold War? When and Why Did it Fail?"

153. English, *Russia and the Idea of the West*; English, "Power, Ideas, and New Evidence on the Cold War's End"; Levesque, *The Enigma of 1989*; Evangelistam, *Unarmed Forces*; Brown, *Gorbachev Factors*; Garthoff, *Great Transformation*; Lebow and Stein, *We All Lost the Cold War*.

154. Wohlforth, "Realism and the End of the Cold War"; Davis and Wohlforth, "German Unification"; Zubok, "Why Did the Cold War End in 1989?"

155. Matlock, *Autopsy of an Empire*.

156. Oye, "Explaining the End of the Cold War"; Creveld, "The Waning of Major War"; Paul, *Tradition of Non-Use*.

157. Brealauer and Lebow, "Leadership and the End of the Cold War"; Lebow and Stein, "Understanding the End of the Cold War as a Non-Linear Confluence."

158. Herrmann and Lebow, "What Was the Cold War?"

159. George, *Managing US-Soviet Rivalry*; George, Garley and Dallin, *US-Soviet Security Cooperation*.

160. Volkogonov, *Lenin*, pp. 183—194.

161. Lebow, "Transitions and Transformations."

162. English, *Russia and the Idea of the West*; English, "Power, Ideas, and New Dimensions on the Cold War's End"; Lévesque, *The Enigma of 1989*; Evangelista, *Unarmed Forces*; Brown, *Gorbachev Factor*; Garthoff, *Great Transformation*; Lebow and Stein, *We All Lost the Cold War*.

163. Dunn, *Democracy*; Eley, *Forging Democracy*.

164. Deutsh, *Nationalism and Social Communication*,清晰叙述了这种关系。

Lebow，*Cultural Theory of International Relations* 全面处理了这个问题。

165. Schroeder，"Life and Death of a Long March."

166. Brodie，*Absolute Weapons*；Jervis，*Meaning of the Nuclear Revolution*；Buddy，*First Fifty Years of the Bomb*.

167. 相关文献综述，可见 Halilton and Herwig，*Origins of World War I*；Lebow，*Forbidden Fruit*。

168. 关于民主化，可见 Mansfield and Snyder，"Democratization and the Danger of War"；Mansfield and Snyder，*Electing to Fight*。

169. Brooks，*Producing Security*.

170. Schroeder，"19th Century International System"；Elord，"Concert of Europe"；Northedge，*League of Nations*；Walters，*History of the League of Nations*；Jervis，"Security Regimes."

171. Kupchan and Kupchan，"Concerts, Collective Security, and the Future of Europe"；Betts，"Systems for Peace or Causes of War?"；Downs，*Collective Security Beyond the Cold War*；Kay，*NATO and the Future of European Security*.

172. Evangelista，*Unarmed Forces*；Evangelista，"Turning Points in Arms Control."

173. Boulding，"Future Directions of Conflict and Peace Studies"；Galtung，*Peace by Peaceful Means*.

174. Ullman，"Redefining Security"；Mathews，"Redefining Security"；Aydinli and Rosenau，*Globalization*，*Security*，*and the Nation-State*.

175. 关于这一点，可见 Lynch，*Beyond Appeasement*，pp. 93—124；Schmidt，"Anarchy, World Politics and the Birth of a Discipline"；Ashworth，"Did the Realist-Idealist Great Debate Ever Happen?"

176. Jervis，*Perception and Misperception*，pp. 117—124，187，262—270；Lebow，"Generational Learning and Foreign Policy."

第六章
地 位 与 复 仇

在本章中,我会重点分析地位和复仇的动机,以及我划分的其他类别的战争。我回顾了数据中几个世纪以来这些动机的频率,以及将它们和战争联系起来的条件。地位动机与战争的关系是紧密的,在时间上表现出一致性,直到 19 世纪末,地位和战争才开始分道扬镳。这种分离的速度在 20 世纪加快,但是在各个地区变化的情况不一。今天,我们已经到达了这样一个历史时刻:发动战争几乎就意味着一国国际地位的降低。最主要的例外是受到联合国或者具有权威性的地区组织的授权、为了秉持核心集体价值的军事干涉。我把复仇视为一种独立的动机,但是就像地位一样,它是激情的表现。复仇作为战争动机的也在下降,一方面是因为同样的原因,但是进一步来讲,也是因为领土征服作为复仇战争的主要目标,从整体上讲,变得不可接受或无利可图。

其他类别战争的动机更加复杂,因为它包含了所有可能引发战争的但不能归入我的四个基本类别的所有因素。我划分的作为其他类别的战争,通常是国内的权力斗争的外在表达,或者弱国通过战争获得国内的普遍支持。国家内部问题、外部的问题,与促使国家领导人采取具有攻击性或包容性的外交政策的场景之间,存在着明显的关联。[1]这些场景高度依赖于其他因素,这也是难以做出有信心的预测的原因之一。

地　　位

在第四章中,我发现了 94 场战争存在 104 个动机,其中地位动机出现 62 次,占全部动机的 58%,成为遥遥领先的战争动机。在我的数据集所覆盖的每个世纪中都是如此。尽管地位作为战争爆发的动机是一致的和连贯的,但它的表现形式却并不都一样。

在 17 世纪和 18 世纪,在国王统治的欧洲区域体系框架下,争夺地位的战争经常爆发,君主把他们的国家看成王室的私产。统治者们经常试图通过军事胜利和征服获得荣耀。路易十四非常坦率地谈及他发动 1672—1678 年的荷兰战争的动机,在回忆录中他写道:"我不是要为自己辩护,追求抱负和荣耀对于一个国王而言总是可以理解的,尤其像我这样年轻且承蒙眷佑的国君。"[2]新教国王奥伦治·威廉和腓特烈大帝也追逐荣耀。这个时代的许多君主亲自领军作战,就是为了追逐荣耀(如路易十四、腓特烈一世和二世、彼得大帝)。君主、王朝、国家的荣誉和尊严在 18 世纪的外交文书中显据首要位置,尽管它们在沙俄叶卡捷琳娜二世 (1762—1796 年)、普鲁士腓特烈二世和奥地利约瑟夫二世当政的时候表现并不明显。[3]18 世纪有八场战争与王位继承有关。[4]它们为野心勃勃的君主提供了扩充疆域的借口,普鲁士和法国在玛利亚·特蕾莎(Maria Theresa)继承奥地利王位的时候,以及巴伐利亚选帝侯和神圣罗马帝国皇帝查理七世在 1745 年去世的时候都发生了这种情况。一些大国有时加入到因王位继承危机而起的战争,仅仅是因为这涉及了他们的荣耀。路易十四为他的孙子争取西班牙王位,并由此引发了欧洲大陆的大规模战争,这些都是因为王朝的地位。[5]1733 年,法国参战是因为波兰王位的一位候选人是路易十五的岳父。

追逐荣誉和地位经常以牺牲国家利益为代价。[6]路易十四在最初的战役结束之后,拒绝了荷兰共和国迫切的和平请求,尽管他已经实现了他的既定目标。由于傲慢地、不知足地追求荣誉,路易十四坚持要完全征服荷兰,使得这场战争演变成持久战,其他欧洲国家组建了强大的反法同盟进行干预。[7]路易国王不顾进谏,不断地进行军事冒险,尽管这时他已经不可能给法国带来胜利,最终法国不得不在里斯维克和乌得勒支签订妥协性的条约,在欧洲只是获得有限的利益,而在海外则蒙受巨大损失。经过14年的战争,瑞典国王查理十二世在1714年却拒绝了一个合理的和平协定,只是因为他自大地以为,"只有我们在欧洲赢得更多的尊重,瑞典的美好时代才会最终降临"[8]。在以瑞典的彻底失败告终的北方大战(1699—1721年)中,查理愚蠢地入侵俄国,使得他的军队暴露在当今的乌克兰的地方。他的军队在波尔塔瓦被击败,查理国王不能抑制自己的激情。他很明显记恨1700年丹麦—俄国—萨克森入侵瑞典和他的德国盟友的事情,这是他的驱动力。[9]

17世纪和18世纪战争的沉痛代价提供了更多的关于战争动机的证据。路易十四和哈布斯堡王朝为了维持庞大的陆军军备不得不变卖王室私产。[10]在北方大战之后,法国和普鲁士的财政处于崩溃的边缘。战争过高的代价和较低的成功率,削弱了战争发动者是为物质利益而战的观点。这些条件并没有能够制止统治者对于荣耀的追求。战争的高昂代价反而使得这种追求变得更加有吸引力,就像富人为了炫耀地位和吸引他人的注意而去奢侈的餐馆和酒店消费。

杰里米·布莱克(Jeremy Black)是一位研究17世纪和18世纪战争的权威,他强调了荣誉和机遇导致战争的爆发。[11]对于荣誉的追求导致伤亡惨重的战争,而军官伤亡率一直比普通士兵伤亡率更高。[12]法国军官因为在战争中英勇无畏地追求荣誉而臭名昭著。在1701—1714年西班牙王位继承战争中,法国方面最成功的指挥官陆军元帅查尔斯·维拉斯(Charles Villars)赞扬道,"法国人天生具有英勇无畏的气息",他们固执地认为"作战方法就是用刺刀冲锋"。[13]17世纪的大部分时间里,相比于胜利,法国军队更加重视部队承受伤亡、保持秩序的能力。[14]在火炮和密集火力可以远距离摧毁队形的时代,这种虚张声势越来越像是一种自杀行为,进一步表明了荣誉的至高重要性。对路易十四而言,战争只关乎勇气:"良好的军纪和秩序使我们显得很自信,看上去勇敢,这就够了,因为多数时候敌人等不及我们逼近、来展示我们是否真的勇敢。"这位国王直到 1692 年仍然亲自领军作战，以确保在敌人的炮火范围内下达指令。[15] 君主和贵族们追求荣誉以及随之而来的威望，这些不仅是目的，也是保持和加强统治权威的方法。像 19 世纪德国历史学家一样，布莱克反对将国家理性（raison d'état）的动机用于 18 世纪，他说："正如这一时期的大多数冲突，从外交和军事角度理解战争是如何出现的，这种做法没什么意义。"[16]

在 19 世纪，追逐地位成为全国上下关注的焦点，甚至在德国和奥地利那些几乎不能称为民主政体的国家也是如此。制定外交政策的精英仍然大多出身贵族，他们更加强烈地执着于国家荣誉，因为传统荣誉准则在人际关系中没那么重要了。公众强烈认同民族国家和国家荣誉，并且在知识分子和中产阶级被置于权力和地位等级边缘的国家表现尤其明显。这种现象在 20 世纪变得更加突出，并且成为第一次世界大战爆发的一个主要原因。[17]

现实主义者解释第一次世界大战时会提及相互对立的结盟体系、军备竞赛、进攻性学说的主导地位和巴尔干冲突，而这些因素都加深了战略劣势的恐惧和不安全感。现实主义者指出德国的崛起和它对于当时世界秩序的挑战，尽管也有一些学者强调沙俄不断增长的实力及其给体系带来的不稳定后果。马克思主义者和受马克思主义启发的分析家着重关注了阶级分化，以及由此带来的贵族政体实施咄咄逼人的外交政策。思想史学者们将注意力扳指向时代精神，以及社会达尔文主义、激进民族主义，军事英雄主义等精神，这些因素使得冲突和战争变得更加有吸引力和不可避免。[18]

我认为，帝国间竞争、进攻性军事战略、多数联盟（most alliances）和大陆精英对于战争的乐观看法，并不能归因于欲望或恐惧。帝国主义和军备竞赛被认为会导致资源枯竭，这在战略上是有问题的，如果不是直接处于劣势的话。一些领导人甚至承认，这些政策在物质和战略层面并不明智。争夺殖民地，如同早前国家间竞争一样，是被国家获得承认和地位的欲望所驱使。帝国间的竞争成为一些领导人的核心关注目标，最明显的是德国皇帝，但是热心政治的中产阶级越来越倾向于通过国家的成功来实现自我价值。[19]

　　我的关于第一次世界大战起源的观点需要进一步阐述,尤其是当这一问题与许多长期流行的解释相矛盾。我希望有兴趣的读者关注阅读《国际关系的文化理论》的第七章,它提供了一个详尽的案例分析,既批评了现实主义者的论述,发展了我的观点,也提供了相关支持性证据。《国际关系的文化理论》第八章和第九章包括了第二次世界大战的起源和英美入侵伊拉克的案例分析。在本章节中我会简单讨论这两场以地位为动机的战争。

　　贵族体制在现代化进程中所面临的问题使得国家间竞争变得更加激烈。这些困难包括其他阶级对于贵族权威和特权的挑战,但是,具有讽刺意义的是,这也反映了中产阶级上层效仿贵族的一些价值观念和行为。这种现象模糊了新旧富人之间的界限,并对后者的特权地位产生了威胁。这导致贵族中的掌权者们更加强调"高级政治"的重要性,他们在这一领域通过控制军队和国家外交部门仍然维持着不容置疑的权威。受到最大威胁的贵族政体——如德国和奥匈帝国——在外交政策上的自我约束越来越少,并且不断地挑战着国家间竞争的既有准则。[20]

　　当我们把注意力转向导致一战爆发的那次危机,很明显奥地利鹰派的动机不是担心国家的安全,而是追求国家和个人荣誉,他们应该对给塞尔维亚的最后通牒负责。皇帝对于战争的胜利根本不乐观,但是并不怀疑拿起手中的剑是唯一的光荣行为。德国威廉皇帝的"空头支票"也是出于类似的动机:他把这视为自己与约瑟夫二世在决斗。法国支持沙俄反映了它对自身战略的考虑,但是也包含着荣誉的因素。在英国,内阁意见不一,首相赫伯特·阿斯奎思(Herbert Asquith)宣称,忠实地履行保证比利时中立地位的承诺能使英国捍卫自己的荣誉,他只有通过这种方式才最终促使内阁中形成支持战争的多数。外交大臣爱德华·格雷(Edward Grey)也把保证比利时中立的条约看作道德承诺,但是他更加关心德国占领比利时的战略意义。[21]

　　地位动机在第二次世界大战的起源中也根深蒂固,在这里,我也向读者推荐我在《国际关系的文化理论》中的一个案例分析。在德国,人们普遍仇视协约国和凡尔赛条约。条约中最受德国人憎恨的条款并不是丧失领土,战争赔款,以及军备限制,而是要求德国承担战争责任并将德国皇帝及其他相关人员以战犯的身份移交法庭接受审判。被协约国逼迫签订条约后,德国的魏玛共和国政府从来没有获得合法性。经济动荡进一步打击了共和国。右翼反对派,包括希特勒,因为承诺复兴德国在欧洲的地位和德国人的尊严而获得了大众的支持。希特勒个人走向战争的动机则呈现出病态,因为他所追求的已经不再是恢复战前状态,而是要征服欧洲,如果不能征服世界的话。[22]他的很多外交政策和国防倡议,包括退出国联、重新武装德国、吞并奥地利、肢解捷克斯洛伐克,受到了大多数德国人和奥地利人的热烈欢迎。他对波兰、西欧、南斯拉夫、希腊和苏联的战争决策就很明显不受大众拥护,但是它们获得的支持大部分也是出于同样的动机。[23]荣誉对于军官集团的重要性确保了德国军队对于希特勒政策的默认,如果说不是积极的支持的话;并且保证了各级军官在意识到战争无望(即便没有意识到希特勒战争的邪恶)后很久仍然愿意继续作战。

激情对于日本和意大利也是同样重要的发动战争的动机。并不是为了试图改变战败的结局或夺回丧失的部分领土,它们的咄咄逼人的扩张政策在很大程度上可以被理解为试图在国际体系里获得地位的努力。日本和意大利较晚跻身强国之列。意大利在19世纪晚期才成为一个民族国家,并且被认为是大国之中最弱小者。它是欧洲国家中最后一个获得殖民地的,在1896年入侵埃塞俄比亚中遭受惨败,并且在第一次世界大战的主要参战国中军事表现最差。尽管是战胜国,但意大利只实现了其庞大领土野心中的一部分,而右翼和反共和国的力量让许多意大利人相信是英国和法国抢走了他们应得的胜利果实。他们成功使意大利逐渐成为一个试图改变现状的"修正主义国家",这不仅仅是宣传策略成功的结果,更从侧面反映了意大利中产阶级根深蒂固地认为他们的国家是软弱的、不受尊重的,并容易受到其他强权阴谋的伤害。征服领土的渴望、僵化的议会政体导致幻觉的破灭和一次严重的经济危机使得墨索里尼通过合法的和不合法的方式获得政权,并且为逐渐发展成为独裁政体创造可能。他的外交政策日渐与意大利的战略和经济利益相矛盾,着力于通过建立可增强意大利人自尊的现代罗马帝国,以此巩固和加强他的政权。德国对意大利构成主要威胁,但是墨索里尼选择和德国结盟,而与英法为敌,是因为后者是意大利在地中海地区追求殖民扩张的主要障碍。墨索里尼加入第二次世界大战是因为他错误地认为德国的胜利是必然的，意大利只有加入胜者一方才能够最终实现它在领土扩张上的抱负。尽管他参战的决定是以错误的判断为基础的奇怪决定，但他对法国的入侵受到了多数意大利精英的支持，尽管在公众意见中支持度略低。[24]

日本对现状大国的敌意具有更加令人信服的原因，因为它曾经是欧洲种族主义和经济剥削的对象，并且日本只是勉强被接受成为一个大国。在日本历史的早期，它曾经努力争取与中国平起平坐，尽管日本大部分文化取道朝鲜来自中国。日本对中国和朝鲜的殖民主义政策很大程度上是受到在亚欧国家中获得认可和地位这一动机的驱使。这个目标深藏在日本20世纪30年代侵华的背后。入侵中国也受到实现经济自给自足的驱使，但是这个目标政治因素大于经济因素，因为这个目标主要是军方用来实现更加独立于文官的地位的。就像威廉二世时期的德国，这个冲突和日本在迈向现代化中遇到的问题及其由此而引发的种种问题有关：政治地位受到威胁的贵族坚持传统价值观，而中产阶级也没有形成马克思所判断的资产阶级的世界观。日本对西方世界的挑战是侵华战争的衍生物。日本军方的实权人物坚信他们可以赢得一场对美国及其在西太平洋盟国的有限战争，进而迫使中国接受东京提出的"和平"条款。[25]西方国家为了应对日本的侵华，对日本采取石油和废金属禁运；这强化了日本鹰派的力量，因为日本对西方石油和废金属严重依赖，西方禁运促使日本认为"机不可失时不再来"，必须马上发动战争。偷袭珍珠港没有任何战略意义，因为日本已经在中国投入很多，并且考虑到美国巨大的军事潜力。日本对美国反应的预期，以及日本愿意拿本土安全去冒巨大风险的意愿，只能用日本的武士道激情来理解。[26]

地位在2003年美国入侵伊拉克的战争中也起到重要作用。入侵阿富汗和伊拉克被布什政府以国家安全为由而合理化，布什政府也尽力把伊拉克的统治者和应该为"9·11恐怖袭击"负责的恐怖分子联系起来。批评者认为，布什政府中的主要成员的傲慢和意识形态情结为战争的失利埋下了伏笔，并且这些因素确实导致了战争陷入泥沼。[27]布什政府对伊拉克的敌意以及随之而来的推翻萨达姆·侯赛因的决心自布什上台就已经表现得十分明显。"9·11事件"为一个蓄谋已久的入侵提供了政治借口,而这次战争的原因与恐怖主义完全无关,却与愤怒和地位有很大关联。

入侵伊拉克并不是为了应对战略上处于被动地位或者存在经济方面的动机。尽管诺姆·乔姆斯基(Noam Chomsky)以及其他人经常说入侵是为了试图控制中东石油,但这样的解释不具说服力。[28]一直以来,美国政府允许美国石油公司,只要价格适当,可以和中东任何类型的威权政体进行交易。[29]如果美国政府要得到伊拉克石油,它只需结束经济制裁,正如很多人基于人道主义考虑所呼吁的那样。萨达姆也愿意把石油卖到世界各地,因为急需资金,并且石油价格会因伊拉克重新进入国际市场而下降。安全也不是解释战争爆发的一个有说服力的因素。尽管萨达姆在伊拉克国内重新确立了自己的权威,但是他在海湾战争中被击败。他的空军和防空网已经崩溃,而且禁飞区已经扩大到伊拉克的什叶派和库尔德人聚居的地区,北约的战机不断地在该地区巡逻。联合国继续对伊拉克进行经济制裁,并且禁止任何有利于发展大规模杀伤性武器的战略物资输入。萨达姆不断地限制检查并驱逐联合国武器检察员,但是从来没有可靠的证据显示他在重新扩军备战以获得核武器。然而一系列不确定性仍然存在,并且迫使萨达姆重新接受联合国监察人员和无条件接受武器核查是很合理的甚至是明智的选择。美国的军事集结已经完成了这一目标,而联合国核查人员也没有发现伊拉克像美国声称的那样试图获得大规模杀伤性武器。一旦美国军队撤出,萨达姆可能会违背诺言,但是他这样只会正中布什政府的下怀。这样的欺骗行为本可以使华盛顿认为萨达姆无可救药的观点更加可信,并且更加容易获得联合国安理会授权推翻萨达姆。[30]在缺乏大规模杀伤性武器和可用的空中力量,以及陆军缺乏装备和训练的情况下,萨达姆只不过是个麻烦,并不能够对邻国造成实质性威胁。持这一立场的包括国务卿科林·鲍威尔(Colin Powell)、老布什政府的两任国务卿詹姆斯·贝克(James Baker)和劳伦斯·伊格尔伯格(Lawrence Eagleburger)、共和党多数领袖迪克·阿米(Dick Armey)、前国家安全事务顾问布伦特·斯考克罗夫特(Brent Scowcroft)和退役海军将领安东尼·兹尼(Anthony Zinni)。[31]

美国入侵伊拉克意在炫耀其军事力量和政治意志,并且向中东其他国家传达美国权力和决心的信号。入侵同时警告美国的敌国伊朗和叙利亚:华盛顿能够轻而易举地推翻其政权并建立一个亲美政府。基于同样的原因,战争也有望使沙特阿拉伯、约旦、巴勒斯坦更加顺从。根本上看,入侵伊拉克是大战略中的重要一环,这个大战略是由新保守主义者积极倡导并得到了布什政府的支持,其内容是在没有重大对手的情况下采取果断行为,以确保美国在世界范围内独一无二的霸权。[32]副总统切尼对美国在越南的失败感到羞耻。他想用一个军事胜利来洗刷美国的耻辱,也解开美国行政部门在越战后所受到的束缚。[33]

这些案例证明了激情要素作为战争原因的一些结论。首先并且最重要的是,尽管政体和国际关系在过去四个世纪里面不断变化,激情因素一直是战争的重要动机。直到法国大革命和拿破仑战争,由于荣誉和地位对于国王和贵族的重要性,激情因素是引发战争的基本诱因,战争也是国家和个人获得荣誉和地位的主要途径。荣誉对于个人和国家而言具有相似的意义:某种侮辱或者挑战需要贵族,尤其是军官,通过决斗来寻求满足。[34]国家就像个人一样,不得不通过战争捍卫荣誉。在法国对俾斯麦的埃姆斯急电(Ems Dispatch)的反应(它引发了普法战争),以及我前面讨论过的奥匈帝国和德国对萨拉热窝暗杀事件的反应中,维护荣誉的因素都极为突出。

在过去的一百年里,激情因素和战争的关系变得更加间接和复杂。在一战中,战争爆发的重要原因是奥匈帝国皇帝、德国皇帝和他们的主要军事参谋追逐个人和国家的荣誉,但另一方面,中产阶级也同样渴望荣誉。后者是因为中欧的民族主义和独特的阶级关系。中产阶级从中得不到荣誉和地位,但具有讽刺意义的是,这样反而强化了他们对于德国和奥匈国家的认同感,当然一些少数民族除外。这种认同鼓励个人通过国家成就来实现个人价值。强硬的领导人因此获得了广泛的政治支持,没有这种支持,他们的行为可能会受到更多的限制。

第二次世界大战与以往的战争不同:参战国的领导人没有受到荣誉动机的驱使。希特勒的战争目标是病态的,墨索里尼是个彻底的机会主义者。只有日本领导人可以说是部分地受到荣誉概念的驱使。日本军方挑战中国和苏联,是他们在国内延伸和巩固其权力策略的重要部分。[35]德国、意大利和日本领导人仍然通过利用国内民众的雪耻心理来获取权力和实现对外政策的目标。通过"解放"萨尔和莱茵区、吞并奥地利、兼并梅梅尔和苏台德区、在波西米亚和摩拉维亚建立保护国，希特勒的声望飙升。然而，明显地与1914年不同，1939年的德国人对战争并没有巨大的热情。[36]

英美入侵伊拉克说明了重要的一点，即一国对另一国合法地使用武力的情形日益受到限制。在2002年秋和2003年2月，美国没有获得安理会就允许其使用"一切必要手段"迫使伊拉克销毁所有大规模杀伤性武器的授权。法国、德国和俄罗斯在其他国家的支持下，认为军事行动仍然为时过早。[37]布什政府在缺乏联合国授权的情况下发动战争，使其在世界范围内丧失了大量支持。在《时代周刊》杂志的一次世界范围的读者调查中，当读者被问及"在2003年中哪个国家对世界和平构成了最大的威胁"时，认为是朝鲜的占700 000名受访对象中的6.7%，认为是伊拉克的为6.3%，但认为是美国的比例高达86.9%。[38]入侵伊拉克、虐囚事件、战争对于平民的伤害、对关塔那摩的外籍囚犯的长期监禁而不审判、非常规引渡囚犯并刑讯逼供导致美国地位更为急剧地下降。在英国，支持美国的比例从2000年的83%跌至2006年的56%。在其他国家，美国声望经历着更大幅度的跌落。[39]2007年，英国广播公司的世界报道发现来自27个国家的受访对象中的51%对美国持负面印象，但是只有48%的人对朝鲜持同样观点。[40]伊拉克战争以来，美国的形象已经从维持现状国转变为一个"修正主义"国家。[41]

美国在世界眼中声望的急剧跌落，显示了冷战后地位的性质正在经历着一次转变。数世纪以来，军事实力和战胜对手就会获得地位，如果不是荣誉的话。伊拉克是一个最新的证据，说明即使获得军事胜利也不会增加自己的地位，除非使用武力的目的获得国际社会的认可并且得到联合国或其他国际组织的支持。美国的声望甚至在伊拉克骚乱之前就急剧下降，尽管那时候美国仍然是明确的军事胜利者。断定地位和使用武力已经彻底背离仍然为时尚早，但是二者之间的紧张关系变得更加严峻了。关于对外政策目标合法性以及实现这一目标的合适手段的主体间理解，在很大程度上塑造了地区和国际政治体系的特征。正如我们所知道的那样,地位对于多数国家和个人而言非常重要。因此,关于合法与合理的定义的变化就有潜力改变行为者的行为。我在其他著作中讨论过,由于我们修正了自我认知、使得认知与行为一致,所以行为的变化也就加速了认同的变化。[42]如果足够多的重要行为体身份认同发生变化,就能带来国际体系的转型。[43]如果这种转型发生了,我们可以回顾伊拉克战争,尽管它算不上是转折点,但它使我们意识到这种转型正在进行。

当战争不再是追求荣誉或者地位的有效手段时,国家必须使用其他方法来实现这两种目标。战争从来都不是获得地位或者大国身份的唯一方法。在17世纪下半叶,炫耀(display)变得更加重要,然而它并没有减小战争的吸引力。沿袭西班牙哈布斯堡王朝的传统,为了追求自己和法国的领导地位,路易十四在宫殿、花园、艺术与科学上花费了巨额金钱。其他国王纷纷效仿,欧洲许多高级贵族也是如此。在19世纪,公共工程建筑、内城重建和美化、殖民地和整顿军备,以及在国际体育赛事中取胜变得更加重要。在20世纪下半叶,地位与国家财富、奥运会金牌、诺贝尔奖、核武器、太空探索紧密联系。在今天,各种形式的炫耀作为大国获得大国地位和承认的一种辅助方式,仅次于军事胜利。历史上,炫耀的巨大开销通常伴随军事胜利而来。维也纳会议之后,许多仰慕大国地位的国家也试图表现它们有意接受与大国地位相符的、维持现有体系的责任。

奥林匹克运动会的建立者希望体育竞技成为战争的一种替代方式。相反,奥运会成为大国竞争和国际局势紧张的另一个领域。纳粹试图通过1936年柏林奥运会来展示雅利安人种的优越性;1980年莫斯科奥运会上,作为对苏联入侵阿富汗的反应,美国带头抵制了本次奥运会,并迫使其他60个国家也参与抵制;苏联和其他13个东欧国家则反过来抵制了1984年的洛杉矶奥运会;1972年慕尼黑奥运会上巴勒斯坦恐怖分子杀害了11名以色列运动员和教练员,以及一个德国警察,以此宣扬他们的主张。

其他形式的竞争则显得较为成功。诺贝尔奖不仅给获奖科学家、医生和作者带来荣誉,也给他们的祖国带来了荣誉。早在20世纪20年代,这一点在德国和瑞士争夺诺贝尔物理学奖得主爱因斯坦的国籍的事件中就表现得十分明显。追逐荣誉是国家发展对整个人类世界都有益的科学、医药和艺术的众多动机之一。发展援助也是获得地位的一种方法,尽管它也受到其他动机的推动。以对外援助占收入的比例为衡量标准,斯堪的纳维亚国家、德国、欧盟的其他成员以及日本是国际援助的主要提供国,这些国家通过对和平和整个人类社会福祉的贡献而寻求地位。它们的要求没有被人忽视。2006 年,一项覆盖 23 个国家的调查显示,受访者强烈认为,欧洲比美国更具有影响力。[44]

如果国家可以不通过成为军事大国来获得威望,并因军事装备开销太大或者因使用武力不当而丧失大国地位,我们就需要将权力和荣誉的概念分离开来,分别审视它们。区域政治体系,或者从更大范围上讲,整个国际体系,成为众多行为体(并非只限于主权国家)基于多种标准获得地位的竞技场。国家在宣传和合理化它们的主张、努力吸引其他人方面投入大量资源。认同诉求的日益多样化,以传统的经济—军事实力为基础确立国际地位的方式可能衰落,这些都导致许多政府和人民衡量国家地位的非正式标准与安理会和 G8 所代表的更加正式的标准之间出现对立。

通过非军事手段获得荣誉和地位的成功鼓励更多国家的效仿,并且投入更多资源实现这些目标。如果这种发展方式可行,它会使对地位的追求远离战争,转移到其他领域。

复　　仇

复仇是愤怒的一种表示,通常是当地位受到侮辱时的一种反应,这一点我在第四章中讨论过。复仇是一种激情的表达,但是我把它看成一个特殊的类别,因为导致复仇战争的条件和为了加强国家或统治者的地位而挑起战争的条件不同。有时候复仇和追求地位的动机是并存和相互强化的,路易十四的荷兰战争和英美入侵伊拉克就表现出了这一点。

复仇在 11 场战争中是主要动机(占总体样本的 10%)。这些战争几乎全部都以重新夺回在上一场战争中被入侵者占领的领土为目标,通常由衰落国家或弱国对崛起的大国发起。多数情况下,战争的发动者在这些战争中反而丢失了更多的土地,例如奥斯曼土耳其帝国在1812年被迫割让比萨拉比亚给俄国。当卡尔十二世在1700年试图惩罚波罗的海诸国时,瑞典却遭受了更加悲惨的命运。俄国对卡尔的敌人的支持,导致卡尔发动一场针对俄国的毫无准备的、损失惨重的入侵,结果导致瑞典丧失地区霸权。由弱国和衰落国家发动的战争为这一点提供了更多的证据:愤怒的领导人对战争的风险没有做出谨慎的估计,尤其当弱国和衰落国家战胜更强大国家,战争胜利从一开始就存在较大问题时,这一点表现得更加明显。

18世纪发生了7次复仇战争。其中6次是由瑞典、土耳其和波兰针对沙俄而发动,结果却使得沙俄以此为契机而崛起。20世纪只有3次复仇战争,其中波兰为了改变原来领土被占领、重新获得旧波兰帝国的东方边境而在1919年发动的对苏联的袭击,复仇就是一个主要动机。[45]复仇也是阿根廷进攻福克兰/马尔维纳斯群岛以及英国人夺回该岛的一个重要动机。阿根廷定居者在1831年被逐出马尔维纳斯群岛,英国人则在第二年控制了该群岛。阿根廷主流媒体《自由新闻报》(*La Prensa*)认为,英国人对马岛的占领是"对阿根廷独立和民族不可忍受的侮辱"[46]。公众和政府对英国的愤怒持续高涨,当撒切尔夫人和阿根廷政府的和谈被视为避免解决争端的欺骗策略的一部分时,愤怒达到了顶点。从英国人的角度看,一个应受谴责的军政府控制的弱国对福克兰群岛的突然入侵是令人愤怒和不可接受的,对英国首相而言更是如此。[47]复仇也是1973年埃及和叙利亚攻击以色列的最重要动机。这两个国家都希望重新获得1967年失去的领土。埃及总统安瓦尔·萨达特(Anwar el-Sadat)也希望通过战争迫使以色列达成和解,以便为埃及国内改革及调整与西方的政治经济关系创造必要的条件。[48]美国2001年的阿富汗战争在部分程度上也可视为是一场复仇战争。尽管低于最初的估计,但"基地"组织在"9·11"恐怖袭击中杀死了大量民众并给美国带来物资和心理上的创伤。他们摧毁了一个重要的地标性建筑——世贸中心,它是美国经济权力的象征;并且损害了一个更加神圣的建筑——五角大楼,美国军事权力的中心。这批袭击不是由另一个国家发动的,而是由一群乌合之众似的中东恐怖分子发动的,这样的冒犯令人更难以接受。这样一个如此不值得重视的对手可以成功地袭击美国,激起了愤怒以及要求复仇的强烈欲望。显然,由于政府高层没有认真对待恐怖袭击以及联邦调查局的明显失职,恐怖袭击获得了成功。[49]政府成功地激发了美国人的愤怒,将愤怒的焦点由政府本身转向萨达姆。

由于布什政府未能杀死本·拉登或使其接受审判,受侮辱感及其带来的愤怒变得更加猛烈。鉴于公众由恐怖袭击之后的义愤,加之类似情绪在政府内部也大量存在,总统在压力之下需要一个打击目标,阿富汗则成为明显目标。把基地组织看作一个犯罪集团、在美国盟友及其他第三国的配合下采取警察执法措施,在战略上可能更加正确,但这可能是一个代价巨大的政治选择。在这个案例中,复仇是对公众情绪的反应,而非外交政策考量,所以我把它归结为其他类别。我在前面讨论过,政府也渴望以反恐战争为名,来煽动公众情绪,为发动伊拉克战争扩大支持。

当总统顾问要求推翻萨达姆·侯赛因政权时,对总统本人而言,愤怒或许带有更多的私人情绪。对涉嫌试图暗杀布什父亲的人的复仇,让人更能获得满足感。在2006年9月田纳西州的一次筹款会议上,布什描述了萨达姆如何残害伊拉克人、对库尔德异见者使用毒气并入侵伊朗。然后他斩钉截铁地说道:"毕竟,这是一个曾经试图杀害我父亲的家伙。"[50]一则情报的内部信息指出,切尼利用了布什试图取悦其父母的心理,有选择地强调萨达姆试图暗杀他的父母。如果是这样,愤怒和复仇的欲望理应成为布什考虑入侵伊拉克的另一个动机。[51]就像《伊利亚特》中的阿喀琉斯一样,布什的愤怒是否促使其实施这个战争计划?缺乏证据的情况下这仍然只是个怀疑。

大多数复仇战争都是上一场战争中的失败者对丧失领土的反应。这些战争都是由崛起国为了获得大国地位的认同而发动的。领土征服作为获得地位的可行方式的时代已经过去了。我在第五章讨论过:领土征服的代价已经上升,控制被征服领土并从中汲取资源变得越来越难。由于征服变得日益不可行,并且在经济和心理上的收获较小,领土征服开始减少。最近的两次领土征服战争都是不成功的:阿根廷被驱逐出福克兰/马尔维纳斯岛,以及伊拉克被逐出科威特。在缺乏征服战争的情况下,复仇失去了它的基本诱因。然而，阿富汗和伊拉克的例子说明，亚里士多德的愤怒依然能够激发其使用武力，无论领导人是否愿意承认这是复仇战争。

其他类别战争

我把另外 7 场战争归结为其他类别，其中包括两场由集团或派系而非中央政府发动的战争，即 1671 年由居住在边界的哥萨克人发动的波兰—土耳其战争和 1938 年因为日本关东军未受权入侵蒙古而引发的日苏冲突。苏联人在诺门坎附近地区发动了一场完美配合的、闪电般的反攻并力挫日本关东军，使得日本不敢再次入侵蒙古。[52]

最著名的例外案例是希特勒在 1939 年入侵波兰和相继入侵西欧、巴尔干和苏联。我在第二章中提到，一些学者认为希特勒是出于理性的动机而发动战争。许多威慑理论的支持者认为希特勒是一个富有冒险精神的、只有英法立场坚定才能够制止的利益寻求者。其他现实主义者认为希特勒的扩张是基于恐惧：希特勒非常理性地试图在苏联力量超过德国前征服它。[53]希特勒并没有认识到在其成为欧洲无可争议的主人之前不能挑衅美国，没有证据表明希特勒曾经理性思考过德国和它的对手之间的权力均衡。[54]认为希特勒的侵略行为是对德国安全困境的理性回应，这种说法没有定论。希特勒试图征服欧洲进而征服整个世界，以及消灭犹太人、吉普赛人、同性恋者和大多数斯拉夫人，这些目标在实质上和手段上都是非理性的，如果不是彻底的疯狂。[55]复仇肯定是战争的重要原因之一，尤其是希特勒对波兰和法国的进攻。希特勒坚持让法国的投降仪式在停放在贡比涅、1918 年 11 月法国元帅福煦（Foch）迫使德国将军签署停战协议的同一节车厢里举行，之后炸毁了法国人为纪念停战协议而建立的纪念碑，[56]这充分说明了希特勒发动对法战争中的复仇因素。

一位律师和 19 世纪战争的观察家——亚历山大·威廉·金莱克（Alexander William Kinglake）认为，拿破仑三世为了巴黎一小部分人的福利和安全发动了克里米亚战争。[57]昆西·赖特（Quincy Wright）在 1942

年发表了一部很有影响力的关于战争起因的作品,他坚持认为战争通常是为了转嫁国内矛盾而发动的。[58]在 20 世纪 50 年代,哈罗德·拉斯维尔(Harold Lasswell)认为,"在专制政体中,由肆意妄为的权力而造成的内在压力是孳生战争的天然温床"[59]。当今的某些专家经常宣称,领导人因为国内政治原因而实施侵略性外交政策。对于这一现象,我发现的证据很少。19 世纪最有说服力的案例是普法战争。为了实现国内政治目的而发动战争的领导人是法国的路易·拿破仑,他发动了战争但是没有挑起战争。为了维持权力,拿破仑需要不顾一切地维护法国的尊严,但是这一点给俾斯麦的埃姆斯急电提供了借口,因为德国领导人知道这会激起法国人的愤怒,并且被迫宣战。[60]最符合国内政治论断的 20 世纪的战争是阿根廷统治者于 1982 年进攻福克兰/马尔维纳斯群岛。阿根廷军政府因为不受欢迎的政治经济政策而在国内受到巨大压力,因此被迫不仅要进攻该岛,而且要长期占领,尽管军政府原计划是进攻的同一天就撤退,以此给伦敦发出强烈的信号。阿根廷报纸在头版头条庆祝马岛的"光复",而所有反对军政府的政党也庆祝这一表面的胜利。一周前游行反对军政府的工会也呼吁他们的成员返回五月广场以支持政府的外交政策。军政府很明显被地位和国内政治方面的原因所驱使。当它的国内执政地位变得摇摇欲坠之前,它通过耐心的外交手段试图重新获得马岛,在外交手段失败后,就转而诉诸军事手段。[61]

在一些战争中,国内政治被视为一个重要的辅助动机。在 1914 年,尽管对胜利的前景很悲观,但奥地利和德国领导人都认为战争有益于国内政治。奥地利领导人希望用胜利来排挤民族主义少数派,而德国皇帝和将军希望胜利能够使它们在和社会民主党人的交涉中获得主动权。[62]国内的政治可能也在布什政府入侵阿富汗的考虑之内。我在其他地方讨论过,布什政府的主要动机是让美国人为入侵伊拉克做好准备,这是切尼和拉姆斯菲尔德掌握权力伊始所掩盖的。[63]

剩下的三个案例比较特殊,特殊在战争发起者具有相似点,而不是战争的动机。波斯和英国之间的 1857 年战争是由一个弱国针对另外一个弱国发动的,结果演变成为与一个强国的意外战争。在 1913 年巴尔干战争的开始阶段,弱国(巴尔干国家)联合反对正陷入另一场战争的衰落强国(奥斯曼土耳其帝国)。土耳其被迫加入战争的第二阶段,并且联合原来的巴尔干对手共同对抗保加利亚。在这三场战争中,发动者的动机可以被概括为恐惧、利益或者地位。

未 来 的 战 争

我们对战争动机的考察带来了乐观主义。每一个战争动机都失去了魅力。最为明显的就是利益,基于利益的战争很大程度上是重商主义时代的产物,并且只有当领土征服会带来回报时才可能发生。最后一场成功的领土征服是印度在 1962 年占领果阿地区,这场战争被冠以后殖民时期的解放之名。相反,乌干达 1978 年入侵坦桑尼亚、伊拉克 1980 年进攻伊朗、1990 年入侵科威特,以及阿根廷 1982 年进攻福克兰/马尔维纳斯群岛都被击退。其他战后的不以占领领土为目的的侵略战争总体来看都不成功。[64]

领土征服不是物质利益的唯一表现:国家总是为了争夺自然资源而走向冲突,尤其是为了近海石油。环境也成为导致激烈冲突的一个潜在因素。然而至今为止,因捕鱼和大陆架含油区附近的争议岛屿而引起的冲突只是小规模地使用武力,以显示决心并争取在谈判中处于有利地位。[65]尽管这类冲突的破坏性更大,而且冲突中各方紧密的贸易和投资关系会受到巨大损害,但不能排除未来更加激烈的冲突。即使不是这样,战争也可能会损害贸易及影响第三方投资者。

复仇战争也越来越只能在历史中出现。这中间的大多数是不成功的,只是对崛起国家以前的领土扩张的不理智反应。复仇式的战争也可能由恐怖主义引发。奥匈帝国 1914 年对塞尔维亚宣战就是对萨拉热窝暗杀事件的直接反应,美国 2001 年入侵阿富汗也是如此。阿富汗战争由一个非国家行为体——基地组织——引起的。布什政府入侵阿富汗也有其他动机:他们视入侵阿富汗为伊拉克战争的预演。阿富汗政府庇护并拒绝驱逐自豪地宣布为"9·11事件"负责的本·拉登。这和 1914 年有惊人的相似。奥地利首相和战争部长也在寻找借口进攻塞尔维亚。暗杀震惊了德语地区民众和德国皇帝。塞尔维亚被认为是暗杀的共谋,因为对暗杀负责的黑手组(Black Hand)的中心设在贝尔格莱德,该组织的领导人是军官和政府公务员。[66] 20 世纪另一个符合该类型的战争是 1956 年以色列进攻埃及的西奈半岛。这场战争并不在我的数据集里面,因为它没有包括一个大国或者崛起国。以色列是阿拉伯突击队恐怖袭击的目标;在埃及与捷克斯洛伐克的武器交易之后,本·古里安(Ben Gurion)政府以此为借口入侵了埃及。这个案例中的另一个诱发因素是外部支持:以色列入侵西奈半岛的同时,英法对苏伊士运河发动了联合袭击。[67]

恐怖事件变得更加普遍,并且像过去一样,恐怖分子和政府之间总是存在着千丝万缕的关系,至少是政府中的变节者。在印度发生的几次恐怖袭击被认为是巴基斯坦的民族主义者发动的。在 2008 年 10 月,宗教极端分子袭击了孟买的酒店和火车站,导致 164 人伤亡。印度政府怀疑巴基斯坦政府参与其中,但是没有以军事措施回应,因为印度不想以此为借口发动战争。[68] 在世界很多地方,恐怖主义的威胁依旧非常严峻,并且非常有可能发生使用大规模杀伤性武器的恐怖袭击,尽管许多专家认为这种可能性十分遥远。[69] 在这种情形下,我们不能排除复仇战争发生的可能性,尤其是当恐怖分子的武器是由一个国家主动提供时,情况更是如此。

这些战争和没有导致战争的事件揭示一个暂时性结论:无论造成多大伤亡,恐怖袭击本身都不可能导致一场战争。那些引发战争的恐怖袭击一般需要具备三个条件:它们必须激起公众的愤怒并且要求报复;必须有一个主权国家具有阴谋发动袭击的嫌疑,并且受到攻击的国家有强烈的使用军事手段报复的意愿;受到攻击国家的领导人必须有其他原因要对发动者的国家或者政府采用军事手段。第一个条件不难满足;公众的义愤和复仇的要求很容易被造成巨大伤亡、暗杀受欢迎的领导人或者摧毁全国或宗教性的标志性建筑的恐怖主义而激起。一些国家经常在恐怖活动中被提到:塞尔维亚、埃及、叙利亚、伊朗、利比亚、苏丹,它们全部支持恐怖主义。[70] 如果政府要说服公众他们攻击的对象应该为恐怖袭击负责任,都不一定必须拿出可靠的证据。奥地利和美国分别在 1914 年和

2003 年成功地做到这一点，美国对阿富汗和伊拉克做到了这一点。第三个条件并不经常出现，这也是很多恐怖事件并不会导致战争的原因。

我们不能排除未来的复仇战争。凡事皆有可能。如果朝鲜向另一个国家出售核物质，而购买国将它转售给恐怖分子，恐怖分子进而在美国一个城市引爆脏弹，情况会怎样？或者设想一下，一个激进的、绝望的、带有半官方背景的巴基斯坦组织在印度犯下累累暴行，并导致印度的军事回应，又会发生什么？还有另外一种可能，由伊朗支持的、尤其是与伊朗试图发展核武器的野心有关的恐怖组织对以色列发动恐怖袭击，从而引发以色列对伊朗发动战争，事情又会如何？在上面的三个假设中，复仇的欲望在涉及国家安全的时候会变得更加强烈。

最后，也存在偶然战争的问题。这几乎总是失控的结果，但是也包含着政治的或者制度上的原因。在前者中，对政府不满的公务人员阻挠政策，或者实行他们自己的政策。政治上的失控使得日本关东军发动了对蒙古的突袭，并且导致了短暂的对苏不宣而战。[71]制度上的失控是更加复杂的现象。个体会干扰到秩序，或者在个体所接受的权威划定的范围内与秩序相互作用，这时个体会消极怠工甚至完全违背国家领导人的决策，制度失控便发生了。制度失控因大型官僚机构的决策经常会导致预想不到的结果而发生。德国 1914 年的动员令和文官对其后果的忽视是一个著名的例子。在古巴导弹危机中，双方都因一系列意外而几乎失控，最引人注目的一幕是菲德尔·卡斯特罗（Fidel Castro）成功地说服了苏联驻古巴的部队军官向美国的 U-2 侦察机开火并将其击落，导致飞行员死亡。幸运的是，这些意外没有引发进一步的局势恶化，甚至使得肯尼迪和赫鲁晓夫意识到两国濒临战争的边缘，从而有助于化解危机。[72]

在 20 世纪 80 年代，许多学者开始担心，因为美苏拥有大规模的核军备、处于较高的战备状态、预警体系的高度相关性，操作这些系统的军官和负责的国家领导人的理解不清或理解错误，疏忽的或意外的战争可能会爆发。[73]这个问题在冷战后期逐渐消除，因为俄罗斯和美国军队降低了战备状态。我们没有详细的数据说明印巴的核指挥和控制，但由于两国地理相近却有很多理由担心两国的敌对状态。如果一方希望能够在危机中抢占先机而另一方也会抱有类似看法，[74]后果不堪设想。我在最后一章的结论部分会提到,世界和平依赖于领导人避免战争的决心,以及他们为达目的而愿意冒险的意愿,这些决心和意愿与世界和平发展的总体趋势一样重要。

注 释

1. Lebow, *Between Peace and War*, ch. 4; Jervis, Lebow and Stein, *Psychology and Deterrence*, chs. 3—5 and 9; Lebow, "Transitions and Transformations."

2. Zeller, "French Diplomacy and Foreign Policy in the Their European Setting."

3. Black, *From Louis XIV to Napoleon*, p. 79; Black, *European International Relations*, p. 17.

4. Blainey, *Causes of War*, p. 68.

5. Ibid, p. 213.

6. Swann, "Politics and the State in Eighteenth Century Europe."

7. 这并未妨碍当代学者从路易十四的外交政策,特别是对荷兰的进攻中发现国家理性。见 Israel, *Dutch Republic*, pp. 131—132。

8. 引自 Hatton, *Charles XII of Sweden*, p. 375。

9. Holsti, *Peace and War*, pp. 272—299.

10. Dickson, *Finance and Government under Maria and Theresa*, Vol. 2, pp. 54—55.

11. Black, *European International Relations*, pp. 50—52, 54—55.

12. Lynn, *Giant of the Grand Siecle*, pp. 464—465.

13. 引自 Ibid, p. 127; 关于法国军队的战略,见 Lynn, *Giant of the Grand Siecle*, pp. 453—512。

14. Ibid, pp. 128—129.

15. Louis XIV, *Memoires de Louis XIV pour l'instruction du dauphin*, vol. 2, pp. 112—113.

16. Black, *European International Relations*, pp. 50—52, 54—55.

17. 详见 Lebow, *Cultural Theory of International Relations*, ch. 7。

18. 这一观点的概述,见 Hamilton and Herwig, *Origins of World War I*; Lebow, *Forbidden Fruit*, ch 3。

19. Lebow, *Cultural Theory of International Relations*, ch. 7.

20. Ibid.

21. Ibid.

22. Weinberg, *Foreign Policy of Hitler's Germany*, vol. 1, p. 358; Rich, *Hitler's War Aims*, pp. 3—10, Hitler, pp. 10—11, 622; Fest, *Hitler*, pp. 213—218.

23. Kershaw, *The "Hitler Myth,"* pp. 151—168.

24. Aquarone, "Public Opinion in Italy Before the Outbreak of World War II"; Mack Smith, *Mussolini*, pp. 213—250.

25. 这很像腓力十四的努力，他希望征服英格兰，或迫使英格兰接受西班牙的霸权，以促使荷兰屈服。

26. 观点和证据，详见 Lebow, *Cultural Theory of International Relations*, ch. 8。

27. Hersh, *Chain of Command*; Daalder and Lindsay, *America Unbound*; Woodward; *Plan of Attack*; Fallows, "Blind into Baghdad"; Phillips, *Losing Iraq*; Suskind, *One percent Doctrine*; Ricks, *Fiasco*; Isakoff and Corn, *Hubris*; Woodward, *State of Denial*; Gordon and Trainor, Galbraith, *End of Iraq*.

28. Chomsky and Barsamian, *Imperial Ambitions*; "Imperial Ambition," Interview with Noam Chomsky by David Barsamian, *Monthly Review*, May 2003, www. monthlyreview. org/0503chomsky. htm; Chomsky, "Iraq: Yesterday, Today and Tomorrow," Michael Albert Interviews Noam Chomsky, December 27, 2006, www. chomsky. info/articles/20050704. htm; Callinicos, *New Mandarins of American Power*, pp. 93—98; Phillips, *American Dynasty*, pp. 248—259, 313—314; Harvey, *The New Imperialism*, pp. 1—25.

29. Ingram, "Pairing Off Empires."

30. National Commission on Terrorist Attacks, *The 9/11 Commission Report*, pp. 61, 161, 334—335; *Iraq Survey Group Final Report*, Global Scan, www. globalsecurity. org/wmd/library/report/2004/isg-final-report/isg0final_vol3_cw_key-findings. htm;关于战前和战后并未发现伊拉克的大规模杀伤性武器，可见 Cirincione, Mathews and Perkovich, *WMD in Iraq*。

31. National Commission on Terrorist Attacks, *The 9/11 Commission Report*, pp. 334—335; Brent Scowcroft, "Don't Attack Saddam," *Wall Street Journal*, August 15, 2002, p. 102; Todd Purdum and Patrick E. Tyler, "Top Republicans Break with Bush on Iraq Strategy," *New York Times*, August 16, 2002, section 4, p. 9; Transcript of Lawrence Eagleburger, *Crossfire*, August 19, 2002; Walter Gibbs, "Scowcroft Urges Wide Role for the UN in Postwar Iraq," *New York Times*, April 9, 2003.

32. Lebow, *Cultural Theory of International Relations*, pp. 459—480.

33. Bob Woodward, "Vice President Praises Bush as Strong, Decisive Leader Who Has Helped Restore Office," *Washington Post*, January 20, 2005, p. AO7, Charlie Savage, "Dick Cheney's Mission to Expand-or 'Restore'-the Powers of the Presidency," *Boston Global*, November 26, 2006; Jane Mayer, "The Hidden Power," *New Yorker*, March 12, 2006.

34. 优秀的文献综述，见 Peltonen, *Duel in Early Modern England*。

35. Story, *Double Patriots*, pp.53, 77—86; Akira, "The Role of the Japanese Army"; Ogata, *Defiance in Manchuria*, pp.137—194.

36. Kershaw, The *"Hitler Myth"*, pp.139—147.

37. Michael O'Hanlon, "How the Hardliners Lost," *Washington Post*, November 10, 2002, p. B7; Lebow, *Cultural Theory of International Relations*, pp.461—464.

38. *Time Europe*, www. time. com/time/europe/gdml/peace2003html; BBC News, 18 March 2003, http://news/bbc. co. uk/2/hi/americas/2862343. stm.

39. The Pew Global Attitudes Project, "15-Nation Pew Attitudes Survey," release date, June 13, 2006.

40. *The Age（Melbourne）*, March 6, 2007, p.7.

41. 最后一点,亦可见 Clark, "How Hierarchical Can International Relations Be?"

42. Bem, "Self-Perception Theory".

43. Lebow, *Cultural Theory of International Relations*, pp.480—504.

44. "23 Nation Poll: Who Will Lead the World?" www. worldpublicopinion. org, June 14, 2006.

45. Debo, *Survival and Consolidation*, pp. 191—212, 404, 406; Carley, "Politics of Anti-Bolshevism."

46. *La Prensa*, April 22, 1982.

47. Lebow, "Miscalculation in the South Atlantic."

48. Stein, "Calculation, and Conventional Deterrence 1."

49. Dan Eggen, "Pre 9/11 Missteps by FBI Detailed," Washington Post, June 10, 2005, p. AO1.

50. 引自 Isakoff and Corn, *Hubris*, p.115.

51. 暗杀指控中的疑点,见 Seymour Hersh, "A Case Not Closed", *New Yorker*, November 1, 1993, rev. version posted September 27, 2002, www. newyorker. com/archive/content/articles/020930fr_archive02? 020930fr_archive02/。

52. 实际战斗情况,见 Haslam, *Soviet Union and the Threat From the East*, pp,112—134; Coox, *Nomonhan*, on the actual fighting。

53. Copeland, *Origins of Major Wars*.

54. Weinberg, *Foreign Policy of Hitler's Germany*, vol. 1, p. 358; Rich, *Hitler's War Aims*, vol.1, pp.3—10; Fest, *Hitler*, pp.213—218.

55. Ibid.

56. Shirer, *Berlin Diary*, pp.414—415, 419, 462.

57. 引自 Blainey, *Causes of War*, p.72。

58. Wright, *Study of War*, pp.278—281.

59. Lasswell, *National Security and Individual Freedom*, p.10.

60. Wawro, *France-Prussian War*, pp. 18—19, 22—25; Pflanze, *Bismarck*, pp. 433—457.

61. Lebow, "Miscalculation in the South Atlantic."

62. Schroeder, "World War I as Galloping Gertie"; Rosenberg, *Imperial Germany*; Mayer, "Domestic Causes of the First World War"; Eley, *Reshaping the German Right*; Albertini, *Origins of the War of 1914*; Stevenson, *First World War and International Politics*; Williamson, *Austria-Hungary and the Coming of the First World War*; Fellner, "Austria-Hungary," pp. 9—25; Vermes, *Istvan Tisza*; Herwig, *First World War*, pp. 8—18.

63. Lebow, *Cultural Theory of International Relations*, ch. 9.

64. 见 Table 7.1。

65. 关于东南亚,见 Solingen, "Regional Conflict and Cooperation"。

66. Dedijer, *Road to Sarajevo*, pp. 366—400.

67. Gorst and Johnman, *Suez Crisis*; Kyle, *Suez*.

68. Somini Sengupta et al., "India Seeks Extraditions in Mumbai Siege," *New York Times*, January 6, 2009; Richard A. Oppel, Jr., and Salman Masood, "Gunman in Mumbai Siege a Pakistani, Official Says," *New York Times*, January 8, 2009; Salman Masood, "Leaked Report Points to Larger Pakistani Role in Mumbai Attacks," *New York Times*, February 11, 2009; Hari Kumar, "Pakistani Charged in Mumbai Assault," *New York Times*, February 26, 2009.

69. 较为警惕的观点,见 Archer, "'WMD'Terrorism"; Stern, *Ultimate Terrorists*。

70. 名单见 US Department of State, "State Sponsors of Terrorism Overview," www. state. gov/s/ct/rls/crt/2006/82736. html。

71. Haslam, *Soviet Union and the Threat from the East*, pp. 112—134; Coox, *Nomonhan*.

72. Lebow and Stein, *We All Lost the Cold War*, pp. 301—306.

73. Bracken, *Command and Control of Nuclear Forces*; Blair, *Logic of Accidental Nuclear War*; Lebow, *Nuclear Crisis Management*; Sagan, *Limits of Safaty*.

74. Paul, "The Risk of Nuclear War Does Not Belong to History"; Paul, *Tradition of Non-Use*, pp. 124—142.

第四部分

结　　论

第七章

结　论

反战的人可以说,战争使胜利者变得愚蠢,使失败者怀恨在心;支持战争的人可以说,通过它的双刃剑效应,战争使人更加野蛮,也就因此更加真实——战争是文化的冬季或蛰伏期;人类从战争中走来,在善与恶的角逐中变得强大。

——尼采(Nietzsche)[1]

我已经从四种普遍动机的角度分析了战争——安全、利益、地位、复仇,以及其他类别的动机。其他动机的案例很少,不能说明任何趋势,而相比于战争的总体频率,由利益和复仇所驱动的战争频率已经大大降低。这首先归因于作为至今为止利益驱使的战争的首要目标——领土征服——变得不太可行并且成功几率大大降级。由于同样的原因,复仇战争也在减少:历史上,它的首要目的是重新获得在上一次战争中失去的领土。地位和安全在引致战争爆发中的作用表现出一个绝对的而非相对的下降,我把这一现象归结为物质和观念方面共同作用的结果。在第五章和第六章中,我从个人动机出发提出了这一观点,并且以此为基础预测了四种主要类型战争的可能性。在本章里,我会探讨各类别的战争中物质因素和观念因素的关系,并进而考察导致 19 世纪和 20 世纪战争减少的一些深层次原因。

物质条件和观念

在第五章中,我讨论了基于利益的战争通常被两种观念所鼓动:一是世界的财富是有限的,二是一国的财富可以通过征服而增加。由于政治精英逐渐明白了财富是可以通过劳动分工和贸易而增加的,因此利益驱使的战争急剧地减少。物质上的考虑也是一个原因。领土是利益战争最普遍的、最直接的目标。由于领土征服变得不合时宜且风险较大,征服的实践也就减少了。另外一个制约因素也在战后发挥了作用,即从征服领土中汲取资源的困难不断增加。从占领区汲取资源,这在第二次世界大战以及战后的较量中仍然可行,希特勒和斯大林都从他们各自征服的领土上获得了经济利益,尽管东欧地区最终拖累了苏联经济。[2]

物质主义的考虑不仅影响了利益驱使的战争的爆发频率,而且影响了战争的目标。数据集中早期的利益驱使的战争多与贸易相关,但是不久就和领土冲突的关系更加密切。今天由利益引起的激烈冲突多与近海捕鱼权、矿产和石油资源有关。尽管这些冲突会引发军事演习,甚至是撞船和占领有争议的领土,但所有相关国家都小心翼翼地避免可能导致人员死亡的意外事件。[3]诉求与反诉求、不流血的军事对峙,成为经济日益依存地区的国家间的基本模式。观念上和物质上的考虑似乎已经共同起作用,导致这种局面的产生。政治和经济上的相互依赖大大地提高了冲突的成本,并降低了使用武力控制争议资源的收益预期。共同体中的国家和长期联盟强化了认同感,使得以武力对抗伙伴国的做法日渐令人反感。正如我们在冰岛—英国之间三次"冷战"的案例中观察到的那样,随着军事上的意外事件而来的是两国及其谈判官员相互示好,以展示自己致力于继续发展良好的私人和国家间关系。太平洋地区的共同体并不如北大西洋地区那样稳健,但是其他因素在发挥作用。中国作为迄今为止军事强国,试图重塑其在亚洲地区的传统优势。这需要中国向他的邻国提供经济和安全利益,以获得其他国家对其领导地位的承认。中国人懂得,如果在与邻国的领土或者资源冲突中使用武力把自己的意志强加给他人，只会让自己的抱负更难实现。

领土总能够提供资源和战略纵深。对港口、战略咽喉点、河流和山口的控制可以增加战略上的优势。由于 20 世纪机械化装备和空军的发展，这些利益中的大多数都大打折扣或者消失。甚至在现代战争出现之前，安全也不能因为地理因素而获得保证，一些 19 世纪的现实主义精英持同样观点。[4]文化决定了战争是否合适、战争的对象和目的，以及战争如何进行。[5]此外，安全是一个基于文化的、带有现代性根源的概念，并且在过去的三个世纪里经历了相当大的变化。[6]这个转变过程反映了从王朝时代到现代国家、从王室利益到国家利益的过程中许多因素的转变。物质发展也起到了重要作用。各个王室一般依靠雇佣军和强制征兵来打仗。民族国家可以征召更多的志愿兵，并且更加容易筹措资金来装备部队、发放军饷。战役很大程度上代替了军事演习和围城战，成为最主要的战争形式。现在，战争战略受到了不断变化的公众意见的影响。由于战争在第二次世界大战之后变得代价高昂和不可接受，冷战时期的战略主要是防止战争爆发，而不是发动战争，只要有可能，国家总是试图通过战争威慑而非使用武力来实现政治目标。[7]

民主国家的领导人在对无核武器的弱小国家发动常规战争的问题上也受到越来越多的限制。为了保持国内的政治支持，他们必须迅速地赢得战争并且把伤亡控制在最小范围内。在 1990 年的海湾战争中，美国军队不仅要考虑自身伤亡，而且还要考虑敌人的伤亡。参谋长联席会议主席科林·鲍威尔（Colin Powell）在打击萨达姆撤退中的共和国卫队时迟疑不决，就是考虑到对敌人可能造成的单方面的屠杀。[8]减少自己伤亡的战略取决于部队的远程作战能力，而这只有在战场情报、武器装备、投送系统和它们之间复杂的指挥和控制系统的协调方面取得进步的时候才有可能。[9]发展这些系统部分程度上就是为了这个目标，这也表明了观念和现实能力之间日益密切的互动关系。

在战争的其他原因方面，上面所描述的这种复杂的互动关系也同样明显。地位不再是战争的首要原因，因为征服他国领土无法再给发动者带来地位，反而会降低其地位。地位已经逐渐和其他类型的成就紧密联系,比如财富、文化和科学成就、对外援助,以及整体代表人类世界利益的其他行为。不过地位仍然是以物质实力为基础的。在大多数时间里,贫穷小国即便可能,也很难在能赢得地位的领域中争胜。然而,物资资源不能解释地位性质的转变,因为可以转化为金钱(比如税收)的物资资源是可以替代的。政府支出模式上的变化表明了政府对在多大程度上追求地位和在什么领域获取地位作出了有意识的选择。和其他国家相同,苏联和美国把国家财富的大部分花费在军备上,并且美国在冷战后很长时间内依然如此。

如果物质能力会鼓励并且允许国家去争夺地位,它们也会给国家追求难以实现的目标的时候带来限制,无论是对弱国还是对强国而言。历史上,各个主导国家都缺乏这种限制或者这种限制很弱。从西班牙开始,随后的处于主导地位的强国过分扩张,它们在错误地追求霸权的道路上被严重削弱。数据显示,主导国家应该为大多数体系战争负责。当事国的领导人不是要蓄意发动这样的战争,但是实行高风险的策略促使他们错误地不断地将战争升级扩大。为了解释这一模式,我们需要考察领导人和决策精英的价值观。在查理五世控制下的西班牙、路易十四和拿破仑控制下的法国、威廉皇帝和希特勒时期的德国,追求地区和全球霸权在很大程度上超过了国家资源所能承受的程度。这一点在20世纪上半叶不断崛起的日本身上也有体现。追求国际地位的过程夹杂着军队和政治家之间、军队中鸽派与鹰派之间的国内权力斗争。[10]

不像此前的霸权国,美国从不试图征服一个地区或者世界,而是通过更加巧妙的经济和政治手段获得霸权。[11]美国在多个大洋里从不向狂妄自大的地区主导国家屈服,而是在冷战期间和冷战后,不断地干涉以改变亚洲和拉美地区的政权。它帝国性质的过度扩张已经在人员生命和财富上付出巨大代价,但是由于相对实力的强大和尽量谨慎地避免针对主要强国发动战争,美国依然保持着世界强国的地位。

复仇战争也是关于观念的战争。在12场复仇战争中,有11场的发动者都在军事上相比对手处于明显的劣势,但是这并没有阻止它们走向战争。毫无意外,除了一场意外的战争,它们输掉了其他所有的战争,结果丧失了更多的领土。它们的领导人被愤怒所驱使,并且多数情况下对战前应该进行的成本估计置若罔闻。这些领导人中的一部分，比如瑞典的查理十二世，只是想不计后果地复仇。20 世纪的复仇行为具有较多的工具理性，受到委屈的一方总是尝试从外交上孤立对手，在军事上避免对方的优势。1940 年德国进攻法国，在很大程度上是为了复仇，但是战前德国通过外交手段与苏联订约，并合谋瓜分了波兰，从而消除了东部的威胁。闪电战的策略通过集中装甲部队和空军支持，打破了法国在人员、坦克和飞机上的优势，迅速取得了突破。[12] 尽管不在我的数据集内，埃及和叙利亚 1973 年对以色列的进攻部分程度上也是为了重新获得 1967 年失去的土地而发动的复仇战争。当然，国内的政治关注也是重要的。意识到以色列的军事优势后，埃及和叙利亚寄希望于突袭和苏制便携式导弹来对付以色列装甲部队。[13]

我对战争动机的分析产生了一些结论。第一个结论是难以将战争的两个原因变量——物质能力和观念——分解开来并进行独立检验。战争的这两个因素无所不在并相互依存。它们之间不仅存在互动关系，而且相互强化并最终重塑行为。当我们引入一种我称之为"蛙跳模式"（leap-frogging）的纵向分析的时候，这种关系变得更加明显。这种分析模式将时间回溯到两组自变量导致的结果出现之前，进而分析一组自变量如何解释另一组。[14] 下面以地位为例来说明如何进行这种纵向分析：那些以物质能力为重点做分析的学者主张，对于地位的竞争只能在拥有强大实力的政治单位之间进行，而地位金字塔反映了这种权力分布。这可能引起反驳者的回应，他们认为这种权力分布状况本身是由文化和制度相互影响的结果。热衷于地位竞争的领导人更愿意建立国家机构去汲取资源，并把公共资源转化为军队、舰艇、宫殿、公共建筑或者其他任何可以彰显地位的东西。

物质能力的支持者（我在此将以地区和国际的体系结构为基础归纳观点）有一个明显的趋势。与中东、印度次大陆、中国不同，欧洲从未统一过，欧洲内部竞争性的政治实体有更强烈动机去建立我们归之为现代国家的基础结构。这反过来导致它们之间以及在国际上更加相互竞争。为了反对这一观点，强调观念的学者指出，欧洲内部军事能力的差异很大，表明这种差异不仅是政治单位财富差异的结果，在同样程度上也是各国选择的结果。在王朝竞争最激烈的 18 世纪，军费开支占国家总收入的比例，从最低的 20%多到最高的普鲁士近乎 80%之间变化。[15] 文化也决定着政治实体宣扬国际地位的"论坛"。战争逐渐变得极其昂贵并且代价极大，这促使国家转向其他领域的竞争。当然，物质主义者会回应说，日本、德国、加拿大和斯堪的纳维亚国家首先转向其他各种方式来获得国际地位，这只是因为它们不具有同美国进行军事竞争的能力。[16]

　　每一个观点都攻击其他观点，反过来又受到其他观点的攻击。如果只是为了在竞争性的因果论断之间争出个是非对错，那么这种知识上的争强好胜就徒劳无益。如果是为了诠释物质能力和观念之间复杂的互动关系，那么这种努力将会带来丰硕的成果。在这种观念的指引下，我使用了"蛙跳模式"来探究战争不断减少和许多专家都认为的战争已经过时的一些深层次原因。针对战争不断减少的一个有力解释是发达国家公众和精英对战争的除魅（disenchantment）。对一些人而言，这种除魅本身就是战争减少的原因；对其他人而言，它是一些深层次原因的重要体现。公众对战争态度的变化有案可查，通过审视这种变化，我们可以进一步探讨观念和物质条件之间的关系。这表明，和其他事情相比，把分析中相互竞争的战争解释与支持它们的证据区别开来是多么困难。

为什么战争如此臭名昭著？

　　重视物质力量的学者强调现代战争的破坏性后果和随之而来的反战决心。[17] 其他学者指出，领土征服和对被征服领土进行经济掠夺日益困难。[18] 强调观念作用的学者对于公众为什么从战争的幻梦中清醒过来给出了许多解释。一些学者，比如约翰·穆勒将观念的转变追溯到一战的梦魇，二战更加可怕的经历巩固了这一转变。[19] 自由主义者将公众态度的转变归因于贸易国家的出现和发达经济体之间不断增强的经济依存。[20] 还有一些自由主义者强调了民主政体的出现和所谓的民主和平论。我的研究吸引了学界对于地位作为战争原因以及地位观念的变化如何导致战争减少的关注。

这些解释遇到了两类分析上的难题。首先是难以有效区分物质原因和观念原因,因为通过蛙跳模式的分析方法,这两个原因相互融合。许多关于观念的解释似乎都是基于物质条件或物质变化的。穆勒关于公众意见的观点也以对物质能力的分析为基础,因为他将人们对战争的态度变化归因于战争造成了巨大的人员和物质代价,而这种巨大代价又是机械化战争的结果。一个完全从观念出发的解释会强调人类世界走向自由主义和人文主义的宏大趋势,它不仅可以解释对战争的负面看法,而且可以说明公众此前对奴隶制和决斗的反感。这种解释反过来又启发了物质主义解释,后者将自由人文主义归因于工业革命后中产阶级的财富和教育。这个观点又引起了反驳:因为人文主义不能被充分地解释为物质条件,因为人文主义在德国并不明显,尽管它比英国和法国更加发达,而人文主义在 1945 年之前的日本则完全不存在。

公众对于战争的厌恶可以归结为其他物质条件,在我看来尤其是经济发展带来的人口结构的变化。人口死亡率的下降以及约 80 年后相对应的人口出生率的急剧下降,首先在 18 世纪晚期的英国出现,并且逐渐向东延伸到欧洲大陆。这一变化导致人口数量的增加,而在出生率也下降之后,人口数量趋于相对稳定。人们提出多种原因以解释人口出生率和死亡率的下降,这一趋势在日本和环太平洋的其他地区也日益明显。其中一个解释是关于伴随着向上流动而来的家庭策略。随着个人收入的增加,夫妇们必须在消费产品和为更多的孩子提供衣食住行之间做出选择。城市化导致居住条件受到更多限制,家长都希望能够集中资源使得孩子有机会向上流动,这些因素都鼓励家庭少要孩子。在城市,孩子成为一种经济负担,而不是能帮忙犁地、日后赡养双亲的资产。在生育和抚养问题上,从多生薄养到少生精养的策略转变,促使人们重新思考子女的价值。父母感情上更加眷恋五岁之前的小孩子,并且希望他们在成年之后也能活得更长。许多父母更愿意为孩子的成功而进行投资,这也是获得社会地位、实现自我价值的一个尺度。基于上面所有的原因,生命变得更有价值,尤其是正值大好年华、前途一片光明的年轻人的生命。

经济发展带来的是社会世俗化,欧洲人更加关注"今生"而非"来世"。

首先是知识分子,然后是普通人,都对上帝、天堂和地狱的存在产生了怀疑。许多依然相信神和神的旨意的人也拒绝"来世"的观念。在西欧,平均只有 25%—30% 的人们相信有来世。[21]如果这个世界只是唯一有意义的存在,那么失去一个子女就是一个无法弥补的损失。孩子不能上天堂或者在"来世"和家人重逢。那些强调人们反对战争只是因为战争代价的观点只是强调了这个复杂问题的一个方面,人们也会因为更多地意识到生命的重要性而反对战争,这一点也必须考虑进去。

自由贸易国家的观点是绝对的物质主义观点,因为它从经济理性的角度解释了公众对战争的看法。这一逻辑构成了科布登和布莱特的主张的基础,并且在熊彼特的观点中更加明显。[22]它也在托马斯·弗里德曼的对全球化的颂词中得以明确表达。[23]民主和平理论更难清楚地理解,因为它是众多国际关系学者准备解释的一个暂时的经验发现。有三种观点被提出来以解释民主和平现象。制度主义认为选举、分权和法治是和平的根源,它又包含两种不同的形式。选举非常重要,因为它使公民可以撤换领导人,使得领导人更加努力去避免代价巨大的战争以及随之而来的选举失败。[24]另外一些学者强调了民主的透明性,认为它可以限制领导人,使得国家的承诺变得更加可信,欺骗更加容易为公众识别并付出更大代价。[25]规范主义的解释强调了政治文化的积极效应,尤其是磋商、妥协和互惠的准则如何影响民主国家内部和民主政体之间解决冲突。[26]

另外一些学者强调了民主国家的人民彼此之间以及对彼此国家的积极看法。贸易和平论和民主和平论的观点可以追溯到伊曼纽尔·康德,他既意识到了物质条件的重要性,又指出了不得不在战争中厮杀的公民更有可能反对战争。不过他把观念的力量和理性引导人们更好地理解他们真正的利益的方式放在首位。[27]基于规范思考的民主和平论的解释都沿袭了康德的传统。一个早期的著名例子是卡尔·多伊奇的著作,他是第一位对民主政体中的公众形成的共同体认同加以理论化的学者。他预测了他所谓的"多元安全共同体"在具有相同价值观以及紧密的社会经济联系的人们之间出现。[28]

我的关于地位的观点是从文化出发的,但是文化上的变化几乎总是涉及观念和物质条件之间的互动。我认为,地位一直是战争爆发的最普遍原因,而战争逐渐减少很大程度上是因为战争不再是获得地位的方式。这个态度上的转变毫无疑问受到了两次世界大战的毁灭性后果的影响,从这个角度讲这也是对物质条件的一个理性回应。我认为,有一个独立的且同样重要的观念因素在起作用。欧洲人对一战的反感在很大程度上与战争的性质以及物质和人员代价有关。战后的评论强调了战争彻底的非人道和机械化的性质,并由此导致了人成为战争机器中的可替代部分,士兵的生存在前线被物化为数字以便精确计算。[29]可以设想,如果战争更像是拿破仑时代之前的样子,即只是鼓励受到认可的个人英勇行为(这种英勇行为就能够产生不小的战术效果),那么反战的呼声也不会那么高涨。[30]除去战争的英雄主义和浪漫主义色彩,而将战争视为屠杀、破坏和苦难的非理性根源,那么战争就不再能够为好斗的人赢得荣誉,不再能为把士兵推向死亡的国家赢得地位。战争中和战后,公众对于想象中的空战中的骑士风采(这几乎完全是虚构的)以及纪念一战的仪式上对骑士和其他具有代表性的服饰礼仪的使用表明,公众已经把英雄浪漫主义色彩赋予了战争,尽管这与事实极不相符。[31]

从物质条件出发的所有解释都只是对一个非常复杂的、多层次的问题给出肤浅的回答。最极端的物质主义观点关注了核战争的代价,两个超级大国的领导人对此深有体会,并且人们也希望,其他核国家的领导人也同样能够理解这一点。唯一公开小看核战争代价的领导人可能是由于忽视或者虚张声势,自认为人口众多,即使经受核打击也能以胜利者的身份重新站起来。这之后他逐渐重视核武器和它们的破坏能力。[32]核威慑是否能够防止战争当然是另外一个问题。苏联和美国领导人在考虑战争的时候,对力量均衡感到非常不高兴。[33]他们对于二战和常规战争的破坏作用还有鲜活的记忆。国防部长麦克纳马拉记得,在古巴导弹危机中,肯尼迪总统担心爆发一场常规战争甚于担心核战争,而常规战争已经足够值得谨慎处理。[34]也有大量证据表明,尽管核武库的存在无疑有助于抑制战争的爆发,两个超级大国的核遏制策略——表现为扩展军备、积极的战略部署和好战的言论——却又激发了一些它意在防止的对抗。[35]

核武器的解释也有一个重要的观念基础。在广岛和长崎之后,尽管不是全部,许多领导人已经意识到他们面对的是一个史无前例的、破坏潜力巨大的武器。早在 20 世纪 50 年代，热核武器的发展给那些认为核战争破坏力太大因而要慎重的人们进一步的震撼。对核战争的破坏性后果的恐惧促进了"核禁忌"的产生。[36] 两个超级大国中从未出现有顾问或者领导人提出使用核武器的情况。杜鲁门摈弃了对苏联实行预防性核攻击的建议，而艾森豪威尔也不允许在朝鲜战争中使用核武器。他拒绝了海军上将雷德福（Radford）和参谋长联席会议提出的使用核武器来挽救法国在奠边府的驻军的建议。[37] 在古巴导弹危机中，美苏两国比它们的领导人所意识到的更加接近一场意外的核战争。[38] 另一个反例是 20 世纪 70 年代的尼克松政府，它倾向于支持苏联对中国的核设施进行"外科手术式"核打击。[39] 这些事情都说明不使用核武器并不是不可避免的，但是确是道德约束的结果。随着时间的推移，放弃使用核武器的规则逐渐发展，并且成为试图在全球社会中保持其地位的国家所遵循的日益重要的规则。要让不使用核武器成为普遍接受的规则，需要领导人在他们或其他领导人可能采取行动并做出关键决定的时候进行自我抑制。

对于核武器引发的恐惧，无疑部分反映了任何核战争可能引发的伤亡水平。直到肯尼迪政府，战略空军司令部（Strategic Ais Command，SAC）唯一的核攻击计划是全面打击苏联、它的东欧卫星国和盟友中国。这个在 SAC 被打趣地称为"Wargasm"的攻击计划预计在战争的第一周内杀死多达 3.5 亿人。[40] 如果导弹系统的精确度提高、核弹头的重量相应降低，这一数字会有所减少。然而，全面的武器扩散引起的"核冬季"使得人类世界面临着新的死亡威胁。即使这种恐惧被夸大了，但即便只是一场小规模的核战争、即便战争规模有限，它的连带伤害也会由于放射性尘埃和大量有价值的军事目标处于或靠近平民聚居区而变得非常大。[41] 因此，核禁忌不仅建立在核战争的代价上，而且也与战争中的许多乃至绝大多数受害者都是平民这一点带来的不安和痛苦有关。

这些回答战争为什么减少的解释面临的第二个问题是很难把不同的解释区分开来。它们相互交织重合，相互强化，并反映了基本情况的不同表现形式。前面提到，关于公众意见和战争的观点与这一点紧密联系：即战争的代价使得发达国家的民众逐渐认为战争是不可接受的。所有的发达国家也是贸易国家，大多都是民主政体。为表明公众对战争的看法变化是因变量,我们必须说明发达国家之间公众对战争的看法有明显的不同。或者,我们要说明对于战争的不断变化的公众意见反映了一系列更深层的观念转变,这些转变导致了贸易国家和民主政体的兴起。这个观点直观上很能吸引人但是更难证明。贸易国家和民主和平的论点交叉很大,因为几乎所有的贸易国家都是民主政体。为了评价它们各自的优点,我们需要假设一个不同于现实的世界:那里有很多非民主的贸易国家,或者许多民主的非贸易国家。

关于战争代价的观点也很难和它的对立观点划清界限。发达的贸易国家在战争中要比贫穷国家(大多数是农业国家)更容易受到伤害。民主国家要比威权政体更加珍惜人类的生命,这就增加了战争的预期成本。在这些国家中公众同样也是最反战的。美国在中南半岛和以色列在中东的例子都强化了这两个观点。美国赢得了战役,却因越南人愿意承受更大的伤亡而输掉了整个越南战争。最近,美国对黎巴嫩、索马里、阿富汗和伊拉克的干涉进一步证明了美国对人员伤亡的敏感性。以色列发动的战争,尤其是1973年战争,也证明它对损失同样敏感,它愿意作出巨大妥协以保证对方释放被俘的以色列士兵也说明了这一点。[42]

我的关于战争与地位的观点也和其他解释有重叠。我对公众对战争的厌恶给出了一个观念上的解释,但是并不否认这一现象部分程度上反映了现代战争的代价和破坏性。民主政体也在我的考虑范围内,尽管我并不是按照民主和平论的逻辑展开。民主鼓励一些特定的价值观念和思维方式。因为现代民主政体最初是由商业阶层倡导的,它重视的是物质利益而不是激情。民主政体反对把荣誉和国家的对外政策联系起来。对于战争,发达的民主政体认可的唯一动机是自卫,尽管公众有时会对援助其他民主国家或者民主化其他国家的军事行动持积极态度。对威望、地位和荣誉的直接追求整体上变得不可接受,或者难以说服公众,尽管领导人和公众在他们的个人价值与国家的成功与地位相联系的时候也会支持发动战争。我在其他地方讨论过,这样的移情作用是20世纪早期德国咄咄逼人的外交政策的有力根源,是冷战中超级大国竞争的主要原因,也是布什政府入侵阿富汗和伊拉克的一个积极因素。[43]本书中的案例和数据集表明,民主既可能抑制也可能鼓励军事冒险。我会在下一节中讨论产生这种现象的一些情形。

战争还有可能吗？

我讨论过的几个针对战争减少的原因的解释都强调精英和大众对战争的厌恶，尽管他们持此看法的原因不同。战争已经毫无疑问地失去了浪漫的色彩，在多数发达地区被视为苦难的根源。富于思想的人们也已经逐渐把战争视为实现对外政策的一个粗野工具，通常情况下并不能实现预期目标。同时，出于几个原因，生命变得更加珍贵，战争的成本更加令人望而生畏。这种观念上的转变使得以任何理由鼓吹战争变得更加困难。但是这些因素并没有完全消除战争。在过去的十年里，美英入侵了阿富汗和伊拉克，以色列基本上占领了加沙地带，俄罗斯则侵犯了格鲁吉亚。这其中三个国家毫无疑问都是民主政体，而俄罗斯可以被理解为处于向民主过渡的时期。对这三次军事行动负责的领导人从议会和公众那里获得了强有力的支持。美国和以色列领导人宣扬他们的干涉是为了国家安全，而俄罗斯采取了同样的说法，并且强调了它的邻国的困境。[44] 以色列和俄罗斯的行动实现直接目标，这种成功可能使得领导人在将来宣扬类似观点变得更加容易。不成功的战争，尤其是当人们逐渐意识到领导人在战争的正当性和目的上撒谎时，大概会产生相反的效果。不过做这样的论断需要慎之又慎。

在一战失败后的一代人的推动下，德国发动了第二次世界大战的欧洲部分。希特勒走向战争是因为他已经成为一个独裁者，使德国军队听命于他并且很大程度上不受公众意见的控制。他也从一战后德国右翼传播的"背后中箭"（Dolchstoss）的观点中获益。他们认为，德国并没有输掉战争，而是遭到了社会主义分子的背叛，其中大部分是犹太人。[45] 右翼的政治力量和共和派的脆弱性、懦弱阻止公众了解更不要说接受德国领导人对一次世界大战的责任。希特勒 1939 年对波兰的进攻以国家安全作为合理化借口：纳粹在计划进攻的前夜制造了一次边界冲突。[46] 德国人普遍认为对波兰的攻击是一次复仇战争，之后对法国的入侵也是如此。尽管德国人支持希特勒并且渴望复仇，但是对希特勒战争的支持却很少。大多数德国人非常相信和平可以实现。在 1939 年入侵波兰时，德国人中并没有出现 1914 年开战时那样的热情。[47]

更多能够说明问题的案例是朝鲜战争、越南战争、第一次海湾战争、阿富汗和伊拉克战争。朝鲜战争是一场在美国非常不受欢迎的战争，导致了杜鲁门总统的公众支持率急剧下降并帮助共和党在 1952 年赢得总统大选。[48]朝鲜战争的教训并没能阻止林登·约翰逊干涉越南，或者阻止尼克松政府不顾国内的反战浪潮而将战争扩大到柬埔寨。[49]不像朝鲜战争以一个代价高昂的僵局而告终，越南战争中美国战败，并且随即导致立法机关限制总统在事先未经国会批准的情况下派遣武装部队进行军事行动的权力。[50]越战的时代还没有过去，乔治·布什总统发现很难获得国会和公众对把伊拉克逐出科威特的军事行动的支持。战争的性质明显是伊拉克发动的侵略战争，联合国授权发动一次反侵略的解放战争，从不参与军事行动的国家获得对行动的经济支持，这些因素都使得总统从国会和公众那里获得他所需要的多数成为可能。1990 年至 1991 年的海湾战争成为很多美国人克服越战带来的精神创伤的工具。在美国，很多人在汽车、房子和树上挂着黄色彩带，许多丝带上写着"支持我们的军队"的标语。早前在罗纳德·里根的带领下，右翼修正主义者鼓吹，如果公众全力支持海外军队，美国本会能赢得越南战争。[51]

伊拉克战争也导致了彩带和表现爱国主义的其他形式的类似展示，战争再次使得背叛美国军队的"背后中枪"的说法变得盛行，而如今这一点已经背负恶名。由于在伊拉克战争中，美国占领军无法在镇压骚乱方面取得进展，无法为主要城市提供安全，也无法建立一个不只忠于特定宗教团体的军队、警察或政府，因而"背后中枪"的说法盛行。布什总统试图说服公众"坚持到底"，但是失败了。布什的很多支持者大多数自称为新保守主义者，他们四处推广越战修正史观，以此动员支持者、恫吓反战者。[52]不过公众依旧反对战争，他们令巴拉克·奥巴马（Barack Obama）在总统大选中战胜了约翰·麦凯恩（John McCain），后者是一位与布什政府的军事干涉和军备扩张紧密联系的共和党人。

这些战争都以维护国家安全的名义推销给公众。我们无需对这个逻辑的正当性展开辩论，只要指出，在五次战争中的三次（越南、阿富汗和伊拉克战争）这样的借口受到了反战派的严重质疑。当速胜的承诺成为泡影时，他们能够迅速地动员起强大的反战力量。在朝鲜战争中，杜鲁门政府是否诚实不是重点，关键是中国参战后的确导致了美国陷于一个代价高昂的僵局。[53] 刚开始，美国公众支持了政府 1945 年以后发动的六次战争。这是二战后任何一个国家发动的战争的最大数目；紧随其后的是印度，发动了四次战争。

美国对外军事干涉的历史表明，为了胜利，总统必须以国家安全受到急迫威胁为借口发动战争，并且以较小伤亡取得速胜。第一次海湾战争满足了这些条件并且为后人创造了范例，小布什政府试图模仿但是以失败告终。谁都不能保证可以获得联合国的授权，而且很难形成一个有效的多边联盟。除了英国，其他大国都反对军事干涉，其中包括美国的两个亲密盟友法国和德国。[54] 在入侵伊拉克并推翻萨达姆政权后，占领军没有找到任何大规模杀伤性武器，此前这一借口为美国的干涉赢得了公众的认可。由于日益扩大的骚乱，占领军也不能按照原计划撤出伊拉克。尽管奥巴马赢得 2008 年美国大选的部分原因是他承诺结束伊拉克战争，但他上台后明确表示，美国军队不得不继续在伊拉克驻扎一段时间，并且增加了在阿富汗的驻军。这些举动激起了民主党左翼的反对，但是没有引起公众的大规模抗议。

美国和其他民主国家有什么不同吗？如果我们考察一下 1945 年以来的战争记录，美国是最常使用战争工具的国家之一。在这一时期的 31 场战争中，以色列参与了 6 次，美国和中国各卷入 5 次，越南 4 次，印度和巴基斯坦各 3 次（见表 2.1）。以色列和美国在发动战争的数量上不相上下。以色列发动了 4 场战争并参与了另外两场战争（1948 年和 1973 年），这两场战争是当以色列被阿拉伯联军攻击之后发起的。美国发动了它参与的 5 场战争中的 4 场。

这些对比说明民主国家像其他政体一样是好战的。[55] 保守地估计（这里的民主国家不包括俄罗斯），民主国家发动了 31 场战争中的 12 场，其中 10 场是由成熟的而非转型中的民主政体发动的。当我们考虑到这段时间里民主政体只占世界范围的 27%，则民主国家发动战争的几率就会大大提高。[56]美国、以色列、印度都是好战的民主政体，以色列是个特例。以色列的邻国中只有一个国家承认它的存在，而且这一承认是在四场战争之后做出的。以色列被敌对国家包围，并且领土被巴勒斯坦人占领。以色列在 1948 年、1970 年被埃及攻击，或者被埃及与其他阿拉伯国家的联盟所攻击。以色列发动的四场战争（1956 年、1967 年、1982 年、2008 年）都是为了回应阿拉伯世界的挑战。我们可以争论以色列的军事行动是否道德或是否有效，但是不能否认，这个国家面临着，并始终面临着安全甚至是生存的直接威胁。印度是一个转型中的民主国家，有证据表明这种国家比成熟的民主国家更好战。[57]印度的案例和国家分裂引起的战争紧密相关：多个国家随着一个殖民帝国的崩溃而产生，并且一国或者多国都宣称对全部或部分领土拥有主权。这使殖民帝国或联合国有必要在当事国之间划分领土，以避免独立后发生战争，或者发生战争后引起国家分裂。印度发动了四次战争，三次是与后殖民时代的对手巴基斯坦展开的。

美国与西欧国家、日本、英联邦国家（加拿大、澳大利亚和新西兰）以及拉美的民主国家的对比更加有趣。美国明显是一个特例，因为这里只有两个国家发动过战争（法国和英国在 1956 年袭击埃及）。英国在 1991 年海湾战争和 2003 年伊拉克战争中也是美国的盟友。在一些重要方面，美国与这几个国家有所不同。在《国际关系的文化理论》一书中，我把它描述成为一个"暴发户式"的国家。这样的国家是后崛起的国家，它们争取在一些领域获得地位，并且比其他国家更加努力。它们把国民收入的相当大一部分用于军备，并且实行更加咄咄逼人的外交政策。这样的例子还包括古斯塔夫斯·阿道弗斯（Gustavus Adolphus）控制下的瑞典、18 世纪的普鲁士和俄国，以及 19 世纪后期和 20 世纪的日本和美国。[58]

不像其他暴发户式的国家，对美国的限制更多的来自内部而非外部：国会，而不是其他强国，阻止着美国在 19 世纪二三十年代的欧洲事务中发挥更加积极的作用，并且在 20 世纪 70 年代迫使美国从中南半岛撤军。美国领导人和人民从未受到其他大国的蔑视或者侮辱，但是一些总统和他们的顾问真真切切地感到被加在他们身上的内在制约所侮辱。很多情况下,他们试图以各种形式使这个国家实行积极的政策:加入国际组织(例如国际货币基金组织和北大西洋公约组织)并履行各种长期义务,以行政行动的方式造成既定事实(例如 1940 年与英国的驱逐舰交易、干预朝鲜战争、1958 年派海军陆战队进驻黎巴嫩),以虚假的或者误导性的信息为基础获得国会决议案(东京湾决议案和伊拉克战争决议案)。具有讽刺意义的是,对可信度的关注反而导致各种有欠考虑的、空洞的承诺,例如越南和伊拉克,这又导致了公众的反对和国会对总统的更多制约,后来的美国总统认为这损害了他们的可信度。这一连串的反应不仅没有促进对国家安全战略的重新评估,反而强化了一些总统和他们的顾问突破这些限制并维护美国在世界的领导地位的决心,最终形成一个恶性的循环:过度扩张——失败——新的制约。

美国在其他方面也很特殊。它是世界上难以超越的最强大的经济体。在第二次世界大战结束时,美国 GDP 占世界总量的 46%,并且今天这一比例仍高达 21%。[59]巨大的财富使得美国可以将国内生产总值中更大的比例花费在军备上。在冷战后,很多国家削减了军事开支,但是美国的军事开支却不断增加。2003 年,美国军费为 4 170 亿美元,占世界总额的 47%。[60]2008 年,它将 41% 的国家预算用于军事部门以及补偿历次战争的成本,占世界防务开支的大约一半。从绝对数目上看,美国的军费开支是日本、俄罗斯、英国、德国和中国总和的两倍。理所当然的,美国也是唯一的具有全球作战能力的国家。[61]民主党和共和党政府一样会将军费开支维持在非常高的水平上,或者提高这一水平,以确保国际地位和影响力会随着军事优势而来。美国前国务卿马德琳·奥尔布赖特(Madeleine Albright)说,要绝对确保美国是世界范围内唯一的可以主导国际秩序的国家。[62]

美国的防务开支也反映了军工复合体的政治力量。国防开支使得很多企业依赖于政府,并导致了新的企业诞生。1991 年,冷战结束后,1 200 万美国人直接或间接依赖着美国的军费,几乎占美国劳动力总量的十分之一。此后这些数字并没有显著变化。对经济拥有如此大的影响赋予了防务合同商巨大的政治影响力。[63]这些掌握大武器系统的公司很谨慎地在全国范围内选择分包商,通常会给各州的公司一些项目。这又增加了它们在国会的政治筹码,强大到能够使政府不情愿地购买军队不需要的武器。[64]在这一点上,美国也很特殊。苏联的军费也曾占国内生产总值的很大比例,这也是其经济停滞并最终解体的一大原因。

国会和总统一直认为军费开支对国家安全是非常必要的。他们陷入了一个恶性循环的怪圈。防务合同商支持了很多智库以及所谓的爱国组织,它们掀起的政治宣传为公众创造了很多外敌,并肆意夸大敌人的威胁。这个外敌原来是苏联,冷战后变成中国,现在又转向了朝鲜、伊朗和宗教极端主义。整顿军备、前沿部署、好战言论,以及在政治上和军事上支持与这些敌对国家直接交火的国家,这些都进一步恶化了与这些国家的敌对关系,使得这些国家对美国的敌视态度自我强化。冷战中,两个超级大国的这种行为导致了一系列容易引起战争的危机,其中古巴导弹危机最为典型。[65]冷战后,对阿富汗和伊拉克的入侵导致美国与伊斯兰世界的关系恶化,这间接地改善了伊朗和朝鲜的被动局面,也使美国更容易成为恐怖袭击的目标。这显然将美国在中东的驻军和平民置于危险的境地。这些冲突不仅让美国人担心会自食恶果,也为导致这种情形产生的各种扩大军备和前沿部署提供了正当性。一句著名的格言说,手拿锤子的人总是在找钉子。具有如此强大的军事实力,美国一直忍不住要在世界范围内发挥影响并且严重依赖国家的军事实力来实现这一目标。

和其他民主国家相比,美国是历史上的荣誉文化(honor culture)因素仍占据重要地位的唯一国家。在普鲁士和威廉德国时期,容克(易北河以东的地主贵族)成为一个独特的阶级,他们靠在军队中服役和传奇般的英勇行为来证明自己权力的正当性。他们的阶级价值观和代表们塑造了普鲁士和德国的外交和军事政策,并对一战的爆发影响颇深。[66]容克贵族们在一战中浴血奋战至死,尽管也有相当多的人活下来,他们广泛参与和领导了德国国防军在希特勒时期的侵略战争。两次世界大战消除了德国和欧洲其他地区的类似精英阶层,彻底抛弃了他们的价值观。美国内战却没有产生类似的影响。[67]南方的荣誉文化继续影响着军官和部队士兵,他们逐渐主导了美国军队并且积极发出声音。自从 1973 年美国废除了征兵制,现役官兵中来自南方和东部的不断增加。1985 年和 2001 年间,来自南方的新兵从 34% 增加到 42%。相反,来自西北部的士兵从 1977 年的22%减少到2001年的不足14%。新晋军官的地区分布也大致如此;来自南方的军官占2006年美国预备役军官训练营(RTOC)新晋军官总数的42.5%和西点军校2007年毕业生的36.7%。[68]南方在军队的影响力不断增加,形成了一个类似普鲁士军官团的制度,与这个社会隔离开来并具有自己独特的价值观。在美国军队中,这一点不仅仅包括军官,普通的男女士兵也是如此。

幸运的是,美国军官和他们普鲁士的同行不一样,他们只是间接地参与政策制定。就像莱斯利·盖尔布(Leslie Gelb)和理查德·贝茨(Richard Betts)描述的那样,是美国文官而非军队促使国家使用武力,尽管军队在战争打响之后倾向于扩大战争规模。这个发现在伊拉克的例子中正是如此,美国军队被以国防部长唐纳德·拉姆斯菲尔德为代表的一个小团体所吓到。[69]然而,和容克贵族一样,美国军队整体上也是政治权威的工具,军队在极具争议的军事冒险中为政治而牺牲,甚至成为军事冒险的代名词。当军队被迫入侵伊拉克时,只有一位将军辞去了职务;其他人不得不咽下苦果,准备率领部队去执行他们认为不适当的任务。[70]

同样令人震惊的是尽管面临着生命的代价,军人和他们的家庭也愿意支持像阿富汗和伊拉克这样的战争。民意调查发现,军队总是比平民更加支持正在进行中的战争和干涉主义的对外政策,南方的支持率高于其他地区。[71]他们也更可能认同共和党,因为共和党通常比民主党更加支持对外干涉,也更能够忍受人员伤亡。支持战争的态度也反映了许多职业军人与生俱来或经社会化而习得的荣誉文化。[72]这个文化上的根源使得政府更加容易向公众推销战争,因为需要在战争中奉献出生命的人也同样是最不反对战争的人。这也使得反战变得更加困难,因为在"支持我们的军队"这一口号的掩盖下,从未在部队中服役的异见者必然担心背上不爱国的骂名。

我在前面讨论过,美国人和欧洲、日本人在宗教信仰的强度上差异很大。从1947年至1994年的盖洛普民调显示,美国人中信仰"上帝或者万物生灵"的比例一直在95%左右,相比之下欧洲和日本只有50%。[73]盖洛普民调进一步反映出,81%到93%的美国人认为存在天堂,但是有意思的是,只有54%到85%的人承认地狱的存在。[74]对造物主和天堂的信仰在军队内部比在平民中更加流行,在南部也比美国的其他地方更普遍。[75]
这两个信仰减轻失去亲人的后果,使得死亡变得可以接受,尤其是当军队
的伤亡被认为是上帝的旨意时,当家庭成员希望甚至是期待与战死的亲
人在天堂重逢时,情况更是如此。在战争中牺牲被赋予了献身荣誉的重
要含义,并且牺牲使得他们的家庭在持同样价值观的社区里获得声望,这
两点都和上面一样产生了相同的效应。[76]

美国政治、经济、社会、文化的这些因素共同造成了可以被称为"国家
安全的完美风暴"。财富为美国在世界体系中维护霸主地位提供了物质
基础,它的暴发户本性和军工复合体系提供了实现类似政策的物质能力
和公众支持。南部的荣誉亚文化和普遍的宗教信仰确保了军队自愿地执
行战争和干涉的政策,并且默默地接受了他们遭受的伤亡。其他民主国
家的相当一部分人认为美国是和平的最大威胁,这一点并非没有道理。

对世界和平的第二个威胁并非来自一个国家,而是来自去殖民化过
程和冷战的遗留问题。前者产生分裂的现象。前面讨论过,分裂指原来
的殖民地因为民族争端分裂为两个国家。大英帝国导致了数目最多的分
裂国家的出现:爱尔兰共和国和北爱尔兰,希腊和土耳其人的塞浦路斯,
以色列和巴勒斯坦,印度和巴基斯坦,巴基斯坦和孟加拉国,以及马来西
亚和新加坡。分裂产生了世界上最难处理的问题,并导致了近三分之一
的战争(31 场战争中的 10 场)。它也引起了世界范围内相当比例的国内
动乱。[77]

只有一次由分裂导致的危机被解决:马来西亚和新加坡的分裂使得
这两个国家在双边关系总体友好的情况下实现了经济起飞和发展。爱尔
兰问题的解决姗姗来迟,在两次内战和不时的暴力事件之后才取得了一
定进展。塞浦路斯、中东和印度次大陆依然是冲突不断。苏联的解体引
起了新的分裂,对现实不满的少数民族团体试图通过暴力手段实现从俄
罗斯中分裂出去(例如车臣),或者从前苏联加盟共和国中分割出去(如格
鲁吉亚的南奥塞梯)。南斯拉夫的解体是苏联灭亡的延续,它导致了另一
系列的暴力冲突。幸运的是,这些冲突已经告一段落,但是从其他分裂国
家的历史经验来判断,这一地区仍然有可能爆发冲突。不过也存在一些
值得乐观的因素。伴随着英殖民帝国解体而来的分裂,以及奥匈、沙俄和

奥斯曼帝国解体带来的民族冲突,最为激烈,最容易导致战争,因为它们涉及了很大面积的领土(印度次大陆),处于重要的战略或经济区域(东欧、中东),并且经常有大国卷入冲突(尤其是在中东)。目前可能分裂的地区并不满足这些条件。

冷战导致了一些分裂国家的出现:东德和西德、韩国和朝鲜、北越和南越。[78]这些国家具有长期的统一意识因为冷战而分裂。德国和朝鲜半岛是第一批因苏联和西方阵营分庭抗礼、走向对峙而遭受这种命运的国家。越南的短暂分裂是1954年日内瓦协定的产物。除了德国,这些分裂国家中的任何一个都引起了大规模的战争。并且,尽管美苏没有在德国发动战争,但是它的分裂是冷战的预兆和引起冷战的重要原因。德国在1990年重新统一,因为大国之间调整相互关系变得可能,并成为冷战结束的标志。

中国依然坚持把国家统一视为其基本原则,并且誓言"台独"就意味着战争。中国的政治精英认为,"台湾独立"会破坏他们国家的社会稳定、国家统一和大国抱负。但是,同样也存在一些值得我们谨慎乐观的因素。"台独运动"似乎不断衰落而不是在发展,两岸经济一体化发展迅速。2005年,台湾地区70%的对外直接投资流向大陆,台湾向大陆的出口占其出口总额的40%。旅游也在发展,超过一半的台湾商人和他们的家人在大陆购有房产。时间对北京十分有利,并且中国政府对于让两岸问题按照它们自然的趋势发展感到满意。[79]如果中国大陆经济衰退,或者台湾"宣布独立",海峡两岸将会爆发一场战争,美国可能介入这次战争,而世界上最强大的两个国家将会成为敌手。[80]

冷战中,汉斯·摩根索注意到,维护和平更多地取决于领导人的道德品质,而非均势。[81]冷战后的和平也是如此。和冷战构成强烈对比的是,各种深层条件总体来看更加有利于世界和平,但是许多民族冲突、国家竞争、没有解决的长期冲突依然存在。控制这些因素、使之不会升级为战争,需要许多国家的领导人具有远见、自我控制和政治勇气,解决这些问题就更难。当领导人们认为洲际战争不可避免时(就像他们在1914年所做的那样),保持这种政治勇气是很困难的。在这些情况下,解决冲突的动机会很弱,并且当踌躇中的国家拥有的军事优势日益衰落甚至消失时,情况会变得更糟。当领导人认为在危机中避免战争会使得该国有可能在全局上占尽优势，或者至少获得长期的对敌优势，领导人会更有勇气去避战。苏联和美国的领导人在冷战中成功地处理了一系列危机，并因此强化了他们的一种认识：他们之间的战争是可以避免的。如果这本书能够使得读者，甚至是政策制定者认识到战争正在减少，这也在短期内进一步鼓励领导人避免战争。

方 法 论 后 记

大卫·休谟(David Hume)认为，原因是心智的错觉，是帮助我们理解这个世界的认知人造物(cognitive artifact)。因果关系基于我们对假定的原因和它的结果之间"恒定关系"的观察。原因和结果的区别就在于"因在果之前"。[82]

国际关系理论，或者从广义上讲，整个社会科学普遍采用了休谟对因果关系的理解。[83]这使我们关注到亚里士多德的"有效因"(efficient cause)：变化由原动力或者推动者引起。[84]它对社会科学以"规律决定论"(regularity determinism)的形式加以结构化，规律决定论认为，建立规律是做出因果判断的第一步。[85]和休谟不同的是，很多现在的研究者认为，原因不仅仅是语言产品或者有用的比喻。

在新实证主义的传统中，从概念和经验主义的角度把相互冲突的理论化的原因隔离开来是很有必要的。关于战争频率方面的研究并不满足这些条件。它不只是以某种方式运用理性就能够解决的技术问题，而是因为在概念化这些解释的过程中的内在问题。1945 年以后甚至是 1815 年以后的战争数据集的规模很小，不可能找到足够的只包含一个诱发因素而不涉及其他因素的案例，因此实证方面的问题也同样严峻。

蛙跳的分析模式说明，以有效因的方式思考因果关系只是触及了广阔冰山的一角。每一个假设中的有效因，无论是物质上的或者观念上的，在更长的时间跨度里都只是原因的结果或表达。为了理解战争减少的历史趋势，我们需要解释它的有效因，而这需要回溯历史，在不同的分析层次考察不同的发展阶段和它们的互动关系。蛙跳的分析模式也说明：很多相互竞争的解释性主张不仅有着共同的根源，也反映了不同领域的不同根源。这些深层原因之间相互作用，有时相互强化，并且它们的作用因为交互和后续作用而被中和。相应地，一个对战争减少的好的解释就需要找到并分析这些原因的几个层次和它们之间最重要的联系。

规律决定论不适合这一任务。对单个案例或大致相似情况下多个案例的过程回溯至多能够让我们明白，这些条件或者发展以不确定的方式"导致"、"使得"、"塑造"或者"抑制"了其他发展。这是因为，它们使得这些发展变得可以想象、可以接受、更加可取，甚至只是抑制了其他的发展趋势。这些影响总是依赖于其他条件的存在，而这些条件出现的原因可能是彻底地独立的，其后果也可能事先表现地并不明显。探究事物表面的背后，可以进入一个开放的、非线性的世界。

为了理解这样的世界，我们必须放弃休谟式的思维方式，应该从我们想要解释的趋势、转变过程或者事件入手，找出可能的有效因。我们必须从中挑选出最可能的有效因，并且追本溯源努力识别最为重要的原因和诱发条件。在最理想的情况下，我们希望发现这些因果链条所能回溯的深层条件，以及融合交汇所发挥的作用，并且牢记能动力（agency）也很重要，因为它永远不仅仅是对深层条件的反应。在实践中，能动力会产生多种潜在的状况，每一个状况背后又有多种原因。我们的追求可能引领我们注意到一些远离政治的领域中的发展变化（例如人口寿命、世俗化）以及具有高度情景依赖性的其他东西（例如两次世界大战的代价），在讨论战争的频率不断降低时正是如此。这样的观点永远不能被证实，也很少能在证据的基础上证伪。[86]

相互竞争的观点无疑会不断发展，现在便是如此，但是这些观点在一定程度上容许通过一些标准进行评价：如它们的内在逻辑、是否符合经验证据、是否全面，以及对未来的预测如何。一些论点它们可能假定了可能通过其他领域来进行验证的关系，验证的结果可能会强化或者弱化这些观点。我的观点是，战争的减少是因为战争不再能为发动者赢得地位，这种认识会引导我们去关注那些价值：它们可以导致相互冲突的议程和争

论的变化,以及其他种行为的变化。这些价值也经得住实证研究,后者有
助于我们更深层次地理解一个价值变化的程度以及变化的原因。这一点
在解释战争减少的其他观点上也正确。从经验和实证的角度讲,我们对
于战争的理解,或者进一步讲,对社会互动更加一般性的理解,会通过这
种方式检验相互冲突的各种解释得以强化。狭义上讲,它可能告诉我们
某种规律或知识的相关条件,这对我们开展新实证主义研究很有帮助。
它也可能告诉我们一些关于这些或者其他规律不再成立的条件。通过对
规律性的标准研究和导致或者削弱这些规律性的条件的深层次研究之间
的反复验证,我们可以发展一个更加动态的、硕果累累的社会科学,在那
里,通例是变化而非稳定,有效因被理解为因果分析的开始而非终点。

注 释

1. Nietzsche, *Human*, *All Too Human*, p. 239.

2. Painter, *The Cold War*, p. 191; Maier, *Dissolution*, pp. 59—72.

3. Klare, *Resource War*; Bateman and Schofeld, *Outer Shelf Claims in the South China Sea*.

4. Mahan, *Influence of Sea Power upon History*; Mackinder, "Geographical Pivot of History"; Mackinder, *Britain and the British Seas*; Haushofer, *Geopolitik des Pazifischen Ozeans*; Haushofer, Obst, Lautensach and Maull, *Bausteine zur Geopolitik*. 对地缘政治学的深入分析,见 Guzzini, *Geopolitics Redux*。

5. 详见 Lebow, *Cultural Theory of International Relations*。

6. 该概念在美国的变迁,见 Stuart, *Creating the National Security State*。

7. Schelling, *Arms and Influence*; Bundy, *Danger and Survival*; Jervis, *Meaning of the Nuclear Revolution*.

8. Gordon and Trainor, *The General's War*, pp. 413—432.

9. Rumsfeld, "Transforming the Military"; Gongora and von Riekhoff, *Toward a Revolution in Military Affairs*; Coker, *Waging War without Warriors*?

10. 相关史实,见 Lebow, *Cultural Theory of International Relations*, chs. 6—8。

11. Ikenberry, *After Victory*; Lieber, *Eagle Rules*?

12. Frieser and Greenwood, *The Blitzkrieg Legend*.

13. Safran, *From War to War*, pp. 317—382; Herzog, *Arab-Israel Wars*, pp. 145—196; Oren, *Six Days of War*, pp. 170—304.

14. Lebow and Stein, "Understanding the End of the Cold War as a Non-lin-

ear Confluence," pp. 219—238.

15. Schulze, "Prussian Military State"; Praker, *Military Revolution*, pp. 62—65; Lebow, Cultural Theory of International Relations, ch. 6.

16. Waltz, "Structural Realism after the Cold War".

17. Waltz, "Spread of Nuclear Weapons."

18. Brooks, *Producing Security*.

19. Mueller, *Retreat from Doomsday*.

20. Rosecrance, *Rise of the Trading State*; Gartzke, "*Capitalist Peace.*"

21. Association of Religious Data Archives, www. thearda. com/internationalDate/compare. asp;关于欧洲各国对神的信仰及其衰退的进一步数据,见 Pfaff, "Religious Divide"。

22. Schumpeter, *Imperialism and Social Classes*; MacMillan, *On Liberal Peace*, p. 103.

23. Friedman, *Lexus and the Oliver Tree*.

24. 相关批评,见 Mansfield and Snyder。

25. Fearon, "Domestic Political Audiences and the Escalation of International Disputes"; Smith, "International Crises and Domenstic Politics"; Schultz, *Democracy and Coercive Diplomacy*; *Lipson*, Reliable Partners.

26. Maoz and Russett, "Normative and Structural Causes of the Democratic Peace"; Dixon, "Democracy and the Peaceful Settlement of International Conflict"; Rousseau, *Democracy and War*.

27. Kant, *Perpetual Peace*; Lawrence, "Imperial Peace or Imperial Method?"; Baum. "A Question for Inspiration in the Liberal Peace Paradigm."

28. Deutsch, *Nationalism and Social Communication*; Deutsch *et al.*, *Political Community and the North Atlantic Area*.

29. Fussell, *Great War and Modern Memory*; Leed, *No Man's Land*; Wohl, *The Generation of 1914*.

30. 克劳塞维茨、托尔斯泰和其他人都对此观点发表过看法。

31. Wilson, *Myriad Faces of War*, pp. 362—376, 608—617, 694—704; Goebel, *Great WAR AND Medieval Memory*.

32. Khrushchev, *Khrushchev Remembers*, pp. 467—470; Lewis and Litai, *China Builds the Bomb*, pp. 6—7, 36—37.

33. 关于威慑和核武器在冷战时期大国关系中的模糊作用,见 Lebow and Stein, *We all Lost the Cold War*, chs. 13—14。nuclear weapons on superpower relations during the Cold War。

34. Robert McNamara's comments, *Proceedings of the Hawk Key Conference*, pp. 81—83.

35. 该观点的详细论证,见 Lebow and Stein, *We all Lost the Cold War*。

36. Tannenwald, *Nuclear Taboo*; Paul, *Tradition of Non-Use*, pp. 4—13,该文认为不使用核武器的"传统"更为恰当,而非"禁忌",因为很多大国仍然没有放弃可能首先使用核武器的权利。

37. Tannenwald, *Nuclear Taboo*, pp. 115—134, 190—240; Paul, *Tradition of Non-Use*, pp. 38—63; Bundy, *Danger and Survival*, pp. 250—251, 266—270.

38. Lebow and Stein, *We All Lost the Cold War*, pp. 294—296.

39. Burr and Michelson, "Whether to 'Strangle the Baby in the Cradle'"; Gorbarev, "Soviet Policy Toward China"; Sagan, "More Will Be Worse."

40. Shoup, "Document 25"; Ball, "Development of the SIOP, 1960—1983."

41. Sagan and Turco, *Where No Man Thought*; United States Congress, Senate, Committee on Armed Services, *Nuclear Winter and Its Implications*.

42. Safran, *Israel*, pp. 506—532.

43. Lebow, *Cultural Theory of International Relations*, ch. 9.

44. Ibid; Gatosphere, "Russia-Georgia: Who Won the Information War," September 1, 2008, http://gatosphere. com/category/russia-georgia-who -won-the-information-war/.

45. Dorpalen, *Hindenburg and the Weimar Republic*, pp. 51—52; Seiler, "'Dolchstoss' und 'Dolchstosslegende.'"

46. Bullock, *Hitler*, p. 546,证词引自 Documents in Evidence(before the International Military Tribunal at Nuremberg), 1, no. 751—PS。

47. Kershaw, *The "Hitler Myth*," pp. 139—147; Frei, "People's Community and War".

48. Casey, *Selling the Korean War*, pp. 326—336.

49. Foot, *The Wrong War*; Gelb and Betts, *Irony of Vietnam*; Kahin, *Intervention*.

50. Fisher, *Presidential War Power*.

51. "Mind Is a Difficult Thing to Change: Vietnam Interlude-After the Fall," April 28, 2005, http://neo-con. blogspot. com/2005/04/mind-is-difficult-thing-to-change. html, "Breaking the Big Stick: Removing the Threat of War to Achieve Peace," May 31, 2007, http://neonecon. com/catatory/war/vietnam/; Robert Buzzanaco, "How I Learned to Stop Worrying and Love Vietnam and Iraq," *Counterpunch*, April 16—17, 2005, www. counterpunch. org/buzzan-co04162005. html.严肃的分析,见 Lembcke, *The Spitting Image*; Hixon, *Historical Memory and Representations of the Vietnam War*。

52. "US 'Will Stay the Course' in Iraq, Says Bush," US Department of Defense, American Forces Press Service, July 13, 2003.

53. Casey, *Selling the Korean War*, pp. 326—336.

54. Isakoff and Corn, *Hubris*; Gordon and Trainor, *Cobra II*; Lebow, *Cultural Theory of International Relations*, ch. 9; Rich, *Greatest Story Ever Sold*.

55. Doyle, "Kant, Liberal Legacies and Foreign Affairs"; Dixon, "Democracy and the Peaceful Settlement of International Conflict"; Ferejohn and Rosenbluth, "Warlike Democracies."对这类文献的综述，见 Huth and Allee, *Democratic Peace and Territorial Conflict in the Twenty Century*。

56. 关于民主国家的比例,见 Diamond, "A Report Card on Democracy"。

57. Mansfield and Snyder, *Electing to Fight*.

58. Lebow, *Cultural Theory of International Relations*, pp. 295—297, 429—438, 477—480, 539—540, 545.

59. Deanne, "Waxing or Waning?"引用了世界银行和美国中央情报局的数据。

60. SIPRI, "The Major Spenders in 2003," www. sipri. se.

61. Global Issues, "World Military Spending," February 25, 2007, www. globalissues. org/Geopolitics/ArmsTrade/Spending. asp ♯ USMilitarySpending/; Christopher Hellman, "Highlights of the Fiscal Year 2008 Pentagon Spending Request," February 5, 2007, www. armscontrollercenter. org.

62. 引自 Alison Mitchell, "Clinton Urges NATO Expansion in 1999," *New York Times*, October 23,1996, p. A20.

63. Accordino, *Captives of the Cold War Economy*, p. 1; Lee, *Public Budgeting Systems*, p. 35.

64. 我写作本书时的例子是 F-22,战斗机项目,奥巴马总统在参议院中以否决权的威胁,推翻了该议案。Leslie Wayne, "Air Force Jet Wins Battle in Congress," *New York Times*, September 28, 2006; Editorial, "We Don't Need the F-22," *New York Times*, June 19, 2004; Associated Press, "A Dog Fight Obama Seems Bound to Lose," *Boston Globe*, July 12, 2009, pp. A1, 10; Christopher Drew, "Bowing to Veto Threat, Senate Blocks Money for Warplanes," *New York Times*, July 22, 2009, p. A1.

65. Lebow and Stein, *We All Lost the Cold War*, ch. 2.

66. Afflerbach, *Falkenhayn*, p. 61; Mombauer, *Helmuth von Moltke*; Lebow, *Cultural Theory of International Relations*, ch. 7.

67. Wyatt-Brown, *Southern Honor*; Wyatt-Brown, *Shaping of Southern Culture*.

68. Michael Lind, "Bush's Martyrs," *New Statesman*, March 1, 2004, p. 20; Watkins and Sherk, *Who Serves in the US Military?* p. 13,引用了美国国防部的数据。

69. Gelb and Betts, *Irony of Vietnam*; Ricks, *Fiasco*, pp. 40—43, 66—84.

70. Richs，*Fiasco*，p.67，格雷戈里·纽博尔德（Gregory Newbold）中将是唯一一位战前因反对这场战争而被撤职的高级军官。

71. Valentino and Valentino，"An Army of the People?"

72. 对共和党的认同，见 Holsti，"Of Chasms and Convergences"。共和党人愿意承受更大的人员伤亡，见 Gelpi，Feaver and Reifler，*Paying the Human Costs of War*。关于与军方的联系和支持战争的意愿，相反的发现见 Feaver and Gelpi，*Choosing Your Battles*。

73. Gallup polls，reported at www. religiousstolerance. org/godpoll. htm. The Pew Forum on Religion and Public Life，"US Religious Landscape Survey," July 1，2009，http：//religious. pewforum. org/reports，不过该调查表明各种教会团体正式注册人数的下降；Association of Religious Data Archives，www. thearda. com/internationalData/compare. asp. 关于美欧之间较小差距的数据，见 Pfaff，"Religious Divide"。

74. 盖洛普 1994 年的民意调查，引自 George Bishop，"What Americans Really Believe," *Free Inquiry*，Summer 1999，pp. 38—42. 亦可见 *Charisma*，June 7，2000，www. mcjonline. com/news/00/20000225e. htm。

75. Holsti，"Of Chasms and Convergences."

76. 关于荣誉社会以及它们如何看待死亡，见 Lebow，*Cultural Theory of International Relations*，chs. 3 and 4。

77. Henderson，Lebow and Stoessinger，*Divided Nations in a Divided World*.

78. Ibid.

79. Chan，*China，the US，the Power-Transition Theory*，p. 92；Gries，*China's New Nationalism*，p. 11；Deng，*China's Struggle for Status*，pp. 257—258.

80. Ibid.

81. Morgenthau，*Politics Among Nations*，pp. 285—286.

82. Hume，*Treatise of Human Nature*，pp. 11，27，55，60，77，84—86，94—95，104—108，157，161—173.

83. Kurki，*Causation in International Relations*，pp. 88—146.

84. Aristotle，*Physics*，II. 3 and *Metaphysics*，V. 2.

85. Kurki，*Causation in International Relations*，p. 38.

86. 详见 Lebow，*Forbidden Fruit*，ch. 9；Lebow，"Constitutive Causality"。

附录 数据集

战争名称	时间（年）	发起者	其他参战者	发起者：主导国家	发起者：大国	发起者：崛起国家	发起者：衰落国家	发起者：弱国	解释	动机	结果
法国—西班牙战争	1648—1659	法国	西班牙	0	1	0	0	0	法国取代哈布斯堡王朝，控制了奥地利、西班牙和低地国家。大国攻击主导国家。	地位	发起者胜
第一次英荷战争	1652—1654	英国	荷兰	0	0	1	0	0	英国试图从荷兰手中夺取海上霸权而未成功。崛起国家攻击大国。	利益	发起者负
第二次俄国—波兰战争	1654—1656	俄国	波兰—立陶宛	0	0	1	0	0	俄国在波兰—立陶宛获得领土。崛起国家攻击大国。	地位	发起者胜
英西战争	1654—1659	英国	西班牙	1	0	0	0	0	法国攻击西班牙。英国与法国联盟以求商业利益。大国攻击主导国家。大国加入，对抗主导国家。	地位、利益	发起者胜

（续表）

战争名称	时间（年）	发起者	其他参战者	发起者：主导国家	发起者：大国	发起者：崛起国家	发起者：衰落国家	发起者：弱国	解释	动机	结果
第一次北方战争	1655—1661	波兰、荷兰、克里米亚汗国、丹麦、神圣罗马帝国	瑞典、俄国、勃兰登堡	0	1	1	0	1	开始是瑞典攻击波兰—立陶宛，瑞典已经与俄国交战，后是普鲁士和丹麦加入，故导致波兰攻击大国重新立国。大国攻击大国，两个弱国卷入——一个弱国家和一个崛起国家。	地位	发起者胜
第三次俄波战争	1658—1667	俄国	波兰—立陶宛	0	0	1	0	0	真实时间是1657—1667年，由哥萨克人单独发动，俄国加入。崛起国家对抗衰落国家。	地位	发起者胜
奥地利—土耳其战争	1663—1664	土耳其	奥地利	0	1	0	0	0	土耳其和奥地利为争夺匈牙利的拉锯战。这个战由土耳其政府发动。大国攻击大国。	地位	发起者负
瑞典—不来梅战争	1665—1666	瑞典	不来梅	0	1	0	0	0	瑞典打败不来梅。大国攻击弱国。	地位	发起者胜
第二次英荷战争	1665—1667	英国	荷兰	0	0	1	0	0	查理二世试图影响荷兰的王位继承，但是以失败告终。崛起国家攻击强国。	利益	发起者负
比利时战争	1667—1668	法国	西班牙	1	0	0	0	0	路易九世试图攫取西班牙衰落之际扩张领土。受到了荷兰、英国、瑞典、德意志诸侯国的反对。主导国家攻击衰落国的国家。对战争形势错误判断。	地位	发起者负

（续表）

战争名称	时间（年）	发起者	其他参战者	发起者：主导国家	发起者：大国	发起者：崛起国家	发起者：衰落国家	发起者：弱国	解释	动机	结果
第二次波兰—土耳其战争	1671—1676	波兰	奥斯曼土耳其帝国	0	0	0	1	0	由哥萨克人发动的更大规模的战争。	其他	发起者负
第三次英荷战争	1672—1674	英国	荷兰	0	0	1	0	0	查理二世被迫在路易十四入侵荷兰的时候伸出援手。崛起国家加入联盟，对抗大国。	利益	发起者负
法国—荷兰战争	1672—1679	法国、英国、科隆、芒斯特	荷兰、神圣罗马帝国、勃兰登堡	1	1	0	0	0	路易十四向荷兰复仇。主导国家攻击大国。	复仇	发起者负
第二次奥地利—土耳其战争（大土耳其战争）	1683—1699	奥斯曼土耳其帝国	奥地利（神圣罗马帝国）、威尼斯共和国、波兰	0	1	0	0	0	土耳其攻击哈布斯堡王朝。被欧洲联盟击败。哈布斯堡王朝重新占领匈牙利。大国攻击大国。对战争形势错误判断。	地位	发起者负
法国—西班牙战争（War of the Reunions）（在西属荷兰进行,始于1683年）	1683—1684	法国	西班牙（在西属荷兰进行,始于1683年）	1	0	0	0	0	路易十四入侵西属荷兰,以在土耳其进攻维也纳时牵制哈布斯堡王朝。雷根斯堡休战迫使西班牙放弃卢森堡。法国影响力达到顶点。主导国家攻击大国。对战争形势判断错误。	地位	发起者胜

（续表）

战争名称	时间(年)	发起者	其他参战者	发起者：主导国家	发起者：大国	发起者：崛起国家	发起者：衰落国家	发起者：弱国	解释	动机	结果
奥格斯堡联盟战争（大同盟战争）	1688—1697	神圣罗马帝国、英国、萨伏依、西班牙、瑞典	法国、爱尔兰保王派	1	1	0	0	0	路易十四入侵帕拉丁选侯领地。其间，土耳其被占领，威廉亲王巩固了反法联盟的领导权，并与西班牙结盟。路易撤销了南特诏书，帕拉丁领地的继承问题为法国扩张提供了借口。路易已经引起了整个欧洲的不满，导致了反法大联盟的形成。威廉将伐利亚条约的领土返还。他们的目标是重返牛斯特条约确立的领土边界。法兰西帝国失去了意大利和在德国的殖民地。但是路易在德国获得了领土。主导国家攻击弱国。对战争形势判断错误。	地位	发起者负
俄国—土耳其战争	1695—1700	俄国、奥地利	奥斯曼土耳其	0	1	1	0	0	俄国获得了亚速海，维也纳获得了匈牙利和特兰西瓦尼亚，崛起国家攻击衰落国家。	地位	发起者胜

227

（续表）

战争名称	时间（年）	发起者	其他参战者	发起者：主导国家	发起者：大国	发起者：崛起国家	发起者：衰落国家	发起者：弱国	解　释	动　机	结　果
（第二次）北方大战	1700—1721	瑞典、奥斯曼土耳其	俄国、波兰、丹麦、萨克森、普鲁士	0	1	0	1	0	基本上是瑞典查理十二世和彼得大帝的竞赛。瑞典试图惩罚背叛的波罗的海沿岸国家。结果是与俄国天战。瑞典在纳尔瓦的胜利没有满足查理大帝,1709 年在波尔塔侵俄国,1709 年在波尔塔瓦遭受决定性失败。结束了瑞典在波得的海出海口,成为大国,崛起波罗的海霸权。俄国获得波罗的海出海口,成为大国。大国攻击弱国和崛起国家。	复仇	发起者负
西班牙王位继承战争	1701—1714	奥地利（神圣罗马帝国）		0	2	1	1	0	当老国王膏姆斯二世 1701 年去世时,路易十四宣布他的儿子成为英格兰、苏格兰和爱尔兰的国王。在西班牙,路易拒绝了关于继承的一个妥协性协议,并试图将西班牙和西属荷兰并入法国。英国、荷兰宣战,反法联盟胜利,达成了乌德勒支—拉施塔特和约。路易获得了菲利浦五世对其西班牙王位的承认,但是他必须放弃法国王位继承权。哈布斯堡王朝成为欧洲的主要力量,英国成为西地中海的主导国家。对主导国家形势作出错误判断。	地位	发起者负

（续表）

战争名称	时间(年)	发起者	其他参战者	发起者:主导国家	发起者:大国	发起者:崛起国家	发起者:衰落国家	发起者:弱国	解 释	动 机	结 果
四国同盟战争	1718—1720	西班牙	奥地利(神圣罗马帝国)、法国、英国、荷兰、萨伏依	0	0	0	1	0	西班牙人入侵西里,试图重新获得在意大利的主导权,受到法国及其盟友的反对。衰落国家攻击大国。	地位	发起者负
英西战争	1727—1729	西班牙	英国、法国	0	0	0	1	0	衰落的西班牙试图重新领首布罗陀。衰落国家攻击大国。	地位	发起者负
波兰王位继承战争	1733—1738	法国、西班牙	波兰、俄国、奥地利	1	0	0	1	0	法国试图以波兰王位继承战争为借口在哈布斯堡王朝扩张,打击哈布斯堡王朝。主导国家攻击弱国。	地位	发起者胜
奥地利—俄国—土耳其战争	1735—1739	俄国、奥地利	奥斯曼土耳其	0	2	0	0	0	俄国在克里米亚攻击土耳其。强大国家攻击衰落国家。	地位	发起者胜
奥地利王位继承战争	1740—1748	法国、普鲁士、巴伐利亚、那不勒斯、西西里、瑞典、西班牙	奥地利、英国、俄国、荷兰共和国、萨克森、撒丁王国、汉诺威	1	0	1	1	0	开始是普鲁士攻击哈布斯堡西里,随后很多欧洲国家参战。德国在战场在意大利,后扩展到全球。英国—西班牙展开了角逐。而法国—英国在海上、印度、北美开战。主导国家攻击大国。	地位、利益	发起者(普鲁士)胜、发起者(法国)平

（续表）

战争名称	时间（年）	发起者	其他参战者	发起者：主导国家	发起者：大国	发起者：崛起国家	发起者：衰落国家	发起者：弱国	解释	动机	结果
俄国—瑞典战争	1741—1743	俄国	瑞典	0	0	0	1	0	帽子战争（War of the Hats）。瑞典攻击俄国以重新获领土，但是失去了在芬兰的港口。衰落国家攻击大国。	复仇	发起者负
七年战争	1756—1763	普鲁士、英国，不伦瑞克—吕讷堡选帝侯（汉诺威），易洛魁联邦，葡萄牙	奥地利，法国，俄国，瑞典，萨克森，那不勒斯和西西里，撒丁/皮德蒙特王国	1	1	1	0	0	普鲁士联合英国攻击了法国，俄国，后者得到了奥地利，瑞典和萨克森的支持。西南部德意志、低地国家、意大利是法奥军队的战场。英法也在印度和北美开战。法国失去了海外的领地。英国成为世界的领军国家。主导国家和同盟攻击大国。	地位	发起者（英国）胜，发起者（普鲁士）平
巴尔联盟波兰内战	1768—1772	俄国	波兰—立陶宛联合体	0	0	0	1	0	波兰贵族试图从俄国手中夺回领土。结果战败被迫流亡。衰落国家攻击大国。	复仇	发起者负
第三次俄国—土耳其战争	1768—1774	俄国	奥斯曼土耳其，波兰贵族	0	0	0	1	0	土耳其皇帝对俄宣战，结果战败，并面临着国内叛乱。俄国在黑海获得港口。衰落国家攻击大国。	复仇	发起者负

（续表）

战争名称	时间(年)	发起者	其他参战者	发起者:主导国家	发起者:大国	发起者:崛起国家	发起者:衰落国家	发起者:弱国	解 释	动 机	结 果
北美独立战争	1778—1784	英 国	法国、西班牙、荷兰共和国、美国	1	0	0	0	0	法国援助北美殖民地人民。英国被迫承认美国独立。主导国家攻击弱国。	地位、复仇	发起者胜
巴伐利亚王位继承战争	1778—1779	奥地利	普鲁士、萨克森	0	1	0	0	0	威廉大帝的最后一次战争，为了防止奥地利在德意志扩张。奥地利被抑制。萨克森获益。大国攻击大国。	地位	发起者胜
第四次俄国—土耳其战争	1787—1792	俄国、奥地利	奥斯曼土耳其	0	1	0	0	0	土耳其为了从俄国夺取土地的一次无用的尝试。衰落国家攻击大国。	复仇	发起者负
第一次俄国—瑞典战争	1788—1790	俄国、丹麦	瑞典	0	1	0	0	0	瑞典试图重新获得领土。无关紧要的战争产生无关紧要的结果。衰落国家攻击大国。大国随后攻击衰落国家。	复仇	发起者负
第一反法同盟战争	1792—1797	法 国	奥地利、普鲁士、英国、西班牙、撒丁王国、那不勒斯和西西里、奥斯曼土耳其、荷兰共和国	0	1	0	0	0	普鲁士积极参加对法作战，而奥地利希望维持和平。法国遭到认识到法国可能够给奥地利威胁的战争。土耳其革命，于是发动了一次预防性战争。	安全	发起者胜，尽管没有完全实现预定目标

（续表）

战争名称	时间（年）	发起者	其他参战者	发起者：主导国家	发起者：大国	发起者：崛起国家	发起者：衰落国家	发起者：弱国	解释	动机	结果
拿破仑远征埃及	1798—1801	法国	英国	1	0	0	0	0	英国仍和法国处于交战状态。英国支持伊比利亚半岛的反叛分子，并在地中海和大西洋与法国进行海战。大国攻击海主导国家。	地位	发起者胜
第二次反法同盟	1798—1802	法国、西班牙、丹麦-挪威	奥地利、英国、俄国、那不勒斯和西西里、奥斯曼土耳其	1	0	0	1	0	消灭法国大革命的又一次尝试。拿破仑赢得了对奥地利的决定性战争。大国攻击主导国家。	安全	发起者负
拿破仑战争	1803—1812	法国	奥地利、英国、俄国、普鲁士、西班牙、葡萄牙、西西里王国、撒丁王国、瑞典	1	1	1	0	0	早起冲突的延续。法国人侵俄国失败，结果被一个由弱国和强国组成的同盟所击败。	地位、安全	发起者（法国）负，发起者（联盟）胜
拿破仑战争	1812—1812	法国、普鲁士（被迫）	俄国、汉诺威、荷兰	1	0	0	0	0	法国和盟友入侵俄国。	地位	发起者（法国）负

（续表）

战争名称	时间（年）	发起者	其他参战者	发起者：主导国家	发起者：大国	发起者：崛起国家	发起者：衰落国家	发起者：弱国	解 释	动 机	结 果
第六次反法同盟	1812—1814	奥地利、英国、俄国、普鲁士、西班牙、西西里里、撒丁、瑞典、汉诺威、荷兰	法 国	0	1	1	1	0	从俄国撤退后,法国遭受到了众多国家的联合攻击。	安全	发起者胜
第七次反法同盟	1815—1815	法 国	上面所有的大国	1	0	0	0	0	欧洲俱乐部宣布拿破仑为不受保护的人,并且批准对他的军事行动,试图建立法国的权力和巩固他的统治。	安全、地位	发起者负
俄国一波斯战争	1801—1813	俄 国	波 斯	0	1	0	0	0	俄国一波斯因边境领土发生冲突。大国攻击弱国。	地位	发起者负
第五次俄国一土耳其战争	1806—1812	俄 国	奥斯曼土耳其	0	1	0	0	0	在法国怂恿下,土耳其希望复仇,并夺回比萨拉比亚。衰落国攻击大国。	复仇	发起者负
第二次俄国一瑞典战争	1808—1809	俄 国	瑞 典	0	1	0	0	0	瑞典为俄国提供了发动战争的借口并吞并芬兰。大国攻击衰落国家。	地位	发起者胜

（续表）

战争名称	时间(年)	发起者	其他参战者	发起者:主导国家	发起者:大国	发起者:崛起国家	发起者:衰落国家	发起者:弱国	解释	动机	结果
1812年战争	1812—1814	美国	英国	0	1		0	0	英国海军活动引起了美国的不满。导致一次局部战争。大国攻击弱国。	安全	平
法国—西班牙战争	1823—1823	西班牙	法国	1	0	0	0	0	维罗纳议会授权法国入侵西班牙以重建王朝，英国反对。主导国家攻落弱国。	安全	发起者胜
俄国—土耳其战争	1828—1829	俄国	土耳其	0	1		0	0	希腊独立战争的延伸。俄国入侵巴尔干，并获得黑海海岸，通过亚美尼亚和格鲁吉亚可以到达多瑙河河口。大国攻击衰落国家。	地位	发起者胜
墨西哥—美国战争	1846—1848	美国	墨西哥	0	0	1	0	0	美国在墨西哥进行殖民扩张。崛起国家攻击弱国。	地位	发起者胜
奥地利—撒丁战争	1848—1848	奥匈帝国	撒丁—皮埃蒙特	0	0	1	0	0	意大利叛乱分子反对奥地利支持的撒丁。崛起国家攻击大国。	地位	发起者胜
第一次石勒苏益格尔—荷尔斯泰因战争	1848—1848	普鲁士	丹麦	0	1	0	0	0	普鲁士攻击丹麦。大国攻击弱国。	地位	平

（续表）

战争名称	时间（年）	发起者	其他参战者	发起者：主导国家	发起者：大国	发起者：崛起国家	发起者：衰落国家	发起者：弱国	解释	动机	结果
罗马共和国（第一次意大利独立战争）	1849—1849	奥匈帝国	撒丁—皮埃蒙特、西西里	0	0	1	0	0	为了获得意大利领土而对奥地利发动的战争。崛起国家攻击大国。	地位	发起者胜
克里米亚战争	1853—1856	法国、英国、撒丁、奥斯曼土耳其	俄国	0	1	0	1	0	联盟国家为了限制俄国渗透到巴尔干。大国和衰落国家联合攻击大国。对战争形势错误判断。	地位	发起者负
英国—波斯战争	1856—1857	波斯	英国	0	0	0	0	1	波斯人争夺阿富汗赫拉特地区失败。弱国攻击强国。对战争形势错误判断。	其他	发起者负
意大利统一战争（第二次意大利独立战争）	1859—1861	法国、撒丁	奥地利	0	1	1	0	0	法国支持撒丁把奥地利驱逐出去。崛起的意大利和大国联合攻击大国。	地位	发起者胜
法国—墨西哥战争	1862—1867	法国	墨西哥	1	0	0	0	0	路易·拿破仑的一次不成功的殖民冒险。主导国家攻击弱国。	地位	发起者负

（续表）

战争名称	时间（年）	发起者	其他参战者	发起者：主导国家	发起者：大国	发起者：崛起国家	发起者：衰落国家	发起者：弱国	解 释	动 机	结 果
第二次石勒苏益格一荷尔斯泰因战争（丹麦战争）	1864—1864	普鲁士、奥地利	丹麦	0	1	0	0	0	普鲁士和奥地利从丹麦手中夺取石勒益格一荷尔斯泰因。大国攻击弱国。	地位、其他	发起者胜
奥地利一普鲁士（七周战争）	1866—1866	普鲁士	奥地利	0	1	0	0	0	普鲁士在德国获得领导地位[小德意志方案（Blein-deutsch solution）]。大国攻击大国。	地位	发起者胜
普鲁士一法国战争	1870—1871	普鲁士、德意志诸侯国	法国	1	0	0	0	0	普鲁士通过击败法国统一了德国。主导国家攻击大国。	地位	发起者负
俄国一土耳其战争	1877—1878	俄国、巴尔干诸国	奥斯曼土耳其	0	1	0	0	0	俄国攻击土耳其。在英国的威胁下俄国在君士坦丁堡的行动受挫。大国攻击衰落国家。	地位	发起者胜
英国一埃及战争	1882—1882	英国、法国	奥斯曼土耳其	0	1	0	0	0	英法共同控制埃及。大国攻击衰落国家。	利益	发起者胜
中法战争	1884—1901	法国	中国	0	1	0	0	0	殖民扩张。大国攻击弱国。	地位	发起者胜
法国一泰国战争	1893—1893	法国	泰国	0	1	0	0	0	殖民扩张。大国攻击弱国。	地位	发起者胜

（续表）

战争名称	时间（年）	发起者	其他参战者	发起者：主导国家	发起者：大国	发起者：崛起国家	发起者：衰落国家	发起者：弱国	解　释	动　机	结　果
中日甲午战争	1894—1895	日本	中国	0	0	1	0	0	殖民扩张，大国攻击弱国。	地位	发起者胜
美西战争	1898—1901	美国	西班牙	0	0	1	0	0	美国攻击古巴、波多黎各、菲律宾。崛起国家攻击衰落国家。	安全、地位	发起者胜
义和团运动	1900—1900	欧洲各国	中国	0	1	0	0	0	在反抗义发生后占领中国的城市。大国攻击弱国。	地位	发起者胜
中国—俄国战争	1900—1900	俄国	中国	0	1	0	0	0	对中国的殖民扩张。崛起国家攻击衰落国家。	地位	发起者胜
日俄战争	1904—1904	俄国	日本	0	1	0	0	0	朝鲜争端。大国激怒崛起国家，后者发动攻击。	地位	发起者胜
意大利—土耳其战争	1911—1912	意大利	奥斯曼土耳其	0	0	1	0	0	意大利对的黎波里的入侵导致战争爆发。崛起国家攻击衰落国家。	地位	发起者胜
第一次巴尔干战争	1912—1913	塞尔维亚、保加利亚、希腊、罗马尼亚	奥斯曼土耳其	0	0	0	0	1	阿尔巴尼亚独立。土耳其失去了最后的欧洲领土。弱国攻击衰落国家。	其他	发起者胜

战争名称	时间（年）	发起者	其他参战者	发起者：主导国家	发起者：大国	发起者：崛起国家	发起者：衰落国家	发起者：弱国	解释	动机	结果
第一次世界大战	1914—1914	德国，奥匈帝国，土耳其，保加利亚	英国，法国，俄国，意大利，日本	1	1	0	0	0	奥匈帝国对塞尔维亚宣战，后逐渐演变为洲际大战。强大国家在主导弱国的支持下攻击弱国。对战争形势错误判断，导致区域战争演变为洲际战争直至世界大战。	地位、安全	发起者负
第一次世界大战	1917—1917	德国	美国	1	0	0	0	0	大国攻击大国。	安全	发起者负
俄国—波兰战争	1919—1920	波兰	苏联	0	0	0	0	0	波兰试图恢复1772年的东方边界。	地位、复仇	发起者负
法国—土耳其战争	1919—1921	英国，法国	土耳其	0	1	0	1	0	法国占领土耳其领土，最终不得不撤退。大国攻击弱国。	地位	发起者负
中国—苏联战争	1929—1929	苏联	中国	0	0	1	0	0	满铁争端。崛起国家攻击弱国。	利益	发起者胜
中国东北	1931—1933	日本	中国	0	1	0	0	0	殖民扩张。大国攻击弱国。	地位	发起者胜
意大利—埃塞俄比亚	1935—1936	意大利	埃塞俄比亚	0	0	1	0	0	殖民扩张。崛起国家攻击弱国。	地位	发起者胜

战争名称	时间(年)	发起者	其他参战者	发起者:主导国家	发起者:大国	发起者:崛起国家	发起者:衰落国家	发起者:弱国	解释	动机	结果
中日战争	1937—1945	日本	中国	0	1	0	0	0	日本入侵中国,大国攻击弱国。	地位	发起者负
张鼓峰	1938—1938	日本	苏联	0	1	0	0	0	日本在蒙古边界的挑衅,失败。大国攻击大国。	其他	发起者负
诺门坎	1939—1939	苏联	驻内蒙古日军	0	0	1	0	0	苏联完胜关东军,后者不敢北进。	安全	发起者胜
第二次世界大战(欧洲)	1939、1939—1941	德国、意大利、匈牙利	欧洲大部分、亚洲和美国	0	1	0	0	0	德国和其盟国试图征服欧洲和北非。大国攻击弱国和大国。崛起大国攻击大国。	其他	发起者负
第二次世界大战(太平洋)	1941—1941	日本	美国、英国、法国、荷兰、澳大利亚、苏联	0	1	0	0	0	日本攻击美国和欧洲国家在亚洲的殖民地。大国攻击大国和弱国。	安全、地位	发起者负
俄国—芬兰战争	1939—1940	苏联	芬兰	0	0	1	0	0	苏联攻击芬兰以增加自己在未来对德战争中的优势。大国攻击弱国。	安全	发起者胜
法国—泰国战争	1940—1941	泰国	法国	0	0	0	0	1	泰国试图获得被法国占领的领土。弱国攻击大国。	复仇	发起者胜

战争名称	时间（年）	发起者	其他参战者	发起者：主导国家	发起者：大国	发起者：崛起国家	发起者：衰落国家	发起者：弱国	解　释	动　机	结　果
朝鲜战争	1950—1950	美国及其盟国	朝鲜	1	0	0	0	0	美国干涉以保护附庸政权，主导国家攻击弱国。	安全	平
朝鲜战争	1950—1950	中　国	美国及其盟国	0	0	1	0	0	中国攻击了美国在朝鲜的部队，最终进行一次代价高昂的消耗战。	安全	平
俄国—匈牙利	1956—1956	苏联	匈牙利	0	1	0	0	0	集团内乱干涉以防止政权变更，大国攻击弱国。	安全	发起者胜
西奈战争	1956—1956	以色列、英国、法国	埃　及	0	1	0	0	0	英法攻击埃及（以色列也攻击了埃及，但是埃及和以色列都不是强国，所以埃以战争不包括在数据集内）。	地位	发起者负（被迫撤退）
越南战争	1965—1973	美　国	北越、越共	1	0	0	0	0	美国与越共、在南越的北越人作战，并轰炸北越。主导国家攻击弱国。	地位、安全	发起者负
苏联—阿富汗	1979—1980	苏　联	阿富汗	0	1	0	0	0	苏联入侵阿富汗。大国攻击弱国。	地位、安全	发起者负
中越战争	1979—1979	中　国	越　南	0	0	1	0	0	中国、越南两国在中越边境爆发的军事冲突，对中国而言，是一次自卫反击战。	地位	发起者负

（续表）

战争名称	时间（年）	发起者	其他参战者	发起者：主导国家	发起者：大国	发起者：崛起国家	发起者：衰落国家	发起者：弱国	解释	动机	结果
福克兰/马岛战役	1982—1982	阿根廷	英国	0	0	0	0	1	阿根廷进攻福克兰岛/马岛，弱国攻击大国。	地位	发起者负
海湾战争	1990—1991	美国及其盟国	伊拉克	1	0	0	0	0	美国及其盟友攻击伊拉克，迫使其撤出科威特。主导国家攻击弱国。	安全、利益	发起者胜
美国—阿富汗（塔利班）战争	2001—2003	美国	阿富汗	1	0	0	0	0	美国在本地起义军的支持下入侵阿富汗，推翻塔利班政权。主导国家攻击弱国。	其他、安全	进行中
英美入侵伊拉克	2003—2003	美国、英国	伊拉克	1	1	0	0	0	美国入侵并占领伊拉克，推翻萨达姆政权。主导大国攻击弱国。	地位	进行中
俄罗斯进攻南奥塞梯	2008—2008	俄罗斯	格鲁吉亚	0	1	0	0	0	俄罗斯把南奥塞梯从格鲁吉亚手中"解放"出来。	地位	发起者胜

（续表）

	发起者总数						
总数 1648—2003 年（共 94 场战争）	118	24	49	27	14	4	胜 46
总数 1648—1713 年	总数 65	5	47	9	3	1	负 40
总数 1714—1815 年	总数 35	9	13	4	9	0	平 6
总数 1816—1945 年	总数 41	5	20	11	2	3	进行中 2
总数 1946—2003 年	总数 13	5	4	3	0	1	

参 考 文 献

Accordino, John, *Captives of the Cold War Economy* (New York: Greenwood Publishing Group, 2000).

Adler, Emanuel and Michael Barnett, eds., *Security Communities* (Cambridge: Cambridge University Press, 1998).

Afflerbach, Holger, *Falkenhayn. Politisches Denken und Handeln in Kaiserreich* (Munich: Oldenbourg, 1994).

Agnew, Jean-Cristophe, *Worlds Apart: The Market and the Theater in Anglo-American Thought, 1550–1750* (Cambridge: Cambridge University Press, 1986).

Akira, Fujiwara, "The Role of the Japanese Army," in Dorothy Borg and Shumpei Okamoto, eds., *Pearl Harbor as History* (New York: Columbia University Press, 1973), pp. 189–196.

Al-Sayyid-Marsot, Alaf, "The British Occupation of Egypt from 1882," in Andrew Porter, ed., *The Oxford History of the British Empire: The Nineteenth Century* (Oxford: Oxford University Press, 1999), pp. 651–664.

Albertini, Luigi, *The Origins of the War of 1914*, trans. Isabella M. Massey, 3 vols. (Oxford: Oxford University Press, 1952–1957).

Albrecht-Carrié, René, *A Diplomatic History of Europe Since the Congress of Vienna* (New York: Harper & Row, 1958).

Anderson, M. S., *War and Society in Europe of the Old Regime* (London: Fontana Books, 1988).

The War of the Austrian Succession, 1740–1748 (London: Longman, 1995).

Angell, Norman, *The Great Illusion: A Study of the Relation of Military to National Advantage* (London: Heinemann, 1910).

Aquarone, Alberto, "Public Opinion in Italy Before the Outbreak of World War II," in Roland Sarti, ed., *The Ax Within. Italian Fascism in Action* (New York: New Viewpoints, 1974).

Archer, Toby, "'WMD' Terrorism: How Scared Should We Be?," Finnish Institution of International Affairs, UPI Briefing Paper 2, May 31, 2005.

Aristotle, *Metaphysics, Nicomachean Ethics, Physics, Poetics, Politics* and *Rhetoric*, in *The Complete Works of Aristotle: The Revised Oxford Translation*, ed. Jonathan Barnes (Oxford: Oxford University Press, 1984).

Aron, Raymond, *The Century of Total War* (Boston: Beacon, 1955).

  Peace and War: A Theory of International Relations (Garden City, NY: Doubleday, 1966).

Art, Robert J., "The United States and the Rise of China," in Robert S. Ross and Zhu Feng, eds., *China's Ascent: Power, Security, and the Future of International Politics* (Ithaca, NY: Cornell University Press, 2008), pp. 260–290.

Ashworth, Lucian M., "Did the Realist–Idealist Great Debate Ever Happen? A Revisionist History of International Relations," *International Relations* 16 (April 2002), pp. 33–52.

Augustine, *The City of God*, trans. Marcus Dods (New York: Modern Library, 1950).

Aydinli, Ersel and James N. Rosenau, eds., *Globalization, Security, and the Nation-State: Paradigms in Transition* (Albany, NY: State University of New York Press, 2005).

Bales, Kevin, *Disposable People: New Slavery in the Global Economy*, rev. edn. (Berkeley, CA: University of California Press 2004).

  ed., *Understanding Global Slavery Today: A Reader* (Berkeley, CA: University of California Press, 2005).

Ball, Desmond, "The Development of the SIOP, 1960–1983," in Desmond Ball and Jeffrey Richelson, eds., *Strategic Nuclear Targeting* (Ithaca, NY: Cornell University Press, 1986), pp. 57–83.

Ball, Desmond and Jeffrey Richelson, eds., *Strategic Nuclear Targeting* (Ithaca, NY: Cornell University Press, 1986).

Bartov, Omar, *The Eastern Front, 1941–45: German Troops and the Barbarization of Warfare* (New York: St. Martin's, 1985).

Bateman, Sam and Clive Schofield, *Outer Shelf Claims in the South China Sea: New Dimension to Old Disputes*, RSIS, Nanyang Technological University, July 1, 2009.

Baum, Tomas, "A Question for Inspiration in the Liberal Peace Paradigm: Back to Bentham?," *European Journal of International Relations*, 14, no. 3 (September 2008), pp. 431–453.

Bell, P. M. H., *The Origins of the Second World War in Europe* (London: Longman, 1986).

Bem, Daryl J., "Self-Perception Theory," in L. Berkowitz, ed., *Advances in Experimental Social Psychology* (New York: Academic Press, 1972), vol. 6, pp. 1–62.

Bentham, Jeremy, "A Plan for an Universal and Perpetual Peace," www.laits.utexas.edu/poltheory/bentham/pil/pil.e04.html.

Berger, Gordon, *Parties Out of Power in Japan, 1931–1941* (Princeton, NJ: Princeton University Press, 1977).

Berger, Peter, *The Capitalism Revolution: Fifty Propositions about Prosperity, Equality, and Liberty* (New York: Basic Books, 1986).

Best, Geoffrey, *Humanity in Warfare* (New York: Columbia University Press, 1980).

Betts, Richard K., "Systems for Peace or Causes of War? Collective Security, Arms Control and the New Europe," *International Security*, 17, no. 1 (Summer 1992), pp. 5–43.

Black, Anita, *Quotations in Black* (Westport, CT: Greenwood, 1981).

Black, Jeremy, *A Military Revolution? Military Change and European Society 1550–1800* (Basingstoke: Macmillan, 1991).

European Warfare, 1660–1815 (New Haven, CT: Yale University Press, 1994).

Why Wars Happen (New York: New York University Press, 1998).

From Louis XIV to Napoleon: The Fate of a Great Power (London: Taylor & Francis, 1999).

European International Relations, 1648–1815 (London: Palgrave, 2002).

Blainey, Geoffrey, *The Causes of War*, 3rd edn. (New York: Free Press, 1988).

Blair, Bruce G., *The Logic of Accidental Nuclear War* (Washington, DC: Brookings Institution, 1983).

Blanning, T. C. W., *The French Revolutionary Wars, 1787–1801: Occupation and Resistance in the Rhineland, 1992–1802* (New York: Oxford University Press, 1983).

The Origins of the French Revolutionary Wars (London: Longmans, 1986).

The Pursuit of Glory: Europe 1648–1815 (London: Penguin, 2007).

Bluche, François, *Louis XIV* (Oxford: Blackwell, 1990).

Boemeke, Manfred F., Gerald D. Feldman and Elisabeth Glaser, eds., *Treaty of Versailles: A Reassessment After 75 Years* (New York: Cambridge University Press, 2006).

Boog, Horst, Gerhard Krebs and Detlef Vogel, *Germany and the Second World War: VII: The Strategic Air War in Europe and the War in the West and East Asia, 1943–1944/5*, trans. Francisca Garvie *et al.* (New York: Oxford University Press, 2006).

Booth, Kenneth and Nicholas Wheeler, *The Security Dilemma* (New York: Palgrave, 2007).

Borzecki, Jerzy, *The Soviet–Polish Peace of 1921 and the Creation of Interwar Europe* (New Haven, CT: Yale University Press, 2008).

Boswell, Terry and Mike Sweat, "Hegemony, Long Waves and Major Wars," *International Studies Quarterly*, 35 (1991), pp. 123–149.

Bosworth, R. J. B., *Mussolini* (London: Arnold, 2002).

Boulding, Kenneth, "Future Directions of Conflict and Peace Studies," *Journal of Conflict Resolution*, 22, no. 2 (1987), pp. 342–354.

Boyle, Chris, "The Mystery of Modern Wealth: Mercantilism, Value, and the Social Foundations of Liberal International Order," *European Journal of International Relations*, 14, no. 3 (September 2008), pp. 405–430.

Bracken, Paul, *The Command and Control of Nuclear Forces* (New Haven, CT: Yale University Press, 1983).

Bradsher, Henry S., *Afghan Communism and Soviet Intervention* (Oxford: Oxford University Press, 1999).

Breslauer, George and Richard Ned Lebow, "Leadership and the End of the Cold War: A Counterfactual Thought Experiment," in Richard K. Herrmann and Richard Ned Lebow, eds., *Ending the Cold War* (New York: Palgrave, 2004), pp. 161–188.

Brewer, Anthony, *Marxist Theories of Imperialism: A Critical Survey* (London: Routledge and Kegan Paul, 1980).

Brodie, Bernard, *The Absolute Weapon* (New York: Harcourt, 1946).

Brooks, Stephen G., *Producing Security: Multinational Corporations, Globalization, and the Changing Calculus of Conflict* (Princeton, NJ: Princeton University Press, 2005).

Brooks, Stephen G. and William C. Wohlforth, "Hard Times for Soft Balancing," *International Security* 30 (Summer 2005), pp. 72–108.

World Out of Balance: International Relations and the Challenge of American Primacy (Princeton, NJ: Princeton University Press, 2008).

Brown, Anthony Cave, ed., *DROPSHOT: The American Plan for World War III against Russia in 1957* (New York: Dial Press, 1978).

Brown, Archie, *The Gorbachev Factor* (Oxford: Oxford University Press, 1996).

Brown, Roger Glenn, *Fashoda Reconsidered: The Impact of Domestic Politics on French Policy in Africa, 1893–1898* (Baltimore, MD: Johns Hopkins University Press, 1970).

Bueno de Mesquita, Bruce, *The War Trap* (New Haven, CT: Yale University Press, 1981).

"The War Trap Revisited: A Revised Expectation Utility Model," *American Political Science Review*, 77 (1985), pp. 157–176.

Bueno de Mesquita, Bruce and David Lalman, "Reason and War," *American Political Science Review*, 80 (1986), pp. 1113–1130.

Bukovansky, Mlada, *Legitimacy and Power Politics: The American and French Revolutions in International Political Culture* (Princeton, NJ: Princeton University Press, 2002).

Bull, Hedley, *The Anarchical Society* (New York: Columbia University Press, 1977).

Bullock, Alan, *Hitler: A Study in Tyranny*, rev. edn. (New York: Harper & Row, 1962).

Bundy, McGeorge, *Danger and Survival: Choices About the Bomb in the First Fifty Years* (New York: Random House, 1998).

Burnham, Peter, "Neo-Gramscian Hegemony and the International Order," *Capital and Class*, 54, no. 1 (1991), pp. 73–93.

Burr, William and Jeffrey T. Richelson, "Whether to 'Strangle the Baby in the Cradle': The United States and the Chinese Nuclear Program, 1960–1964," *International Security*, 25, no. 3 (Winter 2000/01), pp. 54–99.

Butler, Judith, *Excitable Speech: The Politics of the Performative* (New York: Routledge, 1997).

Butow, Robert J. C., *Japan's Decision to Surrender* (Stanford, CA: Stanford University Press, 1954).

John Doe Associates: Backdoor Diplomacy for Peace (Stanford, CA: Stanford University Press, 1974).

Cairncross, A. K., *Home and Foreign Investment, 1870-1913* (Cambridge: Cambridge University Press, 1953).

Callinicos, Alex, *New Mandarins of American Power: The Bush Administration's Plans for the World* (London: Polity, 2003).

Carley, Michael J., "The Politics of Anti-Bolshevism: The French Government and the Russo-Polish War, December 1919 to May 1920," *Historical Journal*, 19 (1976), pp. 163-189.

Carr, E. H., *The Twenty Years Crisis, 1919-1939: An Introduction to the Study of International Relations* (London: Macmillan, 1939).

Conditions of Peace (London: Macmillan, 1942).

Casey, Steven, *Selling the Korean War: Propaganda, Politics and Public Opinion, 1950-1953* (New York: Oxford University Press, 2008).

Ceadel, Martin, *The Origins of War Prevention: The British Peace Movements and International Relations, 1730-1854* (Oxford: Oxford University Press, 1996).

Chan, Steve, *China, the US, and the Power-Transition Theory: A Critique* (New York: Routledge, 2008).

Chandler, David, *The Art of Warfare in the Age of Marlborough* (London: Batsford, 1976).

Chang, Gordon H., *Friends and Enemies: The United States, China, and the Soviet Union, 1948-1972* (Stanford, CA: Stanford University Press, 1990).

Chen, Jian, *China's Road to the Korean War: The Making of the Sino-American Confrontation* (New York: Columbia University Press, 1994).

Mao's China and the Cold War (Chapel Hill, NC: University of North Carolina Press, 2001).

Chomsky, Noam and David Barsamian, *Imperial Ambitions: Conversations in the Post-9/11 World* (New York: Metropolitan Books, 2005).

Christensen, Thomas J. and Jack L. Snyder, "Chain Gangs and Passed Bucks: Predicting Alliance Patterns in Multipolarity," *International Organization*, 44 (1990), pp. 137-68.

Chubin, Shahran and Charles Tripp, *Iran and Iraq at War* (Boulder, CO: Westview, 1998).

Churchill, Winston S., *Amid These Storms: Thoughts and Adventures* (New York: Scribner's, 1932).

Cirincione, Joseph, Jessica T. Mathews and George Perkovich, *WMD in Iraq: Evidence and Implications* (Washington, DC: Carnegie Endowment for International Peace, 2004).

Clark, Ian, *Legitimacy in International Society* (Oxford: Oxford University Press, 2005).
   "How Hierarchical Can International Relations Be?," *International Relations*, 23, no. 3 (2009), pp. 464–480.

Clarke, I. F., *Voices Prophesying War, 1763–1914* (London: Oxford University Press, 1966).

Claude, Inis L., *Power and International Relations* (New York: Random House, 1962).

Clausewitz, Carl, *On War*, trans. M. Howard and P. Paret (Princeton, NJ: Princeton University Press, 1976).

Clodfelter, Michael, *Warfare and Armed Conflicts: A Statistical Encyclopedia of Causality, and Other Figures, 1994–2007* (Jefferson, NC: McFarland, 2008).

Coker, Christopher, *Waging War Without Warriors? The Changing Culture of Military Conflict* (New York: Lynne Rienner, 2002).
   The Future of War: The Re-enchantment of War in the Twenty-First Century (London: Blackwell, 2004).

Cook, Chris and Whitney Walker, *The Facts on File World Political Almanac* (New York: Facts on File, 2001).

Coox, Alvin D., *Nomonhan: Japan against Russia, 1939*, 2 vols. (Stanford, CA: Stanford University Press, 1985).

Copeland, Dale C., *The Origins of Major Wars* (Ithaca, NY: Cornell University Press, 2000).

Cornil, Fernando, "Listening to the Subaltern: Postcolonial Studies and the Poetics of Neocolonial States," in Laura Chrisman and Benita Parry, eds., *Postcolonial Theory and Criticism* (Cambridge: D. S. Brewer, 2000), pp. 37–55.

Cortright, David, *Peace: A History of Movements and Ideas* (Cambridge: Cambridge University Press, 2008).

Cox, Robert, "Gramsci, Hegemony and International Relations: An Essay in Method," in Stephen Gill, ed., *Gramsci, Historical Materialism on International Relations* (Cambridge: Cambridge University Press, 1993), pp. 49–66.

Craven, Wesley Frank and Frank Lea Cate, *The Army Air Forces in World War Two* (Washington, DC: Office of Air Force History, 1983), vol. 5.

Crawley, Charles William (editor-in-chief) and John Patrick Tuer Bury (volume editor), *New Cambridge Modern History*, vol. 10: *The Zenith of European Power: 1830–1870* (Cambridge: Cambridge University Press, 1957).

Crowley, James B., *Japan's Quest for Autonomy: National Security and Foreign Policy, 1930–38* (Princeton, NJ: Princeton University Press, 1966).

Daalder, Ivo H. and James M. Lindsay, *America Unbound: The Bush Revolution in Foreign Policy*, rev. edn. (Hoboken, NJ: Wiley, 2005).

Dallin, Alexander, *German Rule in Russia 1941–1945: A Study in Occupation Policies* (London: Macmillan, 1957).

Daudin, Guillaume, Matthias Morys and Kevin H. O'Rourke, *Europe and Globalization, 1870–1914* (Paris: Observatoire Français des Conjonctures Economiques, 2008).

Davis, James and William C. Wohlforth, "German Unification," in Richard K. Herrmann and Richard Ned Lebow, eds., *Ending the Cold War* (New York: Palgrave, 2004), pp. 131–160.

Davis, L. E. and R. A. Huttenback, *Mammon and the Pursuit of Empire* (Cambridge: Cambridge University Press, 1987).

De Bruhl, Marshall, *Firestorm: Allied Air Power and the Destruction of Dresden* (New York: Random House, 2006).

De Soysa, Indra, John R. Oneal and Yong-Hee Park, "Testing Power-Transition Theory Using Alternate Measures of Material Capabilities," *Journal of Conflict Resolution* 41 (1997), pp. 1–30.

Deanne, Julius, "Waxing or Waning?," *Harvard International Review*, 26, no. 4 (Winter 2005), http://hir.harvard.edu/symposia/63/.

Debo, Richard K., *Survival and Consolidation: The Foreign Policy of Soviet Russia, 1918–1921* (Montreal: McGill-Queen's University Press, 1992).

Dechesne, M., J. Greenberg, J. Arndt and J. Schimel, "Terror Management and Sports: Fan Affiliation: The Effects of Mortality Salience on Fan Identification and Optimism," *European Journal of Social Psychology*, 30 (2000), pp. 813–835.

Dedijer, Vladimir, *The Road to Sarajevo* (New York: Simon & Schuster, 1966).

Deng, Yong, *China's Struggle for Status: The Realignment of International Relations* (Cambridge: Cambridge University Press, 2008).

Deutsch, Karl W., *Nationalism and Social Communication* (Boston: MIT Press, 1953).

Deutsch, Karl W. and J. David Singer, "Multipolar Systems and International Stability," *World Politics*, 16 (1964), pp. 390–406.

Deutsch, Karl W., Sidney A. Burrell and Robert A. Kann, *Political Community and the North Atlantic Area: International Organization in the Light of Historical Experience* (Princeton, NJ: Princeton University Press, 1957).

Diamond, Larry, "A Report Card on Democracy," *Hoover Digest*, no. 3 (2000), www.hoover.org/publications/digest/3491911.html.

Dickson, Peter George, *Finance and Government under Maria Theresa, 1740–1780* (Oxford: Oxford University Press, 1987).

Dixon, William J., "Democracy and the Peaceful Settlement of International Conflict," *American Political Science Review*, 88 (March 1994), pp. 1–17.

Dorpalen, Andreas, *Hindenburg and the Weimar Republic* (Princeton, NJ: Princeton University Press, 1964).

Dower, John, *War Without Mercy: Race and Power in the Pacific War* (New York: Pantheon, 1986).

　 Embracing Defeat: Japan in the Wake of World War II (New York: Norton, 1999).

Downs, George, ed., *Collective Security Beyond the Cold War* (Ann Arbor, MI: University of Michigan Press, 1994).

Doyle, Michael, "Kant, Liberal Legacies, and Foreign Affairs, Part I," *Philosophy and Public Affairs*, 12 (Summer 1983), pp. 205–235. Part II, *ibid.*, pp. 323–353. *Empires* (Ithaca, NY: Cornell University Press, 1986).

Drucker, Peter F., "The Global Economy and the Nation State," *Foreign Affairs*, 76 (1997), pp. 159–171.

Duffy, Christopher, *The Military Experience in the Age of Reason* (London: Routledge & Kegan Paul, 1987).

Dunn, John, *Democracy: A History* (Boston: Atlantic Monthly Press, 2006).

Durkheim, Emile, *The Division of Labor in Society*, trans. W. D. Halls (New York: Macmillan, 1984).
 The Elementary Forms of the Religious Life, trans. Carol Cosman (Oxford: Oxford University Press, 2001).

Duus, Peter, "Japan's Informal Empire in China, 1895–1937: An Overview," in Peter Duus, Ramon H. Myers and Mark R. Peattie, *Japanese Informal Empire in Asia* (Princeton, NJ: Princeton University Press, 1989), pp. xi–xxix.

Eakin, Paul John, *How Our Lives Become Stories: Making Selves* (Ithaca, NY: Cornell University Press, 1999).

Edelstein, Michael, *Overseas Investments in the Age of High Imperialism: The United Kingdom, 1850–1924* (New York: Columbia University Press, 1982).

Einstein, Albert, *Einstein on Peace* (New York: Simon & Schuster, 1960).

Ekman, Paul, *Emotions Revealed: Recognizing Faces and Feelings to Improve Communication and Emotional Life* (New York: Henry Holt, 2003).

Eley, Geoff, *Reshaping the German Right: Radical Nationalism and Political Change After Bismarck* (New Haven, CT: Yale University Press, 1980).
 Forging Democracy: The History of the Left in Europe, 1850–2000 (Oxford: Oxford University Press, 2002).

Elman, Colin and Miriam Fendius Elman, "Horses for Courses: Why Not Neorealist Theories of Foreign Policy?," *Security Studies*, 1, no. 6 (1996), pp. 7–53.

Elrod, Richard, "The Concert of Europe: A Fresh Look at an International System," *World Politics*, 28, no. 2 (January 1976), pp. 159–174.

Elster, Jon, *Solomonic Judgments: Studies in the Limits of Rationality* (Cambridge: Cambridge University Press, 1989).

Emerson, Ralph Waldo, "War," in *Miscellanies* (Cambridge: Riverside Press, 1904), pp. 150–176.

English, Robert D., *Russia and the Idea of the West: Gorbachev, Intellectuals, and the End of the Cold War* (New York: Columbia University Press, 2000).
 "Power, Ideas, and New Evidence on the Cold War's End: A Reply to Brooks and Wohlforth," *International Security*, 26, no. 4 (2002), pp. 93–111.

Erskine, Toni and Richard Ned Lebow, eds., *Tragedy and International Relations* (London: Palgrave, 2010).

Evangelista, Matthew, *Unarmed Forces: The Transnational Movement to End the Cold War* (Ithaca, NY: Cornell University Press, 1999).

"Turning Points in Arms Control," in Richard K. Herrmann and Richard Ned Lebow, eds., *Ending the Cold War* (New York: Palgrave, 2004), pp. 83–106.

Fallows, James, "Blind into Baghdad," *Atlantic Monthly* (January/February 2004).

Farhang, Rajaee, *The Iran–Iraq War: The Politics of Aggression* (Gainesville, FL: University Press of Florida, 1997).

Farnham, Barbara, ed., *Avoiding Losses/Taking Risks: Prospect Theory and International Conflict* (Ann Arbor, MI: University of Michigan Press, 1995).

Farrar, Lancelot L., Jr., *The Short-War Illusion: German Policy, Strategy and Domestic Affairs, August–December 1914* (Santa Barbara, CA: ABC-Clio, 1973).

Fazal, Tanisha M., *State Death: The Politics and Geography of Conquest, Occupation, and Annexation* (Princeton, NJ: Princeton University Press, 2007).

Fearon, James D., "Domestic Political Audiences and the Escalation of International Disputes," *American Political Science Review*, 88, no. 3 (1994), pp. 577–592.

"Rationalist Explanations for War," *International Organization*, 49, no. 3 (1995), pp. 379–414.

Feaver, Peter D. and Christopher Gelpi, *Choosing Your Battles: American Civil–Military Relations and the Use of Force* (Princeton, NJ: Princeton University Press 2004).

Feis, Herbert, *Europe, the World's Banker, 1870–1914* (New Haven, CT: Yale University Press, 1930).

Fellner, Fritz, "Austria-Hungary," in Keith Wilson, ed., *Decisions for War, 1914* (New York: St. Martin's Press, 1995), pp. 9–25.

Ferejohn, John and Frances McCall Rosenbluth, "Warlike Democracies," *Journal of Conflict Resolution*, 52, no. 1 (2008), pp. 3–38.

Ferguson, Adam, *An Essay on the History of Civil Society*, 2nd edn. (Edinburgh: A. Kincaid and J. Bell, 1768).

Ferrell, Robert H., *Peace in Their Time: The Origins of the Kellogg–Briand Pact* (New Haven, CT: Yale University Press, 1952).

Fest, Joachim, *Hitler*, trans. Richard Winslow and Clara Winslow (New York: Harcourt, Brace, Jovanovich, 1974).

Finley, Moses I., *The World of Odysseus* (New York: Viking, 1978).

Fischer, Fritz, *Germany's Aims in the First World War* (New York: Norton, 1967).

War of Illusions: German Policies from 1911 to 1914, trans. Marian Jackson (New York: W. W. Norton, [1969] 1975).

Fisher, Louis, *Presidential War Power*, 2nd edn. (Lawrence, KS: University of Kansas Press, 2004).

Fitzgerald, T. K., *Metaphors of Identity* (Albany, NY: State University of New York Press, 1993).

Fogel, Joshua A., *The Nanjing Massacre in History and Historiography* (Berkeley, CA: University of California Press, 2000).

Fogel, Robert William, *The Escape from Hunger and Premature Death* (Cambridge: Cambridge University Press, 2004).

Foot, Rosemary, *The Wrong War: American Policy and the Dimensions of the Korean Conflict, 1950-1953* (Ithaca, NY: Cornell University Press, 1985).

Fravel, M. Taylor, "Regime Insecurity and International Cooperation: Explaining China's Compromises in Territorial Disputes," *International Security*, 30, no. 2 (2005), pp. 46-83.

Freeman, Mark A., "Liking Self and Social Structure: A Psychological Perspective on Sri Lanka," *Journal of Cross-Cultural Psychology*, 12 (1981), pp. 291-308.

Frei, Norbert, "People's Community and War: Hitler's Popular Support," in Hans Mommsen, ed., *The Third Reich Between Vision and Reality: New Perspectives on German History, 1918-1945* (Oxford: Berg, 2001), pp. 59-78.

Freud, Sigmund, *Civilization and Its Discontents*, trans. Joan Rivière (Garden City, NY: Doubleday, 1958).

Friedberg, Aaron L., "The Future of United States–China Relations: Is Conflict Inevitable?," *International Security*, 30, no. 2 (Fall 2005), pp. 7-45.

Frieden, Jeffrey, "International Investment and Colonial Control," *International Organization*, 48 (1994), pp. 558-593.

Friedman, Milton J., "The Methodology of Positive Economics," in Milton J. Friedman, *Essays in Positive Economics* (Chicago: University of Chicago Press, 1953), pp. 3-43.

Friedman, Thomas L., *The Lexus and the Olive Tree*, rev. edn. (New York: Farrar, Strauss and Giroux, 2000).

Frieser, Karl-Heinz and John T. Greenwood, *The Blitzkrieg Legend: The 1940 Campaign in the West* (Annapolis, MD: Naval Institute Press, 2005).

Frost, Mervyn, "Tragedy, Ethics and International Relations," *International Relations*, 17, no. 4 (December 2003), pp. 477-496.

Fussell, Paul, *The Great War and Modern Memory* (New York: Oxford University Press, 1975).

Galbraith, Peter W., *The End of Iraq: How American Incompetence Created a War Without End* (New York: Simon & Schuster, 2006).

Galtung, Johann, *Peace by Peaceful Means: Peace and Conflict, Development and Civilisation* (Oslo: Peace Research Institute, 1996).

Garthoff, Raymond L., *Reflections on the Cuban Missile Crisis*, 2nd edn. (Washington, DC: Brookings Institution, 1989).

　　Détente and Confrontation: American–Soviet Relations from Nixon to Reagan, rev. edn. (Washington, DC: Brookings Institution, 1994).

　　The Great Transformation: American–Soviet Relations and the End of the Cold War (Washington, DC: Brookings Institution, 1994).

Gartzke, Erik, "The Capitalist Peace," *American Journal of Political Science*, 51 (January 2007), pp. 166-191.

Gause, Gregory F., *Iraq and the Gulf War: Decision-Making in Baghdad* (New York: Columbia University Press, 2001).

Geiss, Imanuel, *German Foreign Policy, 1871–1914* (London: Kegan Paul, 1976).

Gelb, Leslie with Richard K. Betts, *The Irony of Vietnam: The System Worked* (Washington, DC: Brookings Institution, 1978).

Geller, Daniel S., "Explaining War: Empirical Patterns and Theoretical Mechanisms," in Manus Midlarsky, ed., *Handbook of War Studies, II* (Ann Arbor, MI: University of Michigan Press, 2001), pp. 407–479.

Gelpi, Christopher, Peter Feaver and Jason Reifler, *Paying the Human Costs of War* (Princeton, NJ: Princeton University Press, 2009).

George, Alexander L., *Managing US–Soviet Rivalry: Problems of Crisis Prevention* (Boulder, CO: Westview, 1983).

George, Alexander L., Philip J. Farley and Alexander Dallin, *US–Soviet Security Cooperation: Achievements, Failures, Lessons* (New York: Oxford University Press, 1988).

Gergen, Kenneth J., *An Invitation to Social Construction* (London: Sage, 1999).

Germain, Randall D. and Michael Kenny, "Engaging Gramsci: International Relations Theory and the New Gramscians," *Review of International Studies*, 24, no. 1 (1998), pp. 3–21.

Gill, Stephen, *Gramsci, Historical Materialism on International Relations* (Cambridge: Cambridge University Press, 1993), pp. 49–66.

Gill, S. and D. Law, "Global Hegemony and the Structural Power of Capital," *Global Governance*, 33, no. 4 (2004), pp. 475–499.

Gilpin, Robert, *War and Change in International Relations* (Cambridge: Cambridge University Press, 1981).

Glantz, David M., *The Siege of Leningrad, 1941–44: 900 Days of Terror* (London: Collins, 2004).

Colossus Reborn: The Red Army at War, 1941–1943 (Lawrence, KS: University of Kansas Press, 2005).

Glaser, Charles L., "Realists as Optimists: Cooperation as Self-Help," *International Security*, 19 (Winter 1994–1995), pp. 50–90.

Theory of Rational International Politics (Princeton, NJ: Princeton University Press, 2009).

Glaser, Charles L. and Chaim Kaufmann, "What Is the Offense–Defense Balance?," *International Security*, 22 (Spring 1998), pp. 44–82.

Glaser, Charles L. and Stephen Walt, "International Relations: One World, Many Theories," *Foreign Policy*, 110 (Spring 1998), pp. 29–45.

Gleditsch, Kristian, "A Revised List of Wars Between and Within Independent States, 1816–2002," *International Interactions*, 30 (2004), pp. 232–262.

Gleick, P. H., "The Implications of Global Climate Changes for International Security," *Climate Change*, 15 (October 1989), pp. 303–325.

Gobarev, Victor M., "Soviet Policy Toward China: Developing Nuclear Weapons 1949–1969," *Journal of Slavic Military Studies*, 12, no. 4 (December 1999), pp. 37–39.

Gochman, Charles S., "Capability-Driven Disputes," in Charles S. Gochman and Allan Ned Sabrosky, eds., *Prisoners of War? Nation-States in the Modern Era* (Lexington, KY: Lexington Books, 1990).

Goebel, Stefan, *The Great War and Medieval Memory: War, Remembrance and Medievalism in Britain and Germany, 1914–1940* (Cambridge: Cambridge University Press, 2007).

Goldman, Emily O., *Sunken Treaties: Naval Arms Control between the Wars* (University Park, PA: Pennsylvania State University Press, 1994).

Goldstein, Avery, "Great Expectations: Interpreting China's Arrival," *International Security*, 23, no. 3 (Winter 1997/1998), pp. 36–73.

Rising to the Challenge: China's Grand Strategy and International Security (Stanford, CA: Stanford University Press, 2005).

"Power Transitions, Institutions, and China's Rise in East Asia: Theoretical Expectations and Evidence," *Journal of Strategic Studies*, 30, nos. 4–5 (2007), pp. 639–682.

Gongora, Thierry and Harald von Riekhoff, eds., *Toward a Revolution in Military Affairs? Defense and Security at the Dawn of the Twenty-First Century* (Westport, CT: Greenwood, 2000).

Gordon, Michael R., "Domestic Conflict and the Origins of the First World War: The British and German Cases," *Journal of Modern History*, 46 (June 1974), pp. 191–226.

Gordon, Michael R. and Bernard E. Trainor, *The General's War: The Inside Story of the Conflict in the Gulf* (Boston: Little, Brown, 1995).

Cobra II: The Inside Story of the Invasion and Occupation of Iraq (New York: Pantheon, 2006).

Gorst, Anthony and Lewis Johnman, *The Suez Crisis* (London: Routledge, 1997).

Gramsci, Antonio, *Selections from the Prison Notebooks of Antonio Gramsci*, ed. and trans. Quentin Hoare and G. Nowell Smith (London: Lawrence & Wishart, 1971).

Quaderni del Carcere, ed. V. Geratana, 4 vols. (Turin: Einaudi, 1975).

Scritti di economia politica (Rome: Bollati Boringhieri, 1994).

Green, Donald P. and Ian Shapiro, *Game Theory for Political Scientists: A Critique of Applications in Political Science* (New Haven, CT: Yale University Press, 1994).

Pathologies of Rational Choice Theory: A Critique of Applications in Political Science (New Haven, CT: Yale University Press, 1994).

Greenfeld, Liah, *Nationalism: Five Roads to Modernity* (Cambridge, MA: Harvard University Press, 1992).

Gries, Peter H., *China's New Nationalism: Pride, Politics and Diplomacy* (Berkeley, CA: University of California Press, 2004).

Grigg, David B., *Population Growth and Agrarian Change* (Cambridge: Cambridge University Press, 1980).

Gulick, Edward Vose, *Europe's Classical Balance of Power* (New York: W. W. Norton, 1955).

Guzzini, Stefano, "The Concept of Power: A Constructivist Analysis," *Millennium*, 33, no. 3 (2005), pp. 495–522.

Geopolitics Redux, forthcoming.

Haas, Ernest B., "The Balance of Power: Prescription, Concept, or Propaganda," *World Politics*, 5 (1953), pp. 442–477.

Habermas, Jürgen, *Knowledge and Human Interests*, trans. J. Shapiro (London: Polity Press, 1987 [1968]).

Theory and Practice, trans. John Viertel (Boston: Beacon, 1973).

Hall, Ray, *Europe's Population: Towards the Next Century* (New York: Routledge, 1995).

Hall, Rodney Bruce, *National Collective Identity: Social Constructs and International Systems* (New York: Columbia University Press, 1999).

Hamilton, Alexander, James Madison and John Jay, *The Federalist Papers* (Baltimore, MD: Johns Hopkins University Press, 1981).

Hamilton, Richard F. *Marxism, Revisionism, and Leninism: Explication, Assessment and Commentary* (Westport, CT: Praeger, 2000).

Hamilton, Richard F. and Holger H. Herwig, eds., *The Origins of World War I* (Cambridge: Cambridge University Press, 2003).

Harris, William V., *War and Imperialism in Ancient Rome, 327–70 BC* (Oxford: Oxford University Press, 1979).

Harvey, David, *The New Imperialism* (Oxford: Oxford University Press, 2003).

Harwell, Mark A., *Nuclear Winter: The Human and Environmental Consequences of Nuclear War* (New York: Springer-Verlag, 1984).

Haslam, Jonathan, *The Soviet Union and the Threat from the East, 1933–41: Moscow, Tokyo and the Prelude to the Pacific War* (Pittsburgh, PA: University of Pittsburgh Press, 1992).

Hassig, *Aztec Warfare: Imperial Expansion and Political Control* (Norman, OK: University of Oklahoma Press, 1988).

Hassrick, Royal B., *The Sioux* (Norman, OK: University of Oklahoma Press, 1964).

Hastings, Max, *Bomber Command* (New York: Dial Press, 1979).

Hatton, Ragnild M., *Charles XII of Sweden* (London: Weidenfeld & Nicolson, 1968).

Haushofer, Karl, *Geopolitik des Pazifischen Ozeans. Studien über die Wechselbeziehungen zwischen Geographie und Geschichte* (Berlin: Kurth Vowinckel, 1924).

Haushofer, Karl, Erich Obst, Hermann Lautensach and Otto Maull, *Bausteine zur Geopolitik* (Berlin: Kurt Vowinckel, 1928).

Hayes, Carlton J. H., *A Generation of Materialism, 1871–1900* (New York: Harper & Row, 1941).

Hayes, Peter, "Hobbes' Bourgeois Moderation," *Polity*, 31, no. 1 (Autumn 1998), pp. 53–74.

Hegel, G. W. F., *Hegel's Philosophy of Right*, trans. T. M. Knox (Oxford: Oxford University Press, 1969).

Phenomenology of Spirit, trans. A. V. Miller (Oxford: Clarendon Press, 1977).

Hellman, Christopher, "Highlights of the Fiscal Year 2008 Pentagon Spending Request," February 5, 2007, available at www.armscontrolcenter.org.

Henderson, Gregory, Richard Ned Lebow and John G. Stoessinger, eds., *Divided Nations in a Divided World* (New York: David Mckay, 1974).

Hensel, Paul R., "Territory: Theory and Evidence on Geography and Conflict," in John A. Vasquez, ed., *What Do We Know About War?* (Lanham, MD: Rowman & Littlefield, 2000), pp. 57–84.

Herrmann, Richard K., *Perceptions and Behavior in Soviet Foreign Policy* (Pittsburgh, PA: University of Pittsburgh Press, 1985).

Herrmann, Richard K. and Richard Ned Lebow, eds., *Ending the Cold War* (New York: Palgrave, 2004).

"What Was the Cold War? When and Why Did It Fail?," in Richard K. Herrmann and Richard Ned Lebow, eds., *Ending the Cold War* (New York: Palgrave, 2004), pp. 1–30.

Hersh, Seymour M., *Chain of Command: The Road from 9/11 to Abu Ghraib* (New York: Harper, 2004).

Herwig, Holger H., "Clio Deceived: Patriotic Self-Censorship in Germany After the Great War," *International Security*, 12 (Fall 1987), pp. 5–44.

The First World War: Germany and Austria-Hungary, 1914–1918 (London: Arnold, 1998).

"Germany," in Richard F. Hamilton and Holger H. Herwig, eds., *The Origins of World War I* (Cambridge: Cambridge University Press, 2003), pp. 150–187.

Herz, John H., "Idealist Internationalism and the Security Dilemma," *World Politics*, 12 (1950), pp. 157–180.

Political Realism and Political Idealism: A Study in Theories and Realities (Chicago: University of Chicago Press, 1951).

International Politics in the Nuclear Age (New York: Columbia University Press, 1959).

"The Security Dilemma in International Relations: Background and Present Problems," *International Relations* (2003), pp. 411–416.

Herzog, Chaim, *The Arab-Israeli Wars: War and Peace in the Middle East from the War of Independence through Lebanon* (New York: Random House, 1982).

Hinsley, F. H., *Power and the Pursuit of Peace; Theory and Practice in the History of Relations Between States* (Cambridge: Cambridge University Press, 1963).

Hirschman, Albert O., *Exit, Voice, and Loyalty: Responses to Decline in Firms, Organizations, and States* (Cambridge, MA: Harvard University Press, 1970).

The Passions and the Interests: Political Arguments for Capitalism Before Its Triumph (Princeton, NJ: Princeton University Press, 1977).

Hixon, Walter L. *Historical Memory and Representations of the Vietnam War* (New York: Garland, 2000).

Hobbes, Thomas, *De Cive*, in Bernard Gert, ed., *Man and Citizen* (Indianapolis, IN: Hackett, 1991 [1651]).

Leviathan, ed. Richard Tuck (Cambridge: Cambridge University Press, 1996).

Hobsbawn, Eric J., "Rules of Violence," in Eric J. Hobsbawm, *Revolutionary: Contemporary Essays* (New York: Pantheon, 1973), pp. 209–215.

Hobson, John A., *Imperialism: A Study* (London: Allen & Unwin, 1938).

Hoffmann, Stanley, *The State of War: Essays on the Theory and Practice of International Politics* (New York: Praeger, 1965).

Holsti, Kalevi J., *Peace and War: Armed Conflicts and International Order, 1648–1989* (Cambridge: Cambridge University Press, 1991).

"The Decline of Interstate War: Pondering Systemic Explanations," in Raimo Väyrynen, ed., *The Waning of Major War: Theories and Debates* (London: Routledge, 2005), pp. 135–160.

Holsti, Ole R., "Of Chasms and Convergences: Attitudes and Beliefs of Civilians and Military Elites at the Start of a New Millennium," in Peter D. Feaver and Richard H. Kohn, eds., *Soldiers and Civilians: The Civil-Military Gap and American National Security* (Cambridge, MA: MIT Press, 2001), pp. 15–99.

Homer-Dixon, Thomas F., *Environment, Scarcity, and Violence* (Princeton, NJ: Princeton University Press, 1999).

Honneth, Axel, *The Struggle for Recognition* (Cambridge, MA: MIT Press, 1996).

Honneth, Axel and Nancy Fraser, *Recognition or Redistribution? A Political-Philosophical Exchange* (New York: Verso Press, 2003).

Hont, Istvan, *Jealousy of Trade: International Competition and the Nation-State in Historical Perspective* (Cambridge, MA: Harvard University Press, 2005).

Hopf, Ted, *Peripheral Visions: Deterrence Theory and American Foreign Policy in the Third World, 1965–1990* (Ann Arbor, MI: University of Michigan Press, 1994).

Houweling, Henk and Jan G. Siccama, "Power Transition as a Cause of War," *Journal of Conflict Resolution*, 32, no. 1 (1998), pp. 87–102.

Howard, Michael, *The Franco-Prussian War: The German Invasion of France, 1870–1871* (London: Rupert Hart-Davis, 1961).

War in European History (Oxford: Oxford University Press, 1976).

War and the Liberal Conscience (New Brunswick, NJ: Rutgers University Press, 1978).

Lessons of History (New Haven, CT: Yale University Press, 1991).

Hughes, Christopher W., "Japan's Re-emergence as a 'Normal' Military Power," Adelphi Paper 368–9 (London: International Institute of Strategic Studies, 2004).

Hughes, Lindsey, *Peter the Great: A Biography* (New Haven, CT: Yale University Press, 2002).

Hume, David, *A Treatise of Human Nature, 2nd edn.* (Oxford: Oxford University Press, 1978).

Huntingford, F. A., "Animals Fight, But Do Not Make War," in Jo Groebel and Robert H. Hinde, eds., *Aggression and War: Their Biological and Social Bases* (Cambridge: Cambridge University Press, 1989), pp. 25–34.

Huntington, Samuel P., "The Lonely Superpower," *Foreign Affairs*, 78 (1999), pp. 35–49.

Hurd, Douglas, *The Arrow War: An Anglo-Chinese Confusion, 1856–60* (New York: Macmillan, 1960).

Hurrell, Andrew, *On Global Order: Power, Values, and the Constitution on International Society* (Oxford: Oxford University Press, 2008).

Huth, Paul K. and Todd L. Allee, *The Democratic Peace and Territorial Conflict in the Twenty Century* (Cambridge: Cambridge University Press, 2002).

Hymans, Jacques E. C., *The Psychology of Nuclear Proliferation: Identity, Emotions and Foreign Policy* (New York: Cambridge University Press, 2006).

Ikenberry, G. John, *After Victory: Institutions, Strategic Restraint, and the Rebuilding of Order After Major Wars* (Princeton, NJ: Princeton University Press, 2001).

   America Unrivaled: The Future of the Balance of Power (Ithaca, NY: Cornell University Press, 2002).

Ingram, Edward, "Pairing Off Empires: The United States and Great Britain in the Middle East," in Tore T. Petersen, ed., *Controlling the Uncontrollable? The Great Powers in the Middle East* (Trondheim: Tapir Books, 2006), pp. 1–32.

Ingram, Norman, *The Politics of Dissent: Pacifism in France 1919–1939* (Oxford: Oxford University Press, 1991).

Iriye, Akira, *Pacific Estrangement* (Cambridge, MA: Harvard University Press, 1972).

   The Origins of the Second World War in Asia and the Pacific (London: Longman, 1987).

   "Japan's Drive to Great Power Status," in Manius B. Jansen, ed., *The Emergence of Meiji Japan* (Cambridge: Cambridge University Press, 1995), pp. 268–330.

Isakoff, Michael and David Corn, *Hubris: The Inside Story of Spin, Scandal and the Selling of the Iraq War* (New York: Crown, 2006).

Israel, Jonathan, *The Dutch Republic: Its Rise, Greatness and Fall, 1477–1806* (Oxford: Oxford University Press, 1995).

Jackson, Frank and Carol Rosenberg, "Why Africa's Weak States Persist: The Juridical and the Empirical in Statehood," *World Politics*, 35 (1982), pp. 1–24.

Jackson, Robert, *Global Covenant: Human Conduct in a World of States* (Oxford: Oxford University Press, 2000).

Jakobson, Max, *The Diplomacy of the Winter War: An Account of the Russo-Finnish War, 1939–1940* (Cambridge, MA: Harvard University Press, 1961).

Janis, Irving L. and Leon Mann, *Decision-Making: A Psychological Model of Conflict, Choice, and Commitment* (New York: Free Press, 1977).

Jervis, Robert, *Perception and Misperception in International Relations* (Princeton: Princeton University Press, 1976).

"Cooperation under the Security Dilemma," *World Politics*, 40, no. 1 (1978), pp. 167–214.

"Security Regimes," *International Organization*, 36, no. 2 (Spring 1982), pp. 173–194.

The Meaning of the Nuclear Revolution (Ithaca, NY: Cornell University Press, 1989).

System Effects: Complexity in Political and Social Life (Princeton, NJ: Princeton University Press, 1997).

Jervis, Robert, Richard Ned Lebow and Janice Gross Stein, *Psychology and Deterrence* (Baltimore, MD: Johns Hopkins University Press, 1984).

Jia Quingguo, "Peaceful Development: China's Policy of Reassurance," *Australian Journal of International Affairs*, 59, no. 4 (2005), pp. 493–507.

Johnson, Cathryn, Timothy J. Dowd and Cecilia L. Ridgeway, "Legitimacy as a Social Process," *Annual Reviews of Sociology*, 35 (August 2006), pp. 53–78.

Johnston, Alastair Ian, "Is China a Status Quo Power?," *International Security*, 27, no. 4 (2003), pp. 5–56.

Social States: China and International Institutions, 1980–2000 (Princeton, NJ: Princeton University Press, 2008).

Johnston, Ian, "China's International Relations: Political and Security Dimensions," in Samuel S. Kim, ed., *The International Relations of Northeast Asia* (Lanham, MD: Rowman & Littlefield, 2004), pp. 65–101.

Jones, Dorothy V., *Code of Peace: Ethics and Security in the World of Warlord States* (Chicago: University of Chicago Press, 1989).

Jones, James R., *The Anglo-Dutch Wars of the Seventeenth Century* (London: Longman, 1996).

Jordan, Richard, Daniel Maliniak, Amy Oakes, Susan Peterson and Mitchel J. Tierney, "One Discipline or Many? TRIP Survey of International Relations Faculty in Ten Countries," unpublished paper, February 2009.

Kahin, George McTurnan, *Intervention: How America Became Involved in Vietnam* (New York: Knopf, 1986).

Kahneman, Daniel and Amos Tversky, "Prospect Theory: An Analysis of Decision Making under Risk," *Econometrica*, 47, no. 2 (March 1979), pp. 263–292.

"Loss Aversion in Riskless Choice: A Reference Dependent Model," *Quarterly Journal of Economics*, 106 (1991), pp. 1039–1061.

eds., *Choices, Values, and Frames* (New York: Cambridge University Press, 2000).

Kalsei, David E., "Germany and the Origins of the First World War," *Journal of Modern History*, 55 (September 1983), pp. 442–474.

Kaldor, Mary, *New and Old Wars: Organized Violence in a Global Era* (Stanford, CA: Stanford University Press, 2001).

Kang, David C., *China Rising: Peace, Power, and Order in East Asia* (New York: Columbia University Press, 2007).

Kant, Immanuel, *Perpetual Peace*, trans. Ted Humphrey (Indianapolis, IN: Hackett, 2003).

Kaplan, Fred, *The Wizards of Armageddon* (New York: Simon & Schuster, 1983).

Kaplan, Morton A., *System and Process in International Politics* (New York: Wiley, 1957).

Kaufman, Stuart J., "The Fragmentation and Consolidation of International Systems," *International Organization*, 51, no. 2 (1997), pp. 173–208.

Kaufman, Stuart, Richard Little and William Wohlforth, eds., *The Balance of Power in World History* (New York: Palgrave, 2007).

Kay, Sean, *NATO and the Future of European Security* (Lanham, MD: Rowman & Littlefield, 1998).

Kaysen, Carl, "Is War Obsolete?," *International Security*, 14, no. 4 (1990), pp. 42–64.

Keeley, Lawrence H., *War Before Civilization* (New York: Oxford University Press, 1966).

Kennedy, Paul, *The Rise and Fall of the Great Powers: Economic Change and Military Conflict from 1500 to 2000* (New York: Random House, 1987).

Kennedy, W. P., *Industrial Structure, Capital Markets, and the Origins of British Economic Decline* (Cambridge: Cambridge University Press, 1987).

Keohane, Robert, *International Institutions and State Power: Essays in International Relations Theory* (Boulder, CO: Westview, 1989).

Kershaw, Ian, *The "Hitler Myth": Image and Reality in the Third Reich* (Oxford: Oxford University Press, 1987).

Kettell, Steven, *Dirty Politics? British Democracy, New Labour, and the Invasion of Iraq* (London: Zed Books, 2006).

Khong, Yuen Foong, "War and International Theory: A Commentary on the State of the Art," *Review of International Studies*, 10 (1984), pp. 41–63.

Analogies at War: Korea, Munich, Dien Bien Phu, and the Vietnam Decisions of 1965 (Princeton, NJ: Princeton University Press, 1992).

Khrushchev, Nikita, *Khrushchev Remembers*, trans. Strobe Talbott (Boston: Little, Brown, 1970).

Kim, Woosang, "Alliance Transition and Great Power War," *American Journal of Political Science*, 35, no. 4 (1991), p. 883.

"Power Transition and Great Power War from Westphalia to Waterloo," *World Politics*, 45, no. 1 (1992), pp. 153–172.

Kim, Woosang and James D. Morrow, "When Do Power Shifts Lead to War?," *American Journal of Political Science*, 36, no. 4 (November 1992), pp. 896–922.

Kindleberger, Charles P., *The World in Depression, 1929–1939* (London: Allen Lane, 1973).

Kissinger, Henry A., *A World Restored: Metternich, Castlereagh and the Problems of Peace, 1812–22* (Boston: Houghton Mifflin, 1957).

Klare, Michael, *Resource Wars: The New Landscape of Global Conflict* (New York: Macmillan, 2002).

Konstan, David, *The Emotions of the Ancient Greeks: Studies in Aristotle and Classical Literature* (Toronto: University of Toronto Press, 2006).

Kratochwil, Friedrich V., *Rules, Norms, and Decisions: On the Conditions of Practical and Legal Reasoning in International Relations and Domestic Affairs* (Cambridge: Cambridge University Press, 1989).

Krausnick, Helmut, *Die Truppe des Weltanschauungskrieges: Die Einsatzgruppen der Sicherheitspolizei und des SD, 1938–1942* (Stuttgart: Deutsche Verlags-Anstalt, 1981).

Krauthammer, Charles, "The Unipolar Moment," *Foreign Affairs*, 70 (1990/1991), pp. 23–33.

"The Unipolar Moment Revisited," *National Interest*, 70 (Winter 2002), pp. 5–18.

Kupchan, Charles A., "After Pax Americana: Benign Power, Regional Integration, and the Sources of Stable Multipolarity," *International Security*, 23 (1998), pp. 40–79.

Kupchan, Charles A. and Clifford A. Kupchan, "Concerts, Collective Security, and the Future of Europe," *International Security*, 16, no. 1 (Summer 1991), pp. 114–161.

Kurki, Milja, *Causation in International Relations: Reclaiming Causal Analysis* (Cambridge: Cambridge University Press, 2008).

Kydd, Andrew, "Sheep in Sheep's Clothing: Why Security Seekers Do Not Fight Each Other," *Security Studies*, 7 (Autumn 1997), pp. 114–155.

Kyle, Keith, *Suez: Britain's End of Empire in the Middle East* (London: Tauris, 2002).

Lai, Brian and Dan Reiter, "Rally 'Round the Union Jack? Public Opinion and the Use of Force in the United Kingdom, 1948–2001," *International Studies Quarterly*, 49, no. 2 (2005), pp. 255–272.

Lapid, Yosef, "Culture's Ship: Returns and Departures in International Relations Theory," in Yosef Lapid and Friedrich Kratochwil, *The Return of Culture and Identity in IR Theory* (Boulder, CO: Lynne Rienner, 1996), pp. 3–20.

Lasswell, Harold, *National Security and Individual Freedom* (New York: McGraw-Hill, 1950).

Lawrence, Andrew, "Imperial Peace or Imperial Method? Skeptical Inquiries into Ambiguous Evidence for the 'Democratic Peace,'" in Richard Ned Lebow and Mark Lichbach, eds., *Theory and Evidence in Comparative Politics and International Relations* (New York: Palgrave-Macmillan, 2007), pp. 188–228.

Layne, Christopher, "The Unipolar Illusion: Why New Great Powers Will Arise," *International Security*, 17 (1993), pp. 5–51.

The Peace of Illusions: American Grand Strategy from 1940 to the Present (Ithaca, NY: Cornell University Press, 2006).

Lebow, Richard Ned, *Between Peace and War: The Nature of International Crisis* (Baltimore, MD: Johns Hopkins University Press, 1981).

"Miscalculation in the South Atlantic: The Origins of the Falkland War," in Robert Jervis, Richard Ned Lebow and Janice Gross Stein, *Psychology and Deterrence* (Baltimore, MD: Johns Hopkins University Press, 1984), pp. 89–124.

"Generational Learning and Foreign Policy," *International Journal*, 40 (Autumn 1985), pp. 556–585.

Nuclear Crisis Management (Ithaca, NY: Cornell University Press, 1987).

"The Long Peace, the End of the Cold War, and the Failure of Realism," *International Organization*, 48 (1994), pp. 249–277.

"Transitions and Transformations: Building International Cooperation," *Security Studies*, 6 (Spring 1997), pp. 154–179.

"Beyond Parsimony: Rethinking Theories of Coercive Bargaining," *European Journal of International Relations*, 4 (1998), pp. 31–66.

"Contingency, Catalysts and International System Change," *Political Science Quarterly*, 115, no. 4 (Winter 2000), pp. 591–616.

"Review Article: The Beginning and Ending of War," *International Historical Review*, 23 (2001), pp. 368–373.

"A Data Set Named Desire: A Reply to William P. Thompson," *International Studies Quarterly*, 47 (June 2003), pp. 475–478.

The Tragic Vision of Politics: Ethics, Interests and Orders (Cambridge: Cambridge University Press, 2003).

Coercion, Cooperation and Ethics (New York: Routledge, 2006).

A Cultural Theory of International Relations (Cambridge: Cambridge University Press, 2008).

"Constitutive Causality: Imagined Spaces and Political Practices," *Millennium*, 38, no. 2 (December 2009), pp. 1–29.

Forbidden Fruit: Counterfactuals and International Relations (Princeton, NJ: Princeton University Press, 2010).

Lebow, Richard Ned and Thomas Risse-Kappen, *International Relations and the End of the Cold War* (New York: Columbia University Press, 1995).

Lebow, Richard Ned and Janice Gross Stein, "Rational Deterrence Theory: I Think Therefore I Deter," *World Politics*, 41 (January 1989), pp. 208–224.

"Deterrence: The Elusive Dependent Variable," *World Politics*, 42 (April 1990), pp. 336–369.

We All Lost the Cold War (Princeton, NJ: Princeton University Press, 1994).

"Understanding the End of the Cold War as a Non-Linear Confluence," in Richard K. Herrmann and Richard Ned Lebow, eds., *Ending the Cold War* (New York: Palgrave, 2004), pp. 189–218.

Lebow, Richard Ned and Benjamin A. Valentino, "Lost in Transition: A Critical Analysis of Power Transition Theory," *International Relations*, 23, no. 3 (2009), pp. 389–410.

Lee, Robert D. *et al.*, *Public Budgeting Systems* (New York: Jones & Bartlett, 2004).

Leed, Eric J., *No Man's Land: Combat and Identity in World War I* (Cambridge: Cambridge University Press, 1975).

Lembcke, Jerry, *The Spitting Image: Myth, Memory, and the Legacy of Vietnam* (New York: New York University Press, 1998).

Lemke, Douglas and William Reed, "Power Is Not Satisfaction: A Comment on De Soysa, Oneal and Park," *Journal of Conflict Resolution*, 42, no. 4 (1998), pp. 511–516.

Lemke, Douglas and Suzanne Werner, "Power Parity, Commitment to Change, and War," *International Studies Quarterly*, 40, no. 2 (1996), pp. 235–260.

Lendon, J. E., *Ghosts and Soldiers: A History of Battle in Classical Antiquity* (New Haven, CT: Yale University Press, 2005).

Lenin, V. I., *State and Revolution* (Moscow: Progress Publishers, 1917).

On Imperialism (Moscow: Progress Publishers, 1973).

Lévesque, J., *The Enigma of 1989: The USSR and the Liberation of Eastern Europe*, trans. K. Martin (Berkeley, CA: University of California Press, 1997).

Levi, Ariel and Philip E. Tetlock, "A Cognitive Analysis of Japan's 1941 Decision for War," *Journal of Conflict Resolution*, 24, no. 2 (June 1980), pp. 195–211.

Levitt, Michael and Dennis Ross, *Hamas: Politics, Charity, and Terrorism in Service of Jihad* (New Haven, CT: Yale University Press, 2006).

Levy, Jack S., *War in the Modern Great Power System, 1495–1975* (Lexington, KY: University Press of Kentucky, 1983).

"The Causes of War: A Review of Theories and Evidence," in Philip E. Tetlock, Jo L. Husbands, Robert Jervis, Paul C. Stern and Charles Tilly, eds., *Behavior, Society and Nuclear War* (New York: Oxford University Press, 1989), vol. 1, pp. 209–333.

"Long Cycles, Hegemonic Transitions and the Long Peace," in Charles W. Kegley, ed., *The Long Postwar Peace* (New York: Harper-Collins, 1991), pp. 147–176.

"Learning and Foreign Policy: Sweeping a Conceptual Minefield," *International Organization*, 48, no. 2 (Spring 1994), pp. 279–312.

"Loss Aversion, Framing, and Bargaining: The Implications of Prospect Theory for International Conflict," *International Political Science Review / Revue internationale de science politique*, 17, no. 2 (1996), pp. 179–195.

"What Do Great Powers Balance Against and When?," in T. V. Paul, J. J. Wirtu and M. Fortmann, eds., *Balance of Power: Theory and Practice in the 21st Century* (Stanford, CA: Stanford University Press, 2004).

"Theory, Evidence, and Politics in the Evolution of International Relations Research Programs," in Richard Ned Lebow and Mark Lichbach, eds., *Theory and Evidence in Comparative Politics and International Relations* (New York: Palgrave-Macmillan, 2007), pp. 177–198.

"Power Transition Theory and the Rise of China," in Robert S. Ross and Zhu Feng, eds., *China's Ascent: Power, Security, and the Future of International Politics* (Ithaca, NY: Cornell University Press, 2008), pp. 11–33.

Levy, Jack S., Thomas C. Walker and Martin S. Edwards, "Continuity and Change in the Evolution of Warfare," in Zeev Maoz and Azar Gat, eds., *War in a Changing World* (Ann Arbor, MI: University of Michigan Press, 2001), pp. 15–48.

Lewis, John Wilson and Xue Litai, *China Builds the Bomb* (Stanford, CA: Stanford University Press, 1988).

Lewis, Justin, "Television, Public Opinion and the War in Iraq: The Case of Britain," *International Journal of Public Opinion Research*, 16, no. 3 (2004), pp. 295–310.

Lieber, Robert, ed., *Eagle Rules? Foreign Policy and American Primacy in the Twenty-First Century* (Englewood Cliffs, NJ: Prentice-Hall, 2002).

Lieberman, Peter, *Does Conquest Pay? The Exploitation of Occupied Industrial Societies* (Princeton, NJ: Princeton University Press, 1996).

Lipschutz, R. D., *After Authority: War, Peace, and Global Politics in the 21st Century* (Albany, NY: State University of New York Press, 2000).

Lipson, Charles, *Reliable Partners: How Democracies Have Made a Separate Peace* (Princeton, NJ: Princeton University Press, 2003).

Little, Richard, *The Balance of Power in International Relations: Metaphors, Myths and Models* (Cambridge: Cambridge University Press, 2007).

Livy, *The Early History of Rome, Books I–V of The History of Rome from its Foundations*, trans. Aubrey de Sélincourt (London: Penguin, 1960).

Logevall, Fredrik, *Choosing War: The Lost Chance for Peace and the Escalation of War in Vietnam* (Berkeley, CA: University of California Press, 1999).

Louis XIV, *Mémoires for the Instruction of the Dauphin*, trans. Paul Sonnino (New York: Free Press, 1970).

Lowe, C. J. and F. Marzari, *Italian Foreign Policy, 1870–1940* (London: Routledge & Kegan Paul, 1975).

Luard, Evan, *War in International Society: A Study in International Sociology* (New Haven, CT: Yale University Press, 1986).

Lynch, Cecilia, *Beyond Appeasement: Interpreting Interwar Peace Movement in World Politics* (Ithaca, NY: Cornell University Press, 1999).

Lynn, John A., *Giant of the Grand Siècle: The French Army, 1670-1715* (Cambridge: Cambridge University Press, 1997).

Battle: A History of Combat and Culture (Boulder, CO: Westview, 2003).

Macfie, Alec L., "Outbreak of War and the Trade Cycle," *Economic History*, 3 (February 1938), pp. 89-97.

Machinist, Peter, "Kingship and Divinity in Imperial Assyria," in Gary Beckman and Theodore J. Lewis, eds., *Text, Artifact, and Image: Revealing Ancient Israelite Religion* (Providence, RI: Brown Judaic Studies, 2006), pp. 152-188.

Mack Smith, Denis, *Mussolini* (New York: Knopf, 1982).

Mackinder, Harold J., "The Geographical Pivot of History," *Geographical Journal*, 23 (1904), pp. 421-444.

Britain and the British Seas (Oxford: Oxford University Press, 1907).

MacMillan, John, *On Liberal Peace: Democracy, War and International Order* (London: Tauris, 1998).

"Immanuel Kant and the Democratic Peace," in Beate Jahn, ed., *Classical Theory in International Relations* (Cambridge: Cambridge University Press, 2006), pp. 52-73.

Macpherson, C. B., *The Political Theory of Possessive Individualism: Hobbes to Locke* (Oxford: Oxford University Press, 1962).

Maddison, Angus, *Monitoring the World Economy: 1820-1992* (Washington, DC: Organization for Economic Co-operation and Development, 1995).

Mahan, Alfred Thayer, *The Influence of Sea Power upon History, 1600-1783* (Boston: Little, Brown, 1890).

Maier, C. S., *Dissolution: The Crisis of Communism and the End of East Germany* (Princeton, NJ: Princeton University Press, 1997).

Majeski, Stephen J. and Donald J. Sylvan, "Simple Choices and Complex Calculations: A Critique of the War Trap," *Journal of Conflict Resolution*, 28 (1984), pp. 597-618.

Mansfield, Edward D., "Concentration of Capabilities and the Onset of War," *Journal of Conflict Resolution*, 36 (1992), pp. 3-24.

Mansfield, Edward D. and Jack Snyder, "Democratization and the Danger of War," *International Security*, 20 (1995), pp. 5-38.

Electing to Fight: Why Emerging Democracies Go to War (Cambridge, MA: MIT Press, 2005).

Maoz, Zeev and Bruce Russett, "Normative and Structural Causes of the Democratic Peace," *American Political Science Review*, 87, no. 3 (1993), pp. 624-638.

Marx, Karl, *Capital*, 3 vols. (Moscow: Progress Publishers, 1966).

Maslow, Abraham H., *Motivation and Personality* (New York: Harper & Row, 1954).

Toward a Psychology of Being (Princeton, NJ: Van Nostrand, 1962).

Massie, Robert K., *Peter the Great: His Life and World* (New York: Knopf, 1980).

Mastanduno, Michael, "Preserving the Unipolar Moment: Realist Theories and US Grand Strategy after the Cold War," *International Security*, 21 (1997), pp. 44-98.

Mathews, Jenifer T., "Redefining Security," *Foreign Affairs*, 68, no. 2 (Spring 1989), pp. 162-177.

Matlock, Jack F., Jr., *Autopsy of an Empire: The American Ambassador's Account of the Collapse of the Soviet Union* (New York: Random House, 1995).

Mayer, Arno, "Domestic Causes of the First World War," in Leonard Krieger and Fritz Stern, eds., *The Responsibility of Power: Historical Essays in Honor of Hajo Holborn* (Garden City, NY: Doubleday, 1967), pp. 286-293.

McDermott, Rose, *Risk-Taking in International Politics: Prospect Theory to American Foreign Policy* (Ann Arbor, MI: University of Michigan, 1998).

ed., Special Issue of *Political Psychology* on Prospect Theory, 25 (April 2004), pp. 147-312.

McKeown, Timothy, "The Limitations of 'Structural' Theories of Commercial Policy," *International Organization*, 40 (1986), pp. 43-64.

McNamara, Robert S., *Argument Without End: In Search of Answers to the Vietnam Tragedy* (New York: Public Affairs, 1999).

Fog of War: Lessons from the Life of Robert S. McNamara, ed. James G. Blight and Janet M. Lang (Lanham, MD: Rowman & Littlefield, 2005).

Mearsheimer, John, "Back to the Future: Instability in Europe after the Cold War," *International Security*, 15, no. 1 (Summer 1990), pp. 1-56.

The Tragedy of Great Power Politics (New York: Norton, 2001).

Mearsheimer, John and Stephen Walt, *The Israel Lobby and American Foreign Policy* (New York: Farrar, Straus and Giroux, 2008).

Mermin, Jonathan, *Debating War and Peace: Media Coverage of US Intervention in the Post-Vietnam Era* (Princeton, NJ: Princeton University Press, 1999).

Merridale, Catherine, *Ivan's War: The Red Army 1939-1945* (London: Faber & Faber, 2005).

Migdal, Joel S., ed., *Boundaries and Belonging: States and Societies in the Struggle to Shape Identities and Local Practices* (Cambridge: Cambridge University Press, 2004).

Mill, John Stuart, *Principles of Political Economy* (London: Longmans, 1909).

Millis, Walter, *Arms and Men* (New York: Oxford University Press, 1956).

Modelski, George, "The Long Cycle of Global Politics and the Nation-State," *Comparative Studies in Society and History*, 10 (1978), pp. 314-335.

Exploring Long Cycles (Boulder, CO: Lynne Rienner, 1987).

Long Cycles in World Politics (Seattle: University of Washington Press, 1987).

Moe, Terry M., "On the Scientific Status of Rational Models," *American Journal of Political Science*, 23 (February 1979), pp. 215-243.

Mombauer, Annika, *Helmuth von Moltke and the Origins of the First World War* (Cambridge: Cambridge University Press, 2001).

Mommsen, Hans, *The Rise and Fall of Weimar Democracy*, trans. Elborg Forster and Larry Jones (Chapel Hill, NC: University of North Carolina Press, 1996).

Mommsen, Wolfgang J., "Domestic Factors in German Foreign Policy Before 1914," *Central European History*, 6, no. 1 (March 1972), pp. 4–18.

Mommsen, Wolfgang and Jurgen Osterhammel, eds., *Imperialism and After: Continuities and Discontinuities* (London: Allen & Unwin, 1986).

Montesquieu, Charles-Louis de, *The Spirit of the Laws*, trans. Anne M. Cohler, Bbaisa Carolyn Miller and Harold Samuel Stone (Cambridge: Cambridge University Press, 1989).

Morgan, Patrick M., "Multilateral Institutions as Restraints on Major War," in Raimo Väyrynen, ed., *The Waning of Major War: Theories and Debates* (London: Routledge, 2005), pp. 160–184.

Morgenthau, Hans J., *Scientific Man vs. Power Politics* (Chicago: University of Chicago Press, 1946).

Politics Among Nations (New York: Knopf, 1948).

In Defense of the National Interest (New York: Knopf, 1951).

Politics Among Nations, rev. by Kenneth Thompson (New York: Knopf, 1985).

Morrow, James, "A Continuous-Outcome Expected Utility Theory of War," *Journal of Conflict Resolution*, 29 (1985), pp. 473–502.

"On the Theoretical Basis of a Measure of National Risk Attitudes," *International Studies Quarterly*, 31 (1987), pp. 423–438.

Game Theory for Political Scientists (Princeton, NJ: Princeton University Press, 1994).

Mueller, John, *War, Presidents, and Public Opinion* (New York: Wiley, 1973).

Retreat from Doomsday: The Obsolescence of Major War (New York: Basic Books, 1989).

Public Opinion and the Gulf War (Chicago, Chicago University. Press, 1994).

"Accounting for the Waning of Major War," in Raimo Väyrynen, ed., *The Waning of Major War: Theories and Debates* (London: Routledge, 2005), pp. 64–79.

The Remnants of War (Ithaca, NY: Cornell University Press, 2007).

Murphy, Craig N., "Understanding IR: Understanding Gramsci," *Review of International Studies*, 24 (1998), pp. 417–425.

National Commission on Terrorist Attacks, *The 9/11 Commission Report: Final Report of the National Commission on Terrorist Attacks upon the United States* (New York: Norton, 2004).

Neiberg, Michael S., *Fighting the Great War: A Global History* (Cambridge: Harvard University Press, 2005).

Neilson, Keith, *Britain, Soviet Russia, and the Collapse of the Versailles Order, 1919–1939* (Cambridge: Cambridge University Press, 2006).

Nelson, Keith and Spencer Olin, Jr., *Why War? Ideology, Theory and History* (Berkeley, CA: University of California Press, 1979).

Neumann, Iver B., "Russia as a Great Power, 1815–2007," *Journal of International Relations and Development*, 11 (2008), p. 128.

Neustadt, Richard E., *Presidential Power: The Politics of Leadership* (New York: Wiley, 1960).

Nexon, Daniel H., *The Struggle for Power in Early Modern Europe* (Princeton, NJ: Princeton University Press, 2009).

Nicolson, Colin, *The Longman Companion to the First World War* (London: Longman 2001).

Nicolson, Harold, *The Congress of Vienna: A Study in Allied Unity: 1812–1822* (New York: Viking, 1946).

Nieberg, Michael S., *Fighting the Great War: A Global History* (Cambridge, MA: Harvard University Press, 2005).

Nietzsche, Friedrich, *Human, All Too Human (1), A Book for Free Spirits*, vol. 3, trans. Gary Handwerk (Stanford, CA: Stanford University Press, 2000).

Nipperdey, Thomas, *Germany from Napoleon to Bismarck, 1800–1866*, trans. Daniel Nolan (Princeton, NJ: Princeton University Press, 1983).

Nish, Ian, *Japan's Struggle with Internationalism* (London: Athlone, 1992).

Northedge, F. S., *The League of Nations: Its Life and Times, 1920–1946* (Oxford: Oxford University Press, 1948).

Norton, Robert E., *The Beautiful Soul: Aesthetic Morality in the Eighteenth Century* (Ithaca, NY: Cornell University Press, 1995).

Nye, Joseph S., Jr., "The Case Against Containment: Treat China Like an Enemy and That's What It Will Be," *Global Beat China Handbook*, June 22, 1998.

O'Connor, Kevin, *The History of the Baltic States* (Westport, CT: Greenwood, 2003).

Ogata, Sadako, *Defiance in Manchuria* (Berkeley, CA: University of California Press, 1964).

Oldmeadow, Julian and Susan T. Fiske, "System-Justifying Ideologies Moderate Status = Competence Stereotypes: Roles for Belief in a Just World and Social Dominance Orientation," *European Journal of Social Psychology*, 37 (2007), pp. 1135–1148.

Olson, Mancur, Jr., *The Logic of Collective Action: Public Goods and the Theory of Groups* (Cambridge, MA: Harvard University Press, 1965).

Oneal, John R. and Anna Lillian Bryan, "The Rally 'Round the Flag Effect in US Foreign Policy Crises, 1950–1985," *Political Behavior*, 17, no. 4 (1995), pp. 379–401.

Oneal, John R., Indra de Soysa and Yong-Hee Park, "But Power and Wealth Are Satisfying: A Reply to Lemke and Reed," *Journal of Conflict Resolution*, 42, no. 4 (1998), pp. 517–520.

Onuf, Nicholas G., *World of Our Making* (Columbia, SC: University of South Carolina Press, 1989).

The Republican Legacy (New York: Cambridge University Press, 1998).

Oren, Michael B., *Six Days of War: June 1967 and the Making of the Modern Middle East* (Oxford: Oxford University Press, 2002).

Organski, A. F. K., *World Politics* (New York: Knopf, 1958).

Organski, A. F. K. and Jacek Kugler, *The War Ledger* (Chicago: University of Chicago Press, 1980).

Osgood, Robert, "Woodrow Wilson, Collective Security, and the Lessons of History," *Confluence*, 5, no. 4 (Winter 1957), pp. 341–354.

Osiander, Andreas, "Sovereignty, International Relations, and the Westphalian Myth," *International Organization*, 55, no. 2 (2002), pp. 251–287.

Oye, Kenneth A., "Explaining the End of the Cold War: Morphological and Behavioral Adaptations to the Nuclear Peace," in Richard Ned Lebow and Thomas Risse-Kappen, *International Relations and the End of the Cold War* (New York: Columbia University Press, 1995), pp. 57–84.

Paine, S. C. M., *Imperial Rivals: China, Russia, and Their Disputed Frontier* (Armonk, NY: Sharpe, 1996).

The Sino-Japanese War of 1894–1895: Perceptions, Power, and Primacy (Cambridge: Cambridge University Press, 2003).

Painter, David S., *The Cold War: An International History* (London: Routledge, 1999).

Parker, Geoffrey, *The Military Revolution: Military Innovation and the Rise of the West 1500–1800*, 3rd edn. (Cambridge: Cambridge University Press, 2000).

Parsons, Talcott, *The Structure of Social Action* (New York: McGraw Hill, 1937).

Paul, T. V., "The Risk of Nuclear War Does Not Belong to History," in Raimo Väyrynen, ed., *The Waning of Major War: Theories and Debates* (London: Routledge, 2005), pp. 113–132.

The Tradition of Non-Use of Nuclear Weapons (Stanford, CA: Stanford University Press, 2009).

Pearson, Karl, *National Life from the Standpoint of Science* (London: A. C. Black, 1905).

Peltonen, Markku, *The Duel in Early Modern England: Civility, Politeness and Honour* (Cambridge: Cambridge University Press, 2003).

Petersen, Roger D., *Understanding Ethnic Violence: Fear, Hatred, and Resentment in Twentieth-Century Eastern Europe* (Cambridge: Cambridge University Press, 2002).

Pfaff, Steven, "The Religious Divide: Why Religion Seems to Be Thriving in the United States and Waning in Europe," in Jeffrey Kopstein and Sven Steinmo, eds., *Growing Apart? America and Europe in the Twenty-First Century* (New York: Cambridge University Press, 2007), pp. 24–52.

Pflanze, Otto, *Bismarck and the Development of Germany: The Period of Unification, 1815–1871* (New York: Macmillan, 1961).

Phillips, David L., *Losing Iraq: Inside the Postwar Reconstruction Fiasco* (Boulder, CO: Westview, 2005).

Phillips, H. and David Killingray, *The Spanish Influenza Pandemic of 1918–19* (New York: Routledge, 2003), p. 7.

Phillips, Kevin, *American Dynasty: Aristocracy, Fortune, and the Politics of Deceit in the House of Bush* (New York: Viking, 2004).

Plato, *Crito*, in Plato, *The Collected Dialogues*, ed. Edith Hamilton and Huntington Cairns (Princeton, NJ: Princeton University Press, 1961).

    Republic, ed. and trans. I. A. Richards (Cambridge: Cambridge University Press, 1996).

Polybius, *The Rise of the Roman Empire*, trans. Ian Scott-Kilvery (London: Penguin, 1979).

Powell, Robert, *In the Shadow of Power: States and Strategies in International Politics* (Princeton, NJ: Princeton University Press, 1999).

    "War as a Commitment Problem," *International Organization*, 60 (2006), pp. 169–203.

Rapoport, Anatol, *Strategy and Conscience* (New York: Harper & Row, 1964).

Rasler, Karen A. and William R. Thompson, *The Great Powers and Global Struggle, 1490–1980* (Lexington, KY: University of Kentucky Press, 1994).

Rawls, John, *A Theory of Justice*, rev. edn. (Cambridge, MA: Harvard University Press, 1999).

Ray, James Lee, "Democracy: On the Level(s), Does Democracy Correlate with Peace?," in John A. Vasquez, ed., *What Do We Know About War?* (Lanham, MD: Rowman & Littlefield, 2000), pp. 299–318.

Raymond, Gregory A., "International Norms: Normative Orders and Peace," in John A. Vasquez, ed., *What Do We Know About War?* (Lanham, MD: Rowman & Littlefield, 2000), pp. 281–297.

Reiter, Dan, "Exploding the Powder Keg Myth: Preemptive Wars Almost Never Happen," *International Security*, 20 (Fall 1995), pp. 5–34.

Reus-Smit, Christian, *The Moral Purpose of the State: Culture, Social Identity, and Institutional Rationality in International Relations* (Princeton, NJ: Princeton University Press, 1999).

Rhodes, Richard, *The Making of the Atomic Bomb* (New York: Simon & Schuster, 1986).

Rich, Frank, *The Greatest Story Ever Sold* (New York: Penguin, 2006).

Rich, Norman, *Hitler's War Aims*, 2 vols. (New York: Norton, 1973–1974).

Richardson, Lewis F., *The Statistics of Deadly Quarrels*, ed. Quincy Wright and C. C. Lienau (Pittsburgh, PA: Boxwood Press, 1960).

Richelson, Jeffrey, "Population Targeting and US Strategic Doctrine," in Desmond Ball and Jeffrey Richelson, eds. *Strategic Nuclear Targeting* (Ithaca, NY: Cornell University Press, 1986), pp. 234–249.

Ricks, Thomas E., *Fiasco: The American Military Adventure in Iraq* (New York: Penguin, 2006).

Ringmar, Erik, *Identity, Interest and Action: A Cultural Explanation of Sweden's Intervention in the Thirty Years War* (Cambridge: Cambridge University Press, 1996).

Ritter, Gerhard, *The Schlieffen Plan*, trans. Andrew Wilson and Eva Wilson (New York: Praeger, 1958).

Roberts, Penfield, *The Quest for Security, 1715–1740* (New York: Harper & Row, 1947).

Robinson, Ronald and John Gallagher, "The Imperialism of Free Trade," *Economic History Review*, 6 (1953), pp. 1–15.

Robinson, Ronald and John Gallagher with Alice Denny, *Africa and the Victorians: The Climax of Imperialism in the Dark Continent* (New York: St. Martin's, 1961).

Rose, Gideon, "Neoclassical Realism and Theories of Foreign Policy," *World Politics*, 51, no. 1 (1998), pp. 144–172.

Rosecrance, Richard, "Bipolarity, Multipolarity, and the Future," *Journal of Conflict Resolution*, 10 (1966), pp. 314–327.

The Rise of the Trading State: Commerce and Conquest in the Modern World (New York: Basic Books, 1986).

Rosenau, James R., "New Dimensions of Security: The Interaction of Globalizing and Localizing Dynamics," *Security Dialogue*, 25, no. 3 (1994), pp. 255–281.

Rosenberg, Arthur, *Imperial Germany: The Birth of the German Republic, 1871–1918*, trans. Ian Morrow (Boston: Beacon Press, 1964 [1928]).

Ross, Robert S. and Zhu Feng, *China's Ascent: Power, Security and the Future of International Politics* (Ithaca, NY: Cornell University Press, 2008).

"The Rise of China: Theoretical and Policy Perspectives," in Robert S. Ross and Zhu Feng, *China's Ascent: Power, Security and the Future of International Politics* (Ithaca, NY: Cornell University Press, 2008), pp. 293–316.

Rotberg, Robert I., ed., *When States Fail: Causes and Consequences* (Princeton, NJ: Princeton University Press, 2004).

Rousseau, David L., *Democracy and War: Institutions, Norms, and the Evolution of International Conflict* (Stanford, CA: Stanford University Press, 2005).

Rousseau, Jean-Jacques, *Du Contrat Social* (Paris: Editions Garnier Frères, 1962).

Discourse on the Origin and Foundations of Inequality (Second Discourse), in Roger D. Masters, ed., trans. Roger D. Masters and Judith R. Masters, *The First and Second Discourses* (New York: St. Martin's, 1964), pp. 77–229.

Rozman, Gilbert, "Japan's Quest for Great Power Identity," *Orbis* (Winter 2002), pp. 73–91.

Rubin, Mark and Miles Hewstone, "Social Identity Theory's Self-Esteem Hypothesis: A Review and Some Suggestions for Clarification," *Personality and Social Psychology Review*, 2 (1998), pp. 40–62.

Ruggie, John G., "Multilateralism: The Anatomy of an Institution," in John G. Ruggie, ed., *Multilateralism Matters: The Theory and Practice of an International Form* (New York: Columbia University Press, 1993).

Rummell, Rudolph J., "Libertarianism and International Violence," *Journal of Conflict Resolution*, 27 (1983), pp. 27–71.

Rumsfeld, Donald H., "Transforming the Military," *Foreign Affairs*, 81, no. 3 (May/June 2002), pp. 20–32.

Russett, Bruce R., *Grasping the Democratic Peace: Principles for a Post-Cold War World* (Princeton, NJ: Princeton University Press, 1993).

Russett, Bruce R., and John Oneal, *Triangulating Peace: Democracy, Interdependence, and International Organizations* (New York: Norton, 2001).

Sabrovky, Allan Ned, ed., *Polarity and War: The Changing Structure of International Conflict* (Boulder, CO: Westview, 1985).

Sadao, Asada, "The Japanese Navy and the United States," in Dorothy Borg and Shumpei Okamoto, eds., *Pearl Harbor as History* (New York: Columbia University Press, 1973), pp. 225–260.

Safire, William, "Useful Idiots of the West," *New York Times*, April 12, 1987.

Safran, Nadav, *From War to War: The Arab-Israeli Confrontation, 1848–1967* (New York: Pegasus, 1969).

Israel: The Embattled Ally (Cambridge, MA: Harvard University Press, 1978).

Sagan, Carl and Richard Turco, *Where No Man Thought: Nuclear Winter and the End of the Arms Race* (New York: Random House, 1990).

Sagan, Scott D., *Limits of Safety: Organizations, Accidents, and Nuclear Weapons* (Princeton, NJ: Princeton University Press, 1983).

"More Will Be Worse," in Scott D. Sagan and Kenneth N. Waltz, *The Spread of Nuclear Weapons: A Debate Renewed* (New York: Norton, 2003), pp. 46–87.

Sagan, Scott D. and Kenneth N. Waltz, *The Spread of Nuclear Weapons: A Debate Renewed* (New York: Norton, 2003).

Sage, Jesse and Liora Kasten, eds., *Enslaved: True Stories of Modern Day Slavery* (London: Palgrave Macmillan, 2008).

Salisbury, Harrison, *The 900 Days: The Siege of Leningrad* (New York: Harper & Row, 1969).

Samuels, Richard J., *Securing Japan: Tokyo's Grand Strategy and the Future of East Asia* (Ithaca, NY: Cornell University Press, 2007).

Sanderson, G. N., *England, Europe and the Upper Nile* (Edinburgh: Edinburgh University Press, 1965).

Schechter, Danny, "Selling the Iraq War: The Media Management Strategies We Never Saw," in Yahya Kamalipour and Nancy Snow, eds., *War, Media, and Propaganda: A Global Perspective* (Boulder, CO: Rowman & Littlefield, 2004), pp. 25–32.

Schelling, Thomas, *Arms and Influence* (New Haven, CT: Yale University Press, 1966).

Scheuerman, William E., *Hans Morgenthau: Realism and Beyond* (Cambridge: Polity, 2009).

Schmidt, Brian C., "Anarchy, World Politics and the Birth of a Discipline: American International Relations, Pluralist Theory and the Myth of Interwar Idealism," *International Relations*, 16 (April 2002), pp. 9–32.

Schroeder, Paul W., "World War I as Galloping Gertie: A Reply to Joachim Remak," *Journal of Modern History*, 44 (September 1972), pp. 319–345.

"The 19th Century International System: Changes in Structure," *World Politics*, 39, no. 1 (October 1986), pp. 1–26.

The Transformation of European Politics, 1763–1848 (Oxford: Oxford University Press, 1994).

"International Politics, Peace and War, 1815–1914," in T. C. W. Blanning, ed., *The Nineteenth Century* (Oxford: Oxford University Press, 2000), pp. 158–209.

"The Life and Death of a Long Peace, 1763–1914," in Raimo Väyrynen, ed., *The Waning of Major War: Theories and Debates* (London: Routledge, 2005), pp. 33–62.

Schultz, Kenneth, *Democracy and Coercive Diplomacy* (Cambridge: Cambridge University Press, 2001).

Schulze, Hagen, "The Prussian Military State, 1763–1806," in Philip G. Dwyer, ed., *The Rise of Prussia, 1700–1830* (London: Longmans, 2000), pp. 201–219.

Schumpeter, Joseph A., *Imperialism and Social Classes*, trans. Heinz Norden (New York: Kelley, 1951).

Capitalism, Socialism, and Democracy (New York: Harper & Row, 1963).

The Theory of Economic Development (New Brunswick, NJ: Transaction, 1983).

Schweller, Randall L., "Bandwagoning for Profit: Bringing the Revisionist State Back In," *International Security*, 19 (1994), pp. 72–107.

Deadly Imbalances: Tripolarity and Hitler's Strategy of World Conquest (New York: Columbia University Press, 1998).

Scott, H. M., *The Birth of a Great Power System, 1740–1815* (London: Pearson Longman, 2006).

Seabrooke, Leonard, "The Economic Taproot of US Imperialism: The Bush Rentier Shift," *International Politics*, 41 (2004), pp. 293–318.

Seaward, Paul, *The Cavalier Parliament and the Reconstruction of the Old Regime, 1661–67* (Cambridge: Cambridge University Press, 1989).

Seigel, Jerrold E., *The Idea of the Self: Idea and Experience in Western Europe Since the Seventeenth Century* (Cambridge: Cambridge University Press, 2005).

Seiler, Bernd, "'Dolchstoss' und 'Dolchstosslegende'," *Zeitschrift für Deutsche Sprache*, 22 (1966), pp. 1–20.

Selden, Mark and Kuoko Selden, *The Atomic Bomb: Voices from Hiroshima and Nagasaki* (New York: M. E. Sharpe, 1989).

Senese, Paul and John A. Vasquez, *Steps to War: An Empirical Study* (Princeton, NJ: Princeton University Press, 2008).

Songhaas, Dieter, "Zivilisierung und Gewalt Wie den Frieden gewinnen?," in
W. R. Vogt, ed., *Frieden als Zivilisierungsprojekt - Neue Herausfoderungen an die Friedens- un Konfliktforschuung* (Baden-Baden: Nomos, 1995), pp. 37–55.

Shambaugh, David, "China Engages Asia: Reshaping the Regional Order," *International Security*, 29 (Winter 2004/2005), pp. 64–99.

Shapland, Greg, *Rivers of Discord* (New York: St. Martin's, 1997).

Shirer, William L., *Berlin Diary: The Journal of a Correspondent, 1934–1941* (New York: Knopf, 1942).

Shirk, Susan, *China: Fragile Superpower* (New York: Oxford University Press, 2007).

Shotter, John, "Social Accountability and the Social Construction of 'You'," in John Shotter and Kenneth. J. Gergen, eds., *Texts of Identity* (London: Sage, 1989), pp. 133–151.

Shoup, David, Document 25: Note by the Secretaries to the Joint Chiefs of Staff on Review of the NSTL/SIOP-62 and Related Policy Guidance, JCS 2056/220, "The Creation of SIOP-62: More Evidence on the Origins of Overkill," 11 February 1961, www.gwu.edu/~nsarchiv/NSAEBB/NSAEBB130/SIOP-25.pdf.

Simmel, Georg, *Englischsprachige Veröffentlichungen, 1893–1910* (Frankfurt: Suhrkamp, 2008).

Simmons, Robert B., *The Strained Alliance: Peking, Pyongyang, Moscow, and the Politics of the Korean Civil War* (New York: Free Press, 1975).

Simms, Brendan, *The Impact of Napoleon: Prussian High Politics, Foreign Policy and the Crisis of the Executive, 1797–1806* (Cambridge: Cambridge University Press, 1997).

Three Victories and a Defeat: The Rise and Fall of the First British Empire, 1714–1788 (London: Penguin, 2007).

Singer, J. David and Melvin Small, *The Wages of War, 1816–1965* (New York: Wiley, 1972).

Small, Melvin and David J. Singer, "The War-Proneness of Democratic Regimes, 1816–1965," *Jerusalem Journal of International Relations*, 1 (1976), pp. 50–69.

Smith, Adam, *The Theory of Moral Sentiments* (Cambridge: Cambridge University Press, 2002 [1759]).

The Wealth of Nations (New York: Modern Library, 1937).

Smith, Alastair, "International Crises and Domestic Politics," *American Political Science Review*, 92, no. 3 (1998), pp. 623–638.

Smith, Tony, *The Pattern of Imperialism: The United States, Great Britain, and the Late-Industrializing World Since 1815* (Cambridge: Cambridge University Press, 1981).

Smolin, Lee, *The Trouble with Physics* (New York: Penguin Books, 2007).

Snyder, Jack L., *The Ideology of the Offensive: Military Decision Making and the Disasters of 1914* (Ithaca, NY: Cornell University Press, 1984).

Solingen, Etel, "Regional Conflict and Cooperation: The Case of Southeast Asia," Case Study, Columbia International Affairs Online, September 2001.

    Nuclear Logics: Contrasting Paths in East Asia and the Middle East (Princeton, NJ: Princeton University Press, 2007).

Sophocles, "Antigone," in D. Slavitt and P. Bovie, eds., *Sophocles*, 2, trans. K. Cherry (Philadelphia: University of Pennsylvania Press, 1999).

Sørensen, Georg, *Changes in Statehood: The Transformation of International Relations* (London: Palgrave, 2001).

"Soviet Archival Documents on the Hungarian Revolution, 24 October–4 November 1956," trans. Johann Granville, in *Cold War International History Project Bulletin*, no. 5 (Spring 1995), pp. 22–23, 29–34.

Spanier, John, *The Truman–MacArthur Controversy and the Korean War*, rev. edn. (New York: Norton, 1965).

Spector, Ronald H., *The American War with Japan: Eagle Against the Sun* (New York: Free Press, 1985).

Spencer, Herbert, *Principles of Sociology* (New York: D. Appleton, 1906).

Spruyt, Hendrik, "Normative Transformations in International Relations and the Waning of Major War," in Raimo Väyrynen, ed., *The Waning of Major War: Theories and Debates* (London: Routledge, 2005), pp. 185–226.

Stein, Janice Gross, "Calculation, Miscalculation, and Conventional Deterrence 1: The View from Cairo," in Robert Jervis, Richard Ned Lebow and Janice Gross Stein, *Psychology and Deterrence* (Baltimore, MD: Johns Hopkins University Press, 1984), pp. 34–59.

    "Threat-Based Strategies of Conflict Management: Why Did They Fail in the Gulf?," in Stanley A. Renshon, ed., *Political Psychology of the Gulf War: Leaders, Publics, and the Process of Conflict* (Pittsburgh, PA: University of Pittsburgh Press, 1993), pp. 121–154.

Stern, Fritz, "Bethmann Hollweg and the War: The Limits of Responsibility," in Leonard Krieger and Fritz Stern, eds., *The Responsibility of Power: Historical Essays in Honor of Hajo Holborn* (Garden City, NY: Doubleday, 1967), pp. 271–307.

Stern, Jessica, *The Ultimate Terrorists* (Cambridge, MA: Harvard University Press, 1999).

Stevenson, David, *The First World War and International Politics* (Oxford: Oxford University Press, 1998).

Stiglitz, Joseph and Linda Bilmes, *Three Trillion Dollar War: The True Cost of the Iraq Conflict* (New York: Norton, 2008).

Storry, Richard, *Double Patriots: A Study of Japanese Nationalism* (Boston: Houghton, Mifflin, 1957).

Strang, David, "Anomaly and Commonplace in European Political Expansion," *International Organization*, 45 (1991), pp. 143–162.

Strauss, Leo, *The Political Philosophy of Hobbes, Its Basis and Its Genesis*, trans. Elsa M. Sinclair (Chicago: University of Chicago Press, 1952).

Stuart, Douglas T., *Creating the National Security State: A History of the Law That Transformed America* (Princeton, NJ: Princeton University Press, 2008).

Suganami, Hidemi, *On the Causes of War* (Oxford: Oxford University Press, 1996).

"Explaining War: Some Critical Observations," *International Relations*, 16, no. 3 (December 2002), pp. 307–326.

Sun, Youli, *China and the Origins of the Pacific War, 1931–41* (New York: St. Martin's, 1993).

Suskind, Ron, *The One Percent Doctrine: Deep Inside America's Pursuit of Its Enemies Since 9/11* (New York: Simon & Schuster, 2006).

Sutter, Robert G., *China's Rise in Asia: Promises, and Perils* (Lanham, MD: Rowman & Littlefield, 2005).

Suzuki, Susumu, Volker Krause and J. David Singer, "The Correlates of War Project: A Bibliographic History of the Scientific Study of War and Peace, 1964–2002," http://sitemaker.umich.edu/jdsinger/files/cow_bibliographi chistory_071202f_04_07_06_.pdf.

Swaine, Michael D. and Ashley J. Tellis, *Interpreting China's Grand Strategy: Past, Present, and Future* (Santa Monica, CA: RAND, 2000).

Swann, Julian, "Politics and the State in Eighteenth Century Europe," in T. C. W. Blanning, ed., *The Eighteenth Century: Europe, 1688–1815* (Oxford: Oxford University Press, 2000), pp. 11–51.

Szulc, Tad, *Fidel: A Critical Portrait* (New York: Morrow, 1986).

Tammen, Ronald L., Jacek Kugler, Douglas Lemke, Carole Alsharabati, Brian Efird and A. F. K. Organski, *Power Transitions: Strategies for the 21st Century* (New York: Seven Bridges, 2000).

Tannenwald, Nina, *The Nuclear Taboo: The United States and the Nonuse of Nuclear Weapons Since 1945* (New York: Cambridge University Press, 2007).

Taubman, William, *Khrushchev: The Man and His Era* (New York: Norton, 2003).

Taylor, A. J. P., *The Struggle for Mastery in Europe, 1848–1918* (New York: Oxford University Press, 1954).

The Origins of the Second World War (London: Hamish Hamilton, 1961).

Taylor, Charles, "The Politics of Recognition," in Amy Gutmann, ed., *Multiculturalism: Examining the Politics of Recognition* (Princeton, NJ: Princeton University Press, 1994), pp. 25–74.

Taylor, Donald M., "Multiple Group Membership and Self-Identity," *Journal of Cross-Cultural Psychology*, 12 (1981), pp. 61–79.

Tellis, Ashley J., "A Grand Chessboard," *Foreign Policy*, no. 146 (January/February 2005), pp. 52–54.

Tetlock, Philip E., "Accountability and Complexity of Thought," *Journal of Personality and Social Psychology*, 45 (July 1983), pp. 74–83.

Thompson, William R., "Cycles, Capabilities and War: An Ecumenical View," in William R. Thompson, ed., *Contending Approaches to World System Analysis* (Beverly Hills, CA: Sage, 1983).

"Uneven Economic Growth, Systemic Challenges, and Global War," *International Studies Quarterly*, 27 (1983), pp. 341-355.

"Polarity, the Long Cycle and Global Power Warfare," *Journal of Conflict Resolution*, 30 (1986), pp. 587-615.

ed., *Great Power Rivalries* (Columbia, SC: University of South Carolina Press, 1989).

"A Street Car Named Sarajevo: Catalysts, Multiple Causality Chains, and Rivalry Structures," *International Studies Quarterly*, 47, no. 3 (September 2003), pp. 453-474.

Thucydides, *History of the Peloponnesian War*, Books I-II (Cambridge, MA: Harvard University Press, 1919).

Tilly, Charles, "War Making and State Making as Organized Crime," in Peter B. Evans, Dietrich Rueschemeyer and Theda Skocpol, eds., *Bringing the State Back In* (Cambridge: Cambridge University Press, 1985), pp. 169-191.

Coercion, Capital, and European States, AD 990-1990 (Cambridge: Blackwell, 1990).

Tocqueville, Alexis de, *Democracy in America*, trans. and ed. Harvey C. Mansfield and Debra Winthrop (Chicago: University of Chicago Press, 2000).

Tolstoy, Leo, *Essays, Letters and Miscellanies* (New York: Charles Scribner's Son, 1911), vol. I.

Toynbee, Arnold, *A Study of History*, vol. 9 (New York: Oxford University Press, 1954).

Treasure, G. R. R., *The Making of Modern Europe, 1648-1780* (New York: Methuen, 1985).

Treitschke, Heinrich von, *Politics*, 2 vols. (New York: Macmillan, 1916).

Tucker, Spencer, *The Encyclopedia of World War I: A Political, Social, and Military History* (Santa Barbara, CA: ABC-CLIO, 2005), vol. 1.

Tucker, Spencer and Priscilla Roberts, *The Encyclopedia of World War II: A Political, Social, and Military History* (Santa Barbara: ABC-CLIO, 2005), vol. 1.

Turner, Stephen, "Introduction," in *The Cambridge Companion to Weber* (Cambridge: Cambridge University Press, 2000).

Turco, R. P., O. B. Toon, T. P. Ackerman, J. B. Pollack and C. Sagan, "Nuclear Winter: Global Consequences of Multiple Nuclear Explosions," *Science*, 222, no. 4630 (December, 23 1983).

Tyler, Tom R., "Psychological Perspectives on Legitimacy and Legitimation," *Annual Review of Psychology*, 57 (January 2006), pp. 375-400.

Ullman, Richard H., "Redefining Security," *International Security*, 8, no. 1 (Summer 1983), pp. 129-153.

United States Arms Control and Disarmament Agency, *The Effects of Nuclear War* (Washington, DC: Arms Control and Disarmament Agency, April 1979), pp. 16–17.

United States Congress, Office of Technology Assessment, *The Effects of Nuclear War* (London: Croom Helm, 1980), pp. 100–101.

United States Congress, Senate, Committee on Armed Services, *Nuclear Winter and Its Implications*, Hearings before Committee on Armed Services, United States Senate, Ninety-Ninth Congress, First Session, October 2 and 3, 1985 (Washington, DC: Government Printing Office, 1986).

Valentino, Benjamin and Nicholas Valentino, "An Army of the People? National Guard and Reserve Casualties and Public Support for War," unpublished paper.

Van Creveld, Martin, "The Waning of Major War," in Raimo Väyrynen, ed., *The Waning of Major War: Theories and Debates* (London: Routledge, 2005), pp. 97–113.

Van Dyke, Carl, *The Soviet Invasion of Finland, 1939–40* (Portland, OR: Cass, 1997).

Van Evera, Stephen, *Causes of War: Power and the Roots of Conflict* (Ithaca, NY: Cornell University Press, 1999).

Van Wees, Hans, *Greek Warfare: Myth and Realities* (London: Duckworth, 2004).

Vasquez, John A., *Power of Power Politics: A Critique* (New Brunswick, NJ: Rutgers University Press, 1983).

The War Puzzle (Cambridge: Cambridge University Press, 1993).

"Why Do Neighbors Fight? Proximity, Interaction, or Territoriality?," *Journal of Peace Research*, 32, no. 3 (1995), pp. 277–293.

ed., *What Do We Know About War?* (Lanham, MD: Rowman & Littlefield, 2000).

"Reexamining the Steps to War: New Evidence and Empirical Insights," in Manus Midlarsky, ed., *Handbook of War Studies II* (Ann Arbor, MI: University of Michigan Press, 2006), pp. 371–406.

Väyrynen, Raimo, "Economic Cycles, Power Transitions, Political Management and Wars Between Major Powers," *International Studies Quarterly*, 27 (1983), pp. 389–418.

"Introduction," in Raimo Väyrynen, ed., *The Waning of Major War: Theories and Debates* (London: Routledge, 2005), pp. 1–30.

ed., *The Waning of Major War: Theories and Debates* (London: Routledge, 2005).

Veblen, Thorstein, *An Inquiry into the Nature of Peace and the Terms of Its Perpetuation* (New York: Macmillan, 1917).

The Theory of the Leisure Class: An Economic Study in the Evolution of Institutions (New York: Modern Library, 1934).

Vermes, Gabor, *István Tisza: The Liberal Vision and Conservative Statecraft of a Magyar Nationalist* (New York: Columbia University Press, 1985).

Volkogonov, Dimitri, *Stalin: Triumph and Tragedy*, ed. and trans. Harold Shukman (London: Weidenfeld & Nicolson, 1991).

　Lenin: A New Biography, trans. Harold Shukman (New York: Simon & Schuster, 1994).

Wakabayashi, Bob Tadashi, *What Really Happened in Nanking: Refutation of a Common Myth* (Tokyo: Shuppan, 2002).

Wallensteen, Peter, "Trends in Major War: Too Early for Warning," in Raimo Väyrynen, ed., *The Waning of Major War: Theories and Debates* (London: Routledge, 2005), pp. 80–94.

Wallerstein, Imanuel, *The Politics of the World Economy* (Cambridge: Cambridge University Press, 1984).

Walt, Stephen M., *The Origins of Alliances* (Ithaca, NY: Cornell University Press, 1987).

Walt, Stephen M. and John J. Mearsheimer, *The Israel Lobby and US Foreign Policy* (New York: Farrar, Straus and Giroux, 2007).

Walters, Francis Paul, *A History of the League of Nations* (New York: Oxford University Press, 1952).

Waltz, Kenneth N., *Man, the State, and War* (New York: Columbia University Press, 1959).

　Theory of International Politics (Boston: Addison-Wesley, 1979).

　"The Spread of Nuclear Weapons: More May Better," Adelphi Paper 171 (London: International Institute for Strategic Studies, 1981).

　"The Emerging Structure of International Politics," *International Security*, 18 (1993), pp. 44–79.

　"International Relations Is Not Foreign Policy," *Security Studies*, 6 (1996), pp. 54–57.

　"Evaluating Theories," *American Political Science Review*, 91, no. 4 (December 1997), pp. 913–917.

　"Structural Realism after the Cold War," *International Security*, 25, no. 1 (Summer 2000), pp. 5–41.

Watkins, Shanea and James Sherk, *Who Serves in the US Military? The Demographics of Enlisted Troops and Officers* (Washington, DC: Heritage Foundation Center for Data Analysis Report, 2008).

Watson, Adam, *The Evolution of International Society: A Comparative Historical Analysis* (New York: Palgrave, 1992).

Wawro, Geoffrey, *The Franco-Prussian War: The German Conquest of France, 1870–1871* (Cambridge: Cambridge University Press, 2003).

Weber, Max, *"Objectivity" in Social Science and Social Policy*, trans. and ed. Edward A. Shils and Henry A. Finch (Glencoe, IL: Free Press, 1949 [1904]).

"The Profession and Vocation of Politics," in Peter Lassman and Ronald Speirs, *Political Writings* (Cambridge: Cambridge University Press, 1994).

Wehler, Hans-Ulrich, *Der deutsche Kaiserreich, 1871-1918* (Göttingen: Vandenhoek and Ruprecht, 1977).

Weigley, Russell F., *The Age of Battles: The Quest for Decisive Warfare from Breitenfeld to Waterloo* (Bloomington, IN: Indiana University Press, 1991).

Weinberg, Gerhard L., *The Foreign Policy of Hitler's Germany*, 2 vols. (Chicago: University of Chicago Press, 1970-1980).

A World at Arms: A Global History of World War II (Cambridge: Cambridge University Press, 1994).

Welch, David A., ed., *Proceedings of the Hawk Key Conference on the Cuban Missile Crisis, 5-8 March 1987* (Cambridge, MA: Harvard University, Center for Science and International Affairs, Working Paper 89-1, 1989).

Painful Choices: A Theory of Foreign Policy Change (Princeton, NJ: Princeton University Press, 2005).

Wendt, Alexander E., *A Social Theory of International Politics* (Cambridge: Cambridge University Press, 1999).

Westad, Odd Arne, ed., *Reviewing the Cold War: Approaches, Interpretations, Theory* (London: Frank Cass, 2000).

The Global Cold War: Third World Interventions and the Making of Our Times (Cambridge: Cambridge University Press, 2003).

White, Donald W., "The Nature of World Power in American History: An Evaluation at the End of World War II," *Diplomatic History*, 11, no. 3, pp. 181-202.

Whiting, Alan S., *China Crosses the Yalu: The Decision to Enter the Korean War* (New York: Macmillan, 1960).

Wight, Martin, "The Balance of Power," in Herbert Butterfield and Martin Wight, eds., *Diplomatic Investigations: Essays in the Theory of International Politics* (London: Allen & Unwin, 1966), pp. 149-175.

Systems of States (Leicester: Leicester University Press, 1977).

Wilde, Oscar, "The Critic as Artist," in Richard Aldington, ed., *The Portable Oscar Wilde* (New York: Viking, 1946), pp. 51-137.

Williamson, Samuel R., *Austria-Hungary and the Coming of the First World War* (London: Macmillan, 1990).

Wilson, Charles, *Profit and Power: A Study of the England and Dutch Wars* (Cambridge: Cambridge University Press, 1957).

Wilson, Trevor, *The Myriad Faces of War: Britain and the Great War, 1914-1918* (London: Polity Press, 1986).

Winch, P. G., *Idea of a Social Science and Its Relation to Philosophy* (London: Routledge and Kegan Paul, 1958).

Wohl, Robert, *The Generation of 1914* (Cambridge, MA: Harvard University Press, 1979).

Wohlforth, William C., "Realism and the End of the Cold War," *International Security*, 19 (Winter 1994–1995), pp. 91–129.

"Stability of a Unipolar World," *International Security*, 24, no. 2 (Summer 1999), pp. 5–41.

"US Strategy in a Unipolar World," in G. John Ikenberry, *America Unrivaled: The Future of the Balance of Power* (Ithaca, NY: Cornell University Press, 2002), pp. 98–118.

Wohlforth, William C., "The Comedy of Errors. A Reply to Mette Eilstrup-Sangiovanni," *European Journal of International Relations*, 15, no. 2 (June 2009), pp. 381–388.

Woit, Peter, *Not Even Wrong: The Failure of String Theory and the Search for Unity in Physical Law* (New York: Basic Books, 2006).

Wolf, John B., *The Emergence of the Great Powers, 1685–1715* (New York: Harper & Row, 1951).

Wolf, Matt W., "Stumbling Toward War: The Soviet Decision to Invade Afghanistan," *Past Imperfect*, 12 (2006), pp. 1–19.

Wolfe, Bertram D., *An Ideology in Power: Reflections on the Russian Revolution* (New York: Stein and Day, 1969).

Wolfers, Arnold, *Discord and Collaboration: Essays on International Politics* (Baltimore, MD: Johns Hopkins University Press, 1962).

Wong, J. W., *Deadly Dreams: Opium, Imperialism, and the Arrow War (1856–1860) in China* (Cambridge: Cambridge University Press, 1998).

Woodward, Bob, *Plan of Attack* (New York: Simon & Schuster, 2004).

State of Denial (New York: Simon & Schuster, 2006).

Wright, Quincy, *A Study of War*, rev. edn. (Chicago: University of Chicago Press, 1965 [1942]).

Wyatt-Brown, Bertram, *Southern Honor: Ethics and Behavior in the Old South* (New York: Oxford University Press, 1986).

The Shaping of Southern Culture: Honor, Grace and War, 1760s–1890s (Chapel Hill, NC: University of North Carolina Press, 2001).

Xu, Yao, *Cong Yalujiang dao Banmendian* [From the Yalu River to Panmunjom] (Beijing: Beijing People's Press, 1985).

Yack, Bernard, *The Fetishism of Modernities: Epochal Self-Consciousness in Contemporary Social and Political Thought* (Notre Dame, IN: University of Notre Dame Press, 1997).

Yates, Robin, "The Song Empire: The World's First Superpower?," in Philip A. Tetlock, Richard Ned Lebow and Geoffrey Parker, eds., *Unmaking the West: "What-If" Scenarios That Rewrite World History* (Ann Arbor, MI: University of Michigan Press, 2006), pp. 205–40.

Yee, Albert S., "Realist Analyses of China's Rise: Theory-Specific Derivations of Core Defense and Auxiliary Emendations," unpublished paper.

Ymiv, Steven A., *Explaining Foreign Policy: US Decision-Making and the Persian Gulf War* (Baltimore, MD: Johns Hopkins University Press, 2004).

Zacher, Mark W., "The Territorial Integrity Norm: International Boundaries and the Use of Force," *International Organization*, 55, no. 2 (Spring 2001), pp. 215–250.

Zagare, Frank, "Review of *The War Trap*," *American Political Science Review*, 76 (1982), pp. 738–739.

Zelditch, M., "Process of Legitimation: Recent Developments and New Directions," *Social Psychology Quarterly*, 64, no. 1 (2001), pp. 4–17.

Zelditch, M. and H. A. Walker, "Normative Regulation of Power," in Shane R. Thye and Edward J. Lawler, eds., *Advances in Group Processes* (Greenwich: JAI Press, 2000).

Zeller, Gaston, "French Diplomacy and Foreign Policy in Their European Setting," in *New Cambridge Modern History* (Cambridge: Cambridge University Press, 1970). vol. 5, pp. 68–72.

Zhang, Shugang, *Mao's Military Romanticism: China and the Korean War, 1950–1953* (Lawrence, KS: University Press of Kansas, 1995).

Zuber, Terence, *Inventing the Schlieffen Plan: German War Planning, 1871–1914* (Oxford: Oxford University Press, 2002).

Zubok, Vladislav, "Why Did the Cold War End in 1989? Explanations of 'The Turn'," in Odd Arne Westad, ed., *Reviewing the Cold War: Approaches, Interpretations, Theory* (London: Frank Cass, 2000), pp. 343–367.

图书在版编目(CIP)数据

国家为何而战？：过去与未来的战争动机/(美)
理查德·内德·勒博(Richard Ned Lebow)著；陈定定，
段啸林，赵洋译. —上海：上海人民出版社，2016
(东方编译所译丛)
书名原文：Why Nations Fight：Past and Future
Motives for War
ISBN 978 - 7 - 208 - 13838 - 4

Ⅰ.①国… Ⅱ.①理…②陈…③段…④赵… Ⅲ.
①战争理论 Ⅳ.①D068

中国版本图书馆 CIP 数据核字(2016)第 121192 号

责任编辑　潘丹榕
封扉设计　人马艺术设计·储平

本书由上海文化发展基金会图书出版专项基金资助出版

国家为何而战？

——过去与未来的战争动机

[美]理查德·内德·勒博　著

陈定定　段啸林　赵　洋　译

出　　版　上海人民出版社
　　　　　(200001　上海福建中路 193 号)
发　　行　上海人民出版社发行中心
印　　刷　江阴金马印刷有限公司
开　　本　635×965　1/16
印　　张　18.5
插　　页　4
字　　数　268,000
版　　次　2016 年 8 月第 1 版
印　　次　2018 年 2 月第 2 次印刷
ISBN 978 - 7 - 208 - 13838 - 4/D·2873
定　　价　62.00 元

东方编译所译丛·精装书系